高等职业教育路桥工程类专业系列教材

职业教育国家在线精品课程配套教材

路基路面工程施工技术

LUJI LUMIAN GONGCHENG SHIGONG JISHU

主　编　于洪江　张春丽　李明樾

副主编　张　玲　段　鹏　江　娅　陈　杨

参　编　韩　雪　杨英俊　何　锋

主　审　吴国雄

重庆大学出版社

内容提要

本书系统地介绍了路基路面工程施工技术的内容和要点,是职业教育国家在线精品课程配套教材。全书共分两篇,上篇为路基施工,主要内容包括路基基础知识、施工准备、路基填筑、路堑开挖、路基排水、特殊路基施工、防护与支挡工程施工、安全施工与环境保护、路基整修与验收。下篇为路面施工,主要内容包括路面基础知识、施工准备、路面垫层施工、路面基层(底基层)施工、沥青类路面面层施工、水泥混凝土路面面层施工、路面施工新技术。为了便于学生更好地了解和掌握本书核心内容,每章在正文之前提出本章学习目标,每章后附有能力训练及习题,还可为选用教材的教师免费提供相关辅助教学视频和课件。

本书可作为高等职业教育道路桥梁工程技术、工程监理、公路工程检测技术等专业教材,也可作为交通土建类相关专业的工程技术和管理人员的参考用书。

图书在版编目(CIP)数据

路基路面工程施工技术 / 于洪江,张春丽,李明樾主编. --
重庆:重庆大学出版社,2024.1
高等职业教育路桥工程类专业系列教材
ISBN 978-7-5689-4407-6

Ⅰ.①路… Ⅱ.①于… ②李… Ⅲ.①路基工程—高
等职业教育—教材②路面—道路工程—高等职业教育—教
材 Ⅳ.①U416

中国国家版本馆 CIP 数据核字(2024)第 053601 号

路基路面工程施工技术

主 编 于洪江 张春丽 李明樾
副主编 张 玲 段 鹏 江 娅 陈 杨
参 编 韩 雪 杨英俊 何 锋
主 审 吴国雄
责任编辑:肖乾泉 版式设计:肖乾泉
责任校对:邹 忌 责任印制:赵 晟

*

重庆大学出版社出版发行
出版人:陈晓阳
社址:重庆市沙坪坝区大学城西路 21 号
邮编:401331
电话:(023) 88617190 88617185(中小学)
传真:(023) 88617186 88617166
网址:http://www.cqup.com.cn
邮箱:fxk@ cqup.com.cn(营销中心)
全国新华书店经销
重庆升光电力印务有限公司印刷

*

开本:787mm×1092mm 1/16 印张:18.5 字数:522 千 插页:8 开 12 页
2024 年 1 月第 1 版 2024 年 1 月第 1 次印刷
ISBN 978-7-5689-4407-6 定价:59.00 元

前　言

建设交通强国，是党中央在立足现实、直面变局、着眼长远，深刻把握我国和世界经济、科技、社会发展规律的基础上提出的重大发展战略，是建设现代化经济体系的先行领域，也是全面建成社会主义现代化强国的重要支撑。

随着国家对交通强国战略的重视程度持续加深，创新发展的步伐加快，积极推动公路建设绿色低碳高质量可持续发展，国家对具有"工匠精神"的路基路面施工技术人才的需求更加迫切。为进一步适应职业教育教学规律和学生身心发展特点，本教材编写组认真贯彻落实党的二十大精神，对教材进行了修订。

本教材充分体现"项目引领、实践导向"的设计理念，采取思政与技能并重、岗位与技能对接、教材与资源相融的教材结构设计理念，切实发挥教材铸魂的育人功能。在教材结构设计上，以"立德树人、价值塑造、能力培养、知识传授"为教材建设目标，将职业技能与课程思政内容有机融合，实现知识传授与价值引领同频共振；在教材内容编排上，以交通土建类专业学生的就业岗位为导向，遵循高等职业院校学生的认知规律，紧跟时代发展，融入新技术、新工艺、新材料、新设备，突出实践，列举实例，设计了 16 个模块，图文结合，创新形式，学习内容层层递进、环环相扣，达到由简到难的效果。

在教材呈现方式上，将教材、课堂、教学资源三者融合，构建以学习者为中心的教育生态，推动信息技术与教学的深度融合，把信息技术及其终端产品、"纸质教材+数字资源"、线上线下资源有机结合，创新基于"云课堂"信息化平台的"资源库+职业教育国家在线精品课程"一体化的智慧教学方法，推进教学方法和模式的改革。

本次修订主要做了以下工作：

（1）本教材是在第一版《道路工程施工技术》基础上修订形成，第一版教材于 2021 年 3 月出版，修订中结合专业教学标准对教材内容进行优化，并将教材更名为《路基路面工程施工技术》。

（2）补充与完善了路基施工、路面施工各个项目的相关内容，重点内容配套微课资源，配套的职业教育国家在线精品课程"路面工程施工技术"在智慧职教 MOOC 学院上线。

（3）配套了高速公路典型施工图。

（4）增加了路面施工新技术项目。

（5）在每个模块后附有能力训练及习题。

本教材修订后能充分发挥教材在提升学生政治素养、职业道德、工匠精神中的引领作用,创新教材呈现方式,实现"三全育人"。

本教材具有以下特色:

(1)坚持问题导向,弘扬劳动工匠风尚。以解决路基路面施工质量控制问题为主线,注重培养学生解决施工质量控制问题能力和开展路基路面施工管理能力,并融入劳动光荣意识和"工匠精神"。

(2)校企双元合作开发教材,突出职业教育特色。优质领军企业的技术骨干参与本教材的编写,将工程实际需要的知识点、工艺方法、工程案例、工匠精神等融入教材,共同开发校企双元教材。采取以真实生产项目、典型路基路面施工案例等为载体组织教学,符合职业教育的类型特点。

(3)紧扣行业企业需求,实现岗课赛证有效融通。紧跟产业发展趋势和行业企业人才需求,将行业发展的新技术、新工艺、新材料、新设备融入教材,将筑路工、公路工程二级建造师、"1+X"路桥工程无损检测职业技能等级标准、路桥工程施工技术应用技能大赛等部分内容有机融入教材。

(4)强调针对性与实践性,有机融入课程思政,提高学生素质。本教材紧密对接科技发展趋势和产业需求,以案教学、以例助学、以景释学,有机融入课程思政,有效促进学生素质的锻造,提高学生解决实际问题的能力。

(5)内容编排合理,重视"四新"技术应用,突显新形态、数字化。本教材重视"四新"技术应用,在路基路面施工基础知识与技能操作方面配有数字资源(微课、动画、视频),可以提高学生的学习兴趣,使学生学以致用。本教材同时配备教学课件和教学大纲等教学资源,充分吸纳优秀案例,建立动态化、立体化、数字化的教学资源体系。

本教材由重庆建筑工程职业学院于洪江、张春丽和广西交通职业技术学院李明樾担任主编,重庆建筑工程职业学院张玲、段鹏、江娅和重庆工程职业技术学院陈杨担任副主编,重庆工业职业技术学院韩雪、中交一公局第六工程有限公司杨英俊、南昌市城市规划设计研究总院集团有限公司何锋担任参编,重庆建筑工程职业学院吴国雄(教授、博士生导师)担任主审。具体编写分工如下:模块1、6由段鹏编写;模块2、9由张春丽编写;模块3、4、13由于洪江编写;模块5由杨英俊编写;模块7、15由张玲编写;模块8由江娅编写并负责全书的CAD制图;模块10、14由李明樾编写;模块11由陈杨编写;模块12由韩雪编写;模块16由何锋编写并提供高速公路典型施工图。

本教材能给相应岗位的工程施工及管理人员以帮助,给即将走上工作岗位的学生以指导和启迪。可为选用教材的教师免费提供相关辅助教学资源和课件。

本教材在编写过程中参考了许多专家的著作及文献资料,在此表示诚挚的谢意。由于编者水平有限,书中难免有不足之处,敬请读者批评指正。

编 者

2023 年 8 月

目　录

课程简介

上　篇　路基施工

下 篇　路面施工

上篇 | 路基施工

模块 1　路基基础知识

【知识目标】了解路基的概念、路基施工的特点;理解路基的基本要求;掌握路基施工的一般规定、公路路基施工的依据、路基施工的方法。

【能力目标】能识读路基设计图纸。

【素质目标】具有安全意识、质量意识、规范意识。

2022 年末,我国公路总里程达到 535.48 万 km,高速公路里程达 17.73 万 km,居世界第一,成为当之无愧的交通大国,正在奋力加快建设交通强国。这是几代中国公路人艰苦奋斗、勇于探索、不懈努力的伟大成就,其间产生了许多可歌可泣的事迹。1950—1954 年,在中华人民共和国刚刚成立、一穷二白的条件下,军民团结一心,在极为艰苦的条件下奋勇拼搏,于 1954 年建成了总长 4 360 km 的川藏、青藏公路,在"人类生命禁区"的"世界屋脊"创造了公路建设史上的奇迹,铸就了一不怕苦、二不怕死,顽强拼搏、甘当路石,军民一家、民族团结的"两路"精神。这两条公路的建成通车对推动西藏经济社会快速发展、巩固西南边疆、促进民族团结进步发挥了十分重要的作用。路基是公路的重要组成部分,是公路建设的重要基础。

路基是按路线位置和一定技术要求修筑的带状构造物,是路面的基础。路基是线性公路的主体,是公路工程的骨架,贯穿公路全线,与沿线的桥梁、隧道相连接。从材料上分,路基可分为土质路基、石质路基、土石路基 3 种。路基承受由路面传递下来的行车荷载,并承受水、冰冻等自然因素的作用,并与路面共同承受行车荷载的作用。其施工质量直接影响公路的质量与使用寿命。

我们要让路基成为大自然的一部分。大自然是人类赖以生存发展的基本条件。尊重自然、顺应自然、保护自然,是全面建设社会主义现代化国家的内在要求。必须牢固树立和践行"绿水青山就是金山银山"的理念,站在人与自然和谐共生的高度谋划发展。

任务 1.1　路基的基本要求

1)具有合理的断面形式和几何尺寸

路基的断面形式应根据公路等级、技术标准,结合当地地形、地质、水文、挖填条件等情况确定。路基施工必须符合设计的断面形式和几何尺寸。

2)具有足够的强度和刚度

路基应密实,为路面结构提供均匀的支撑,行车荷载通过路面将其传给路基,致使在路基结构内部产生应力、应变及位移。如果路基的强度和抗变形能力不足以抵抗这些应力、应变及位移,将出现沉陷、波浪等病害,导致路况恶化。

3)具有足够的稳定性

路基每时每刻都要受到大气温度、降水与湿度变化的影响,填料的物理、力学性质也将随之发生变化,处于不稳定状态。要求修筑的路基在这些变化条件下,能保证工程设计所要求的几何形态及物理力学性质。如在雨季,路基含水率大大增加,其强度必然降低,但降低后的强度仍应达到设计要求的强度。因此,应从多方面采取措施,如加强排水、正确选择填料等,来避免或减小雨水对路基的影响,以减小路基强度变化的幅度,即使路基强度变化能稳定在设计要求的范围之内。

4)具有足够的耐久性

路基的使用寿命应达到设计要求,即耐久性要满足要求。

任务 1.2　路基施工一般规定

1)遵守相关法律法规

①公路路基施工,必须遵守国家安全生产法律法规,制订安全技术措施,加强安全管理,严格执行安全操作规程,确保安全施工。

②公路路基施工,必须遵守国家职业健康安全法律法规,健全施工人员健康安全保障体系,改善职业健康安全条件。

③公路路基施工,必须遵守国家生态、环境保护、土地管理的有关法律法规,尽量保护原有植被、地貌,防止噪声和粉尘污染,对施工废弃物必须妥善处理。

④公路路基施工,必须遵守国家文物保护的法律法规。遇有文物时,应立即停止施工,并保护好现场,会同有关单位妥善处理。

2)编制施工组织设计

公路路基施工前,应编制施工组织设计,先报本单位技术负责人审批后再报监理单位审批。路基开工前,施工单位应向监理单位上报开工报告,经总监理工程师同意开工后才允许开工。

3)鼓励创新

公路路基施工时,在满足质量标准的前提下,鼓励采用新技术、新工艺、新材料和新设备。

4)动态施工和管理

对于特殊路段路基,宜进行动态施工和管理。

任务 1.3　路基施工依据

公路路基施工的依据如下:
①国家和地方相关法律、法规;

②现行有关施工技术规范、标准、规程,如《公路路基施工技术规范》(JTG/T 3610—2019)、《公路工程质量检验评定标准 第一册 土建工程》(JTG F80/1—2017)、《公路路基路面现场测试规程》(JTG 3450—2019)等;

③工程项目的施工合同;

④工程前期有关文件;

⑤工程勘察设计文件和图纸;

⑥工程实施过程中有关的函件等。

任务 1.4 路基施工特点

①对工程质量的高标准要求。强度高、稳定性和耐久性良好的路基将成为路面结构的良好支撑体系,有利于提高路面的整体强度和使用性能,延长路面使用寿命,同时还可以降低路面工程造价和公路养护维修费用。反之,若路基工程质量低劣,将给路面和路基自身留下许多隐患,路面的使用品质和使用寿命会因此而降低,严重的路基或路面破坏甚至会中断交通,造成重大经济损失。尤其严重的是,路基自身存在的问题将后患无穷,难以根治,这会大幅增加公路建成后的养护维修费用。由此可见,必须重视路基施工,切实保证路基工程质量,为提高公路建设的经济效益和社会效益提供切实的保障。

②工程质量、进度受到多种因素的影响。虽然路基施工主要是开挖、运输、填筑、压实等比较简单的工序,但由于路基施工存在着条件变化大、工程数量大、施工难度大、施工方法多样等特点,保证路基工程质量有相当大的难度。特别是地质不良的特殊路段及隐蔽工程较多的路基,在施工时常会遇到复杂的技术问题和各种突发性事故需要处理,可以说路基施工技术是简单中蕴含着复杂。在与人工构造物的关系方面,路基自身的施工既与排水、防护及加固等工程的施工相互制约,有时又与桥梁、隧道、路面等分项工程的施工相互交叉、相互影响;在其他如气候、交通条件等方面,由于路基施工为野外作业,工程质量、进度受气候条件影响很大,雨季时,土质路基往往无法施工;交通运输不便会使物资、设备和施工队伍调遣困难。另外,征地、拆迁也可能影响施工进度,所有这些因素的不利影响都必须加以克服,产生的问题应及时得到妥善解决,才能保证路基工程的质量并按期完工。

③路基施工以机械作业为主,人工配合为辅。

④施工中存在的不安全因素较多,必须加强安全管理,预防安全事故的发生。

任务 1.5 路基施工方法

路基一般为土石方工程。施工方法有人工施工、简易机械施工、机械化施工及爆破法施工等,施工时应根据工程性质、岩土类别、工程量、施工期限、施工条件等选择一种或几种。

人工施工是传统的施工方法,施工时主要是工人用手工工具进行作业。这种方法劳动强度大、工效低、进度慢且工程质量难以得到保证,已不能适应现代公路施工的要求,只能作为其他施工方法的辅助和补充。

简易机械施工是在人工施工的基础上,对施工过程中劳动强度大和技术要求相对较高的工序用机具或简易机械完成,以加快工程进度、提高施工效率和工程质量。但这种施工方法工效有限,只能用于工程量较小、工期要求不严的路基或构造物施工,不适宜高速公路和一级公路路基的大规模施工。

机械化施工是通过合理选用施工机械,将各种机械科学地组织为有机的整体,优质、高效地进行路基施工的方法。若选用专业机械按路基施工要求对施工的各工序进行既分工又联合的作业,则为综合机械化施工。实现机械化施工是我国路基施工的发展方向,特别是对于工程量大、技术要求高、工期紧的高速公路和一级公路路基工程,必须采用机械化施工。组织机械化施工时,应使机械合理配套、科学组织,最大限度地发挥各种机械的效能。

爆破法施工是利用炸药爆破的巨大能量炸松土石或将其移到预定位置。这种施工方法主要用于石质路堑的开挖,特殊情况下也用于土质路堑开挖或清除淤泥。施工时,若采用机械钻孔、机械清运,也属于机械化施工之列。

小结

路基是公路的重要组成部分,它是按照路线位置和一定技术要求修筑的带状构筑物。路基应具有合理的断面形式和几何尺寸,足够的强度、刚度、稳定性和耐久性。公路路基施工必须遵守相关法律法规;施工前,应编制施工组织设计;对于特殊路段路基,宜进行动态施工和管理。公路路基施工的依据有国家和地方相关法律、法规,现行有关施工技术规范、标准、规程,工程项目的施工合同,勘察设计文件和图纸等。公路路基的施工特点突出表现为对工程质量的高标准要求,工程质量、进度受到多种因素的影响等。路基施工方法有人工施工、简易机械施工、机械化施工及爆破法施工等,施工时应根据工程性质、岩土类别、工程量、施工期限、施工条件等选择一种或几种。

能力训练及习题

一、能力训练

任务:以4~6人为一个小组,分组讨论各类路基施工方法的异同? 小组派代表进行分享。

二、习题

(一)选择题(请把正确的选项填在括号里)

1.下列哪个不属于路基的基本要求(　　　)。

A.合理的断面形式和几何尺寸　　　　　B.足够的强度和刚度

C.足够的稳定性　　　　　　　　　　　D.足够的使用性

2.下列哪一项不属于路基施工的依据(　　　)。

A.国家和地方相关法律、法规　　　　　B.设计文件和图纸

C.工程量清单　　　　　　　　　　　　D.现行有关施工技术规范、标准、规程

（二）判断题（正确的打"√"，错误的打"×"）

1.机械化施工对施工过程中劳动强度大和技术要求相对较高的工序用机具或简易机械完成，以加快工程进度、提高施工效率和工程质量。　　　（　　）

2.路基施工以机械作业为主，人工配合为辅。　　　（　　）

（三）简答题

1.路基的基本要求有哪些？

2.公路路基施工必须遵守哪些法律法规？

3.公路路基施工的依据有哪些？

4.公路路基施工的特点有哪些？

5.公路路基的施工方法有哪些？

模块 2　施工准备

【知识目标】了解各项测量的技术要求、地表处理的内容；理解试验室的建立、原材料试验、配合比试验；掌握施工准备期间的工作内容、路堤试验路段的选择及试验段施工总结包含的内容。

【能力目标】能根据项目设计图纸、工地现场和施工单位具体情况，有序开展路基施工的各项准备工作。

【素质目标】具有严谨细致的工作作风、质量意识、团队协作精神。

任务 2.1　一般规定

1) 编制施工组织设计

路基工程施工前应熟悉设计文件、领会设计意图，应进行施工调查及现场核对，根据设计要求、合同条件及现场情况等编制施工组织设计，并按管理规定报批。

2) 建立健全质量、环境、职业健康安全管理体系

路基开工前应建立健全质量、环境、职业健康安全管理体系，对各类施工人员进行岗位培训和技术、安全交底。

3) 临时工程

临时工程应满足正常施工需要，保证路基施工影响范围内原有道路、结构物的使用功能，保护农田水利设施等。临时工程宜与永久工程相结合。

4) 新技术、新工艺、新材料、新设备

对拟采用新技术、新工艺、新材料、新设备的工程项目，应提前做好试验研究和论证工作。

充分的准备工作，是做任何事情的前提，也是一切事情成功的关键。施工单位要高度重视施工准备工作。施工准备工作是施工企业生产经营管理的重要组成部分，是公路施工程序的重要阶段。做好施工准备工作，可降低施工风险。

任务 2.2　测　量

1）交桩

应根据公路等级和测量精度要求,选择测量方法。对于控制性桩点,应进行现场交桩,在复测原控制网的基础上,根据施工需要适当加密、优化,建立施工测量控制网,并妥善保护。

2）平面控制测量

①平面控制测量应采用卫星定位测量、导线测量、三角测量或三边测量方法进行。

②平面控制测量等级与技术要求应符合表2.1的规定。

表2.1　平面控制测量等级与技术要求

公路等级	测量等级	最弱点点位中误差(mm)	最弱相邻点相对点位中误差(mm)	最弱相邻点边长相对中误差	相邻点间平均边长参照值(m)
高速公路、一级公路	一级	±50	±30	≤1/20 000	500
二、三、四级公路	二级	±50	±30	≤1/10 000	300

③卫星定位测量的主要技术要求应符合表2.2的规定。

表2.2　卫星定位测量的主要技术要求

测量等级	固定误差 a(mm)	比例误差系数 b(mm/km)
一级	≤10	≤3
二级	≤10	≤5

④导线测量的主要技术要求应符合表2.3的规定。

表2.3　导线测量的主要技术要求

测量等级	附(闭)合导线长度(km)	边数	每边测距中误差(mm)	单位权中误差(″)	导线全长相对闭合差	方位角闭合差(″)
一级	≤6	≤12	±14	±5.0	≤1/17 000	≤10$\sqrt{n}$
二级	≤3.6	≤12	±11	±8.0	≤1/11 000	≤16$\sqrt{n}$

注:n 为测站数。

⑤三角测量的主要技术要求应符合表2.4的规定。

表2.4　三角测量的主要技术要求

测量等级	测角中误差(″)	起始边边长相对中误差	三角形闭合差(″)
一级	±5.0	≤1/40 000	≤15.0
二级	±10.0	≤1/20 000	≤30.0

⑥三边测量的主要技术要求应符合表2.5的规定。

表 2.5　三边测量的主要技术要求

测量等级	测距中误差（mm）	测距相对中误差
一级	±14.0	≤1/35 000
二级	±11.0	≤1/25 000

3）高程控制测量

①高程控制测量应采用水准测量或三角高程测量的方法进行。

②高程控制测量等级与技术要求应符合表 2.6 的规定。

表 2.6　高程控制测量等级与技术要求

公路等级	测量等级	最弱点高程中误差（mm）	每千米高差中数中误差（mm）		附合或环线水准路线长度（km）
			偶然中误差 M_Δ	全中误差 M_w	
高速公路、一级公路	四等	±25	±5	±10	25
二、三、四级公路	五等	±25	±8	±16	10

③水准测量的主要技术要求应符合表 2.7 的规定。

表 2.7　水准测量的主要技术要求

测量等级	往返较差、附合或环形闭合差（mm）		检测已测测段高差之差（mm）
	平原、微丘	重丘、山岭	
四等	≤$20\sqrt{l}$	≤$6.0\sqrt{n}$ 或 ≤$25\sqrt{l}$	≤$30\sqrt{L_i}$
五等	≤$30\sqrt{l}$	≤$45\sqrt{l}$	≤$40\sqrt{L_i}$

注：①计算往返较差时，l 为水准点间的路线长度（km）。

②计算附合或环形闭合差时，l 为附合或环形的路线长度（km）。

③n 为测站数，L_i 为检测段长度（km），小于 1 km 时按 1 km 计算。

④光电测距三角高程测量的主要技术要求应符合表 2.8 的规定。

表 2.8　光电测距三角高程测量的主要技术要求

测量等级	测回内同向观测高差较差（mm）	同向测回间高差较差（mm）	对向观测高差较差（mm）	附合或环线闭合差（mm）
四等	≤$8\sqrt{D}$	≤$10\sqrt{D}$	≤$40\sqrt{D}$	≤$20\sqrt{\sum D}$
五等	≤$8\sqrt{D}$	≤$15\sqrt{D}$	≤$60\sqrt{D}$	≤$30\sqrt{\sum D}$

注：D 为测距边长。

4）共用控制点

路基施工与隧道、桥梁施工共用的控制点，尚应符合《公路隧道施工技术规范》（JTG/T 3660—2020）、《公路桥涵施工技术规范》（JTG/T 3650—2020）的有关规定。

施工期间，应保护好所有控制桩点，及时恢复被破坏的桩点，根据情况对控制桩点进行复测。

5）导线复测

①导线测量精度应符合表 2.3 的规定。

②原有导线点不能满足施工需要时,可增设满足相应精度要求的附合导线点。

③同一建设项目内相邻施工段的导线应闭合,并满足同等级精度要求。

④对可能受施工影响的导线点,施工前应加固或改移,并应保持其精度。

⑤导线桩点应进行不定期检查和定期复测,复测周期应不超过6个月。

6)水准点复测与加密

①水准点精度应符合表2.7的规定。

②同一建设项目应采用同一高程系统,并应与相邻项目高程系统相衔接。

③沿路线每500 m宜有一个水准点,高速公路、一级公路宜加密,每200 m有一个水准点。在结构物附近、高填深挖路段、工程量集中及地形复杂路段,宜增设水准点。临时水准点应符合相应等级的精度要求,并与相邻水准点闭合。

④对可能受到施工影响的水准点,施工前应加固或改移,并应保持其精度。

⑤水准点应进行不定期检查和定期复测,复测周期应不超过6个月。

7)中线放样

图2.1 开工前测量

①路基开工前,应进行全段中线放样并应固定路线主要控制桩,宜采用坐标法进行测量放样。图2.1所示为开工前测量。

②中线放样时,应注意路线中线与结构物中心、相邻施工段的中线闭合,发现问题应及时查明原因,并进行处理。

③实际放样与设计图纸不符时,应查明原因后进行处理。

8)路基放样

①路基施工前,应对原地面进行复测,核对或补充横断面。

②施工前应设置标识桩,将路基用地界、路堤坡脚、路堑坡顶、取土坑、护坡道、弃土堆等的具体位置标识清楚。

③对于深挖高填路段,每挖填一个边坡平台或3~5 m应复测中线和横断面。

9)测量成果复核

每项测量成果必须进行复核,原始记录应存档。

任务 2.3 试　验

1)建立试验室

路基施工前,应按照有关规定和要求,建立试验室,如图2.2所示。试验室应取得相应的资质,并配备足够的有资格和有经验的试验人员。

2)路基基底土试验

路基施工前,应对路基基底原状土进行取样试验。每千米应至少取2个点,并应根据土质变化增加取样点数。

图2.2 标准化工地试验室

3) 填料取样试验

应及时对拟作为路堤填料的材料进行取样试验。土的试验项目应包括天然含水率、液限、塑限、颗粒分析、击实试验、CBR 试验等,必要时还应做相对密度、有机质含量、易溶盐含量、冻胀和膨胀量等试验。

4) 特殊填料

使用特殊材料作为填料时,应按相关标准进行相应试验检验,经批准后方可使用。

5) 构筑物原材料试验

对路基的挡墙、防护工程、涵洞、水沟等构筑物所用的原材料,应到生产厂家或砂石场进行现场考察,综合比较后,就近选择满足设计和规范要求的质量好、性能稳定、价格实惠的生产厂家或砂石场,并取样进行原材料检测。所用砂浆和混凝土的原材料必须经试验检测合格后,方可做配合比试验。原材料试验检测报告和配合比试验报告报监理单位审批同意后方可使用。

任务 2.4　地表处理

1) 坑、洞、穴处理

对于原地面坑、洞、穴等,应在清除沉积物后,用合格填料分层回填、分层压实;对可能存在空洞隐患的,应结合具体情况采取相应的处治措施。

2) 原地面处理

①填方地段地基表层碾压处理压实度控制标准为:二级及二级以上公路一般土质应不小于 90%;三、四级公路应不小于 85%。

对于低路堤,应对地基表层土进行超挖、分层回填压实,其处理深度应不小于路床厚度。

②对于泉眼或露头地下水,应按设计要求采取有效导排措施将地下水引离后方可填筑路堤。

③地基为耕地、松散土质或水稻田、湖塘、软土、过湿土等时,应按设计要求进行处理,局部软弹的部分应采取有效的处理措施。

④陡坡地段、填挖结合部、土石混合地段、高填方地段地基等应按设计要求进行处理。

3) 地表植被清理

地表植被清理可采用挖掘机、推土机联合作业并进行人工配合,自卸车运输的施工方法。

清理工作可采用人工与挖掘机、推土机相结合的方式进行施工。先用人工割去植物枝叶,锯断地面以上的树干,然后由挖掘机挖掘其根部,其中较细树根、草根可由人工拣出,其余成片的植物根、茎、叶及其他有机杂质可用推土机清理,集中后装车运往安全地点,妥善处理。不得随处乱抛,污染环境,或造成水土流失。路幅范围内、取土坑的原地面表层腐殖土、表土、草皮等应进行清理(图 2.3),清出的表层土宜充分利用。

图 2.3　原地面清理

任务 2.5　试验路段

铺筑试验路段前,施工单位应编写铺筑试验路段的方案,报监理工程师审核批准后方可实施。在项目总工程师的指导下,施工员、测量人员、试验检测人员、设备管理员等应相互配合,具有严谨细致的工作作风、质量意识和团结协作精神,争取试验路段一次性铺筑成功。

1) 一般规定

下列情况下,应进行试验路段施工:

①二级及二级以上公路路堤;

②填石路堤、土石路堤;

③特殊填料路堤;

④特殊路基;

⑤拟采用新技术、新工艺、新材料、新设备的路基。

2) 试验路段选择

试验路段应选择地质条件、路基断面形式等具有代表性的地段,路段长度宜不小于200 m(图 2.4)。

图 2.4　路基试验路段

3) 试验路段施工总结

试验路段施工总结宜包括以下内容:

①填料试验、检测报告等;

②压实工艺主要参数:机械组合,压实机械规格、松铺厚度、碾压遍数、碾压速度,最佳含

水率、碾压时含水率范围等;

　　③过程工艺控制方法;

　　④质量控制标准;

　　⑤施工组织方案及工艺的优化;

　　⑥原始记录、过程记录;

　　⑦对施工图的修改建议等;

　　⑧安全保证措施;

　　⑨环保措施。

小结

　　路基工程施工前应熟悉设计文件、领会设计意图,应进行施工调查及现场核对,根据设计要求、合同条件及现场情况等编制施工组织设计,并按管理规定报批。应建立健全质量、环境、职业健康安全管理体系,对各类施工人员进行岗位培训和技术、安全交底。做好测量、试验、地表处理工作,并按设计和规范要求做好路堤试验路段的施工。

能力训练及习题

一、能力训练

　　工程概况:重庆 S307 线潼南县城段绕城改线工程,路基宽度为 30 m,双向六车道,设计速度为 60 km/h,属于一级公路。路线总长度 7.654 km,路基土石方 122.85 万 m³,有路基挖方和路基填方;沥青混凝土路面面积 195 873 m²;路线区地貌类型主要属构造剥蚀形成的宽谷圆顶中丘地貌,零星分布的河谷阶地为堆积后侵蚀抬升所致。丘顶高程多为 310~330 m,切割深度为 30~50 m,主要为遂宁组泥岩间砂岩地层,地形宽缓,沟谷开阔平坦,丘顶宽平,缓丘坡常间有梯坎,成为舒缓的塔状或帽状地形,在平面上呈串珠分布。局部丘顶残留有涪江四级阶地的卵石土。路线区属亚热带温暖湿润气候区,具有冬暖、春早、夏热、秋凉、降雨充沛的特点;多年平均气温为 17.5 ℃,七月最高,一月最低,极端最高气温为 42 ℃(2006 年 7 月 16 日),极端最低气温为−3.8 ℃(1963 年 1 月 15 日);月平均气温最高是 7 月,为 26.1 ℃;月平均气温最低是 1 月,为 4.3 ℃;多年平均相对湿度为 81%。区内气候适宜全年施工。路段区出露地层为第四系松散堆积层、碎屑岩类;地下水类型主要为松散岩类孔隙水、碎屑岩类风化裂隙水两大类,分别赋存于不同的含水岩组中。

　　任务:以 4~6 人为一个小组,分组讨论该公路路基是否需要进行试验路段施工。如果需要,在选择试验路段时应注意什么? 应如何组织试验路段的施工? 试验路段施工总结应包括哪些方面? 小组派代表进行分享。

二、习题

　　(一)选择题(请把正确的选项填在括号里)

　　1.填方地段地基表层碾压处理压实度控制标准为:二级及二级以上公路一般土质应不

小于( )%;三、四级公路应不小于( )%。

A.96 94　　　　B.94 93　　　　C.93 90　　　　D.90 85

2.高速公路、一级公路水准点宜加密,每( )m有一个水准点。

A.500　　　　B.300　　　　C.200　　　　D.50

(二)判断题(正确的打"√",错误的打"×")

1.路基工程施工前,应熟悉设计文件、领会设计意图,应进行施工调查及现场核对,根据设计要求、合同条件及现场情况等编制施工组织设计,并按管理规定报批。 ( )

2.应根据公路等级和测量精度要求选择测量方法。 ( )

3.路基施工前,应对原地面进行复测,核对或补充横断面。 ( )

(三)简答题

1.导线复测应注意哪些方面?

2.水准点复测与加密应注意哪些方面?

3.路基开工前,路基中线放样应注意哪些方面?

4.路基放样有什么要求?

5.哪些情况下,应进行试验路段施工?

6.路堤试验路段施工总结宜包括哪些内容?

模块 3 路基填筑

【知识目标】了解填土路堤、填石路堤、土石路堤、路堤和路床的概念;理解桥台背、涵背与墙背填筑,半填半挖路基、路堤与路堑过渡段施工,路基压实的目的及原理,影响路基压实效果的因素;掌握路基填筑方法,填土路堤、填石路堤、土石路堤、高路堤施工及质量控制,路基填筑施工的工艺流程和主要工序。

【能力目标】能根据具体项目设计图纸,合理组织路堤施工。

【素质目标】具有安全意识、质量意识、规范意识。

任务 3.1　一般规定

1) 路堤与路床

①路堤:高于原地面的填方路基。路堤在结构上分为上路堤和下路堤,上路堤是指路床以下 0.7 m 厚度范围的填方部分,下路堤是指上路堤以下的填方部分。

②路床:路面结构层以下 0.8 m 或 1.2 m 范围内的路基部分,分为上路床及下路床两层。上路床厚度为 0.3 m;轻、中及重交通公路下路床厚度为 0.5 m,特重、极重交通公路下路床厚度为 0.9 m。

2) 路基填料

①宜选用级配好的砾类土、砂类土等粗粒土作为填料。

②含草皮、生活垃圾、树根、腐殖质的土严禁作为填料。

③泥炭土、淤泥、冻土、强膨胀土、有机质土及易溶盐超过允许含量的土,不得直接用于填筑路基;确需使用时,应采取技术措施进行处理,经检验满足要求后方可使用。

④粉质土不宜直接用于填筑二级及二级以上公路的路床,不得直接用于填筑冰冻地区的路床及浸水部分的路堤。

⑤路基填料最小承载比和最大粒径应符合表 3.1 的规定。

表 3.1　路基填料最小承载比和最大粒径要求

填料应用部位(路面底面以下深度)(m)				填料最小承载比 CBR(%)			填料最大粒径(mm)
				高速公路、一级公路	二级公路	三、四级公路	
填方路基	上路床		0~0.30	8	6	5	100
	下路床	轻、中及重交通	0.30~0.80	5	4	3	100
		特重、极重交通	0.30~1.20				

续表

填料应用部位(路面底面以下深度)(m)			填料最小承载比 CBR(%)			填料最大粒径(mm)
			高速公路、一级公路	二级公路	三、四级公路	
填方路基	上路堤	轻、中及重交通	0.80~1.50	4	3	3	150
		特重、极重交通	1.2~1.9				
	下路堤	轻、中及重交通	>1.50	3	2	2	150
		特重、极重交通	>1.90				
零填及挖方路基	上路床		0~0.30	8	6	5	100
	下路床	轻、中及重交通	0.30~0.80	5	4	3	100
		特重、极重交通	0.30~1.20				

注:①表列承载比是根据路基不同填筑部位压实标准的要求,按《公路土工试验规程》(JTG 3430—2020)试验方法规定浸水96 h确定的CBR。
②三、四级公路铺筑沥青混凝土和水泥混凝土路面时,应采用二级公路的规定。
③表中上、下路堤填料最大粒径150 mm的规定不适用于填石路堤和土石路堤。
④CBR(加州承载比):表征路基土、粒料、稳定土强度的一种指标,即标准试件在规定贯入量时所施加的试验荷载与标准碎石材料在相同贯入量时所施加的荷载之比值,以百分率表示。

3)零填路基施工

①路床范围原状土符合要求的,可直接进行成形施工。

②路床范围为过湿土时应进行换填处理,设计有规定时按设计厚度换填,设计未规定时按以下要求换填:高速公路、一级公路换填厚度宜为0.8~1.2 m,若过湿土的总厚度小于1.5 m,则宜全部换填;二级公路的换填厚度宜为0.5~0.8 m。

③高速公路、一级公路路床范围为崩解性岩石或强风化软岩时,应进行换填处理。设计有规定时按设计厚度换填,设计未规定时换填厚度宜为0.3~0.5 m。

任务 3.2　路堤施工

路堤填筑方法

3.2.1　路堤填筑方法

路堤填筑的方法有水平分层填筑法、纵向分层填筑法、竖向填筑法和混合填筑法等。在施工中,能够用水平分层填筑法的尽量采用水平分层填筑法。

1)水平分层填筑法

水平分层填筑法:填筑时,按照横断面全宽分成水平层次,逐层向上填筑。如原地面不平,应由最低处分层填起。水平分层填筑法施工操作方便、安全,压实质量易于保证,如图3.1所示。

2)纵向分层填筑法

纵向分层填筑法:依路线纵坡方向分层,逐层向上填筑;适用于地面纵坡大于12%、用推土机从路堑取料、填筑距离较短的路堤;缺点是不易碾压密实,如图 3.2 所示。

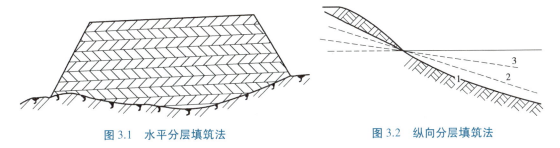

图 3.1　水平分层填筑法　　　　　　图 3.2　纵向分层填筑法

3) 竖向填筑法

在深谷、陡坡、断岩、泥沼等地段机械无法进场的路堤,无法自下而上分层填筑,可采用竖向填筑法。竖向填筑是指从路堤的一端或两端按横断面全部高度,逐步推进填筑,如图3.3所示。

竖向填筑因填土过厚不易压实,施工时,需采取下列措施:选用振动或夯击式压实机械,选用沉陷量较小及颗粒均匀的砂石材料,允许自然沉降一段时间,待其稳定后,再修建路面。

4) 混合填筑法

混合填筑法:在深谷、陡坡地段填筑路堤,路堤下层用竖向填筑而上层用水平分层填筑。该方法适用于因地形限制或填筑堤身较高,不宜采用水平分层填筑或竖向填筑法进行填筑的情况,如图 3.4 所示。

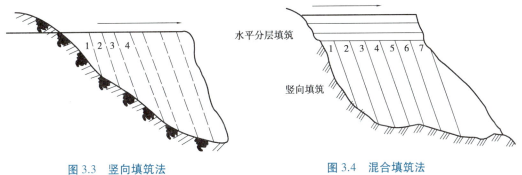

图 3.3　竖向填筑法　　　　　　图 3.4　混合填筑法

3.2.2　施工取土

①路基填方取土应根据设计要求,结合路基排水和当地土地规划、环境保护要求进行,不得任意挖取。

②施工取土应不占或少占良田,尽量利用荒坡、荒地,取土深度应结合地下水等因素考虑,利于复耕。原地面耕植土应先集中存放,以利再用。

③自行选定取土方案时,应符合下列技术要求:

a.地面横向坡度陡于 1∶10 时,取土坑应设在路堤上侧。

b.桥头两侧不宜设置取土坑。

c.取土坑与路基之间的距离应满足路基边坡稳定的要求。取土坑与路基坡脚之间的护坡道应平整密实,表面设 1%~2% 向外倾斜的横坡。

d.取土坑兼作排水沟时,其底面宜高出附近水域的常水位或与永久排水系统及桥涵出水口的标高相适应,纵坡不宜小于0.2%,平坦地段不宜小于0.1%。

e.线外取土坑等与排水沟、鱼塘、水库等蓄水(排洪)设施连接时,应采取防冲刷、防污染的措施。

④对取土造成的裸露面,应采取整治或防护措施。

3.2.3　施工机械选择

施工机械选择应考虑工程特点、土石种类及数量、地形、填挖高度、运距、气候条件、工期等因素经济合理地确定。填方压实应配备专用碾压机具。

3.2.4　填土路堤

1)路堤填筑

①性质不同的填料,应水平分层、分段填筑,分层压实。同一层路基的全宽应采用同一种填料,不得混合填筑。每种填料的填筑层压实后的连续厚度宜不小于500 mm。路基上部宜采用水稳性好或冻胀敏感性小的填料。在有地下水的路段或浸水路堤,应填筑水稳性好的填料。

②在透水性差的压实层上填筑透水性好的填料前,应在其表面设2%~4%的双向横坡,并采取相应的防水措施。不得在透水性好的填料所填筑的路堤边坡上覆盖透水性差的填料。

③每种填料的松铺厚度应通过试验确定。

④每一填筑层压实后的宽度不得小于设计宽度。

⑤路堤填筑时,应从最低处起分层填筑,逐层压实。

⑥填方分几个作业段施工时,接头部位如不能交替填筑,则先填路段,应按1:1~1:2坡度分层留台阶;如能交替填筑,则应分层相互交替搭接,搭接长度应不小于2 m。

2)土质路基压实度

土质路基压实度应符合表3.2的规定。

表3.2　土质路基压实度标准

填筑部位(路面底面以下深度)(m)			压实度(%)		
			高速公路、一级公路	二级公路	三、四级公路
填方路基	上路床		0~0.30	≥96	≥95	≥94
	下路床	轻、中及重交通	0.30~0.80	≥96	≥95	≥94
		特重、极重交通	0.30~1.20			—
	上路堤	轻、中及重交通	0.80~1.50	≥94	≥94	≥93
		特重、极重交通	1.2~1.9			—
	下路堤	轻、中及重交通	>1.50	≥93	≥92	≥90
		特重、极重交通	>1.90			

续表

填筑部位(路面底面以下深度)(m)			压实度(%)		
			高速公路、一级公路	二级公路	三、四级公路
零填及挖方路基	上路床	0~0.30	≥96	≥95	≥90
	下路床 轻、中及重交通	0.30~0.80	≥96	≥95	—
	特重、极重交通	0.30~1.20			

注:①表列压实度以《公路土工试验规程》(JTG 3430—2020)重型击实试验法为准。

②三、四级公路铺筑水泥混凝土路面或沥青混凝土路面时,其压实度应采用二级公路的规定值。

③路堤采用特殊填料或处于特殊气候地区时,压实度标准在保证路基强度要求的前提下根据试验路段和当地工程经验确定。

④特别干旱地区的压实度标准可降低2%~3%。

3) 施工过程质量控制

①施工过程中,每一压实层均应进行压实度检测,检测频率为每1 000 m² 不少于2点。压实度检测可采用灌砂法、环刀法等,检测应符合《公路路基路面现场测试规程》(JTG 3450—2019)的有关规定。

②施工过程中,每填筑2 m宜检测路中线和宽度。

4) 土质路基顶面施工质量

路基填筑至设计高程并整修完成后,其施工质量应符合表3.3的规定。

表 3.3　土质路基顶面施工质量标准

项次	检查项目	允许偏差			检查方法和频率
		高速公路、一级公路	二级公路	三、四级公路	
1	压实度	符合规定	符合规定	符合规定	密度法:每200 m每压实层测2处
2	弯沉	满足设计要求	满足设计要求	满足设计要求	—
3	纵断高程(mm)	+10,-15	+10,-20	+10,-20	水准仪:每200 m测2点
4	中线偏位(mm)	50	100	100	全站仪:每200 m测2点;弯道加 HY、YH 两点
5	宽度	≥设计值	≥设计值	≥设计值	尺量:每200 m测4处
6	平整度(mm)	≤15	≤20	≤20	3 m直尺:每200 m测2处×5尺
7	横坡(%)	±0.3	±0.5	±0.5	水准仪:每200 m测2个断面
8	边坡坡度	满足设计要求	满足设计要求	满足设计要求	每200 m测4点

四川绵阳至遂宁高速公路某段土质路基如图3.5所示。

图 3.5　四川绵阳至遂宁高速公路某段土质路基

3.2.5　填石路堤

填石路堤:用粒径大于 40 mm 且含量超过总质量 70% 的石料填筑的路堤。

1)填料

①硬质岩石、中硬岩石可用于路堤和路床填筑;软质岩石可用于路堤填筑,不得用于路床填筑;膨胀岩石、易溶性岩石和盐化岩石不得用于路基填筑。

②路基的浸水部位,应采用稳定性好、不易膨胀崩解的石料填筑。

③路堤填料粒径应不大于 500 mm,且不宜超过层厚的 2/3。路床底面以下 400 mm 范围内,填料最大粒径不得大于 150 mm,其中小于 5 mm 的细料含量应不小于 30%。

2)填筑

①填石路堤应分层填筑压实。在陡峻山坡地段施工特别困难时,三级及三级以下砂石路面公路的下路堤可采用倾填方式填筑。

②岩性相差大的填料应分层或分段填筑,软质石料与硬质石料不得混合使用。

③填石路堤顶面与细粒土填土层之间应填筑过渡层或铺设无纺土工布隔离层。

④压实机械宜选用自重不小于 18 t 的振动压路机。

⑤填石路堤采用强夯、冲击压路机进行补压时,应避免对附近构造物造成影响。

⑥中硬、硬质石料填筑路堤时,应进行边坡码砌。码砌防护的石料强度、尺寸应满足设计要求。边坡码砌与路基填筑应基本同步进行。

⑦采用易风化岩石或软质岩石石料填筑时,应按设计要求采取边坡封闭和底部设置排水垫层、顶部设置防渗层等措施。

⑧填石路堤以孔隙率作为压实质量的控制指标。孔隙率的检测通常采用水袋法。孔隙率越低,表示碾压越密实。填石路堤压实质量标准应符合表 3.4 的规定。

表 3.4　填石路堤压实质量标准

分区	路床顶面以下深度(m)	硬质石料孔隙率(%)	中硬石料孔隙率(%)	软质石料孔隙率(%)
上路堤	0.8~1.50	≤23	≤22	≤20
下路堤	>1.50	≤25	≤24	≤22

3)质量控制

①施工过程中,每一压实层应采用试验路段确定的工艺流程、工艺参数控制,压实质量可采用沉降差指标进行检测。

②施工过程中,每填筑 3 m 高宜检测路基中线和宽度。图 3.6 所示为施工中的填石路堤。

③填石路堤填筑至设计高程并整修完成后,其施工质量应符合表 3.5 的规定。

④填石路堤成形后的外观质量标准:路堤表面应无明显孔洞;大粒径石料应不松动;边

图 3.6　填石路堤

坡码砌紧贴、密实无松动,砌块间承接面向内倾斜,坡面平顺;路基边线与边坡不应出现单向累计长度超过 50 m 的弯折;上边坡不得有危石。

表 3.5　填石路堤施工质量标准

项次	检测项目		规定值或允许偏差		检查方法和频率
			高速公路、一级公路	其他公路	
1	压实		孔隙率满足设计要求		密度法:每 200 m 每压实层测 1 处
			沉降差≤试验路段确定的沉降差		精密水准仪:每 50 m 测 1 个断面,每个断面检测 5 点
2	纵断高程(mm)		+10,−20	+10,−30	水准仪:每 200 m 测 2 点
3	弯沉(0.01 mm)		满足设计要求		—
4	中线偏位(mm)		≤50	≤100	全站仪:每 200 m 测 2 点;弯道加 HY、YH 两点
5	宽度(mm)		满足设计要求		尺量:每 200 m 测 4 处
6	平整度(mm)		≤20	≤30	3 m 直尺:每 200 m 测 2 处×5 尺
7	横坡(%)		±0.3	±0.5	水准仪:每 200 m 测 2 个断面
8	边坡	坡度	满足设计要求		尺量:每 200 m 测 4 点
		平顺度	满足设计要求		

注:上下路床填土时,压实度检验标准同土方路基。

3.2.6　土石路堤

土石路堤:用石料含量占总质量 30%～70% 的土石混合材料填筑的路堤。

1)填料

①膨胀岩石、易溶性岩石等不宜直接用于路基填筑,崩解性岩石和盐化岩石等不得用于路基填筑。

②天然土石混合填料中,中硬、硬质石料的最大粒径不得大于压实层厚的 2/3;石料为强风化石料或软质石料时,其 CBR 值应符合表 3.1 的规定,石料最大粒径不得大于压实层厚。

2) 填筑

①压实机械宜选用自重不小于 18 t 的振动压路机。

②应分层填筑压实,不得倾填。

③应使大粒径石料均匀分散在填料中,石料间孔隙应填充小粒径石料和土。

④土石混合料来自不同料场,其岩性或土石比例相差大时,宜分层或分段填筑。

⑤填料由土石混合材料变化为其他填料时,土石混合材料最后一层的压实厚度应小于 300 mm。该层填料最大粒径宜小于 150 mm,压实后表面应无孔洞。

⑥中硬、硬质石料填筑土石路堤时,宜进行边坡码砌。码砌与路堤填筑宜同步进行,软质石料土石路堤的边坡按土质路堤边坡处理。

⑦采用强夯、冲击压路机进行补压时,应避免对附近构造物造成影响。

3) 质量控制

①中硬、硬质岩石的土石路堤填筑施工过程中,每一压实层应采用试验路段确定的工艺流程、工艺参数,压实质量可采用沉降差指标进行检测。

②软质石料的土石路堤填筑质量标准应符合土质路基压实度标准。

③施工过程中,每填筑 3 m 高宜检测路线中线和宽度。

④路基成形后质量应符合表 3.3 的规定。

⑤外观质量标准:路基表面无明显孔洞;大粒径填石应不松动;中硬、硬质石料土石路基边坡码砌紧贴、密实无松动,砌块间承接面应向内倾斜,坡面平顺。

3.2.7 高路堤与陡坡路堤

路基填土最大边坡高度大于 20 m 的路堤视为高路堤,地面斜坡陡于 1∶2.5 的路堤视为陡坡路堤。高路堤和陡坡路堤如处理不当,易发生沉降及滑坡,为保护人民生命财产安全,保证施工质量,应按下列要求进行施工:

①高路堤段应优先安排施工,宜预留 1 个雨季或 6 个月以上的沉降期。

②高路堤填料宜采用强度高、水稳性好的材料。路堤浸水部分应采用水稳性和透水性好的材料。

③高路堤施工中,应按设计要求预留高度与宽度,并进行动态监控。

④高路堤宜每填筑 2 m 冲击补压一次,或每填筑 4~6 m 强夯补压一次。

⑤高路堤填筑过程中,应进行沉降和稳定性观测。

⑥在不良地质路段的高路堤与陡坡路堤填筑,应控制填筑速率,并进行地表水平位移监测,必要时应进行地下土体分层水平位移监测。

图 3.7 所示为湖北沪蓉西高速公路干沟填石路堤,最大填筑高度为 76 m,填方数量达380 000 m³。

图 3.7 湖北沪蓉西高速公路干沟填石路堤

3.2.8 桥台背、涵背与墙背填筑

桥台、涵洞及挡土墙等结构物背部的回填作业面小,压实困难。该处路基是在结构物完成后再填筑,加之是路基与结构物的刚柔结合部,易产生跳车等病害。

台背回填范围应符合设计图纸要求。图纸无规定时,按以下要求执行:对于台背回填顺路线方向长度,顶部为距侧墙或翼墙尾端不小于台高加 2 m,底部为距侧墙不小于 2 m。对于涵洞回填长度,每侧长度不应小于 2 倍孔径长度,宽度为全路幅;拱桥台背回填土长度不小于台高的 3~4 倍。

1) 填料选择

填料宜采用透水性材料、轻质材料等,崩解性岩石、膨胀土不得用于桥台背、涵背与墙背填筑。

2) 桥台背、墙背填筑(图 3.8)

①二级及二级以上公路应按设计做好过渡段,过渡段路堤压实度应不小于 96%;二级以下公路的路堤与回填的联结部,应预留台阶。

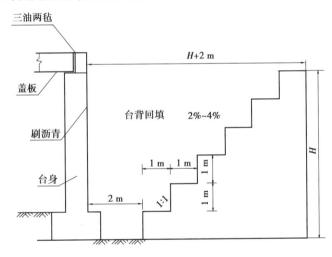

图 3.8 台背回填范围示意图

②台背和锥坡的回填宜同步进行。

③台背与墙背 1.0 m 范围内回填宜采用小型夯实机具压实。

④分层压实厚度宜不大于 150 mm,填料粒径宜小于 100 mm,压实度应不小于 96%。

⑤部位狭窄时,可采用低强度等级混凝土、浆砌片石等材料回填。

⑥回填部分的路床宜与路堤路床同步填筑。

⑦台背与墙背回填应在结构物砂浆或混凝土强度达到设计强度的 75% 以上时进行。

图 3.9 所示为桥台背分层回填压(夯)实后进行压实度检测。

3) 涵背回填

①涵洞完成后,当涵洞砌体砂浆或混凝土强度达到设计强度的 75% 时,方可进行涵洞洞身两侧的回填。

②涵洞两侧回填填料粒径宜小于 50 mm,压实度应不小于 96%,涵洞两侧应对称分层回

填压实。

③涵洞两侧紧靠涵台部分的回填土不得采用大型机械施工,宜采用人工配合小型机械的方法夯填密实(图3.10)。

图3.9 桥台背回填压实度检测　　　　图3.10 标准化涵背回填压实

④两侧及顶面填土时,应采取措施防止压实过程对涵洞产生不利后果。

3.2.9 半填半挖路基、路堤与路堑过渡段

半填半挖路基具有横向填挖结合段,路堤与路堑过渡段为纵向填挖结合段。

1)半填半挖路基施工

①应从填方坡脚起向上设置向内侧倾斜的台阶,台阶宽度不小于2 m;在挖方一侧,台阶应与每个行车道宽度一致、位置重合。

②对于石质山坡,应清除原地面松散风化层,按设计开凿台阶。

③应清除孤石、石笋。

④路基应从最低标高处的台阶开始分层填筑,分层压实。

⑤半填半挖路基填方区和挖方区需符合路基填方、挖方对应的要求。其中,填方区必要时可采用冲击碾压或强夯等进行增强补压,以消除路基填挖之间的差异变形。

⑥半填半挖路基的填料应综合选择,当挖方区为土质时,应优先选用渗水性好的填料填筑,对挖方区路床0.80 m范围的土质进行超挖回填碾压,并在填挖交界处路床范围铺设土工格栅;当挖方区为坚硬岩石时,宜采用填石路基。

⑦当地表斜坡陡于1∶1.25,并经过路基稳定分析为稳定性不足时,应在路堤边坡下方设置支挡工程。

2)路堤与路堑过渡段施工

①对于纵向填挖结合段,应合理设置台阶,清除孤石、石笋。

②对于有地下水或地面水汇流的路段,应采用合理措施导排水流。

③路基应从最低标高处的台阶开始分层填筑,分层压实。

④填筑时,应严格处理纵向、原地面等结合界面,确保路基的整体性。

⑤纵向填挖交界处应设置过渡段。土质地段过渡段宜采用级配较好的砾类土、砂类土、碎石填筑,岩石地段过渡段可采用填石路堤。

任务 3.3　路基填筑施工工艺流程

路基填筑
施工工艺
流程

3.3.1　路基填筑施工的工艺流程

路基填筑施工的工艺流程如图 3.11 所示。

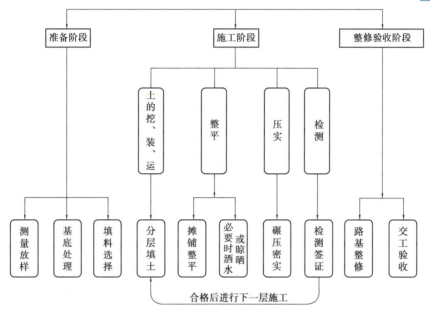

图 3.11　路基填筑施工的工艺流程图

3.3.2　路基填筑施工的主要工序

路基填筑施工的主要工序有填料选择,基底处理,土的挖、装、运,摊铺整平、碾压和检测。

1)填料选择

填筑路堤的材料(以下简称"填料")以采用强度高,水稳定性好,压缩变形小,便于施工压实以及运距短的土、石为宜。选择填料时,一方面要考虑料源和经济性,另一方面要顾及填料的性质是否合适。

"要想富,先修路"。为响应国家"乡村振兴"的号召,各地有条不紊地推进公路建设。在公路建设过程中,需要在各个方面节约投资和减少占用耕地良田。路基填筑的填料一般应利用附近路堑或附属工程的弃方。

为节约投资和少占耕地良田,一般应利用附近路堑或附属工程的弃方作为填料。

2)基底处理

路堤基底处理是保证路堤稳定与坚固极为重要的措施。路堤填筑前进行基底处理,能使填土与原来的表土密切结合,能使初期填土作业顺利进行;能使地基保持稳定,增加承载能力;能防止因草皮、树根腐烂而引起路堤沉陷。

3) 土的挖、装、运

根据运距和填料特点选择适宜的机械设备,当采用挖掘机(或装载机)配合运输车辆将填料装运至填筑地点时,为了保证层厚符合设计和规范要求、填料摊铺均匀、碾压后表面平整且利于排水,可用石灰线划分方格网指导装卸车卸料,如图 3.12 所示。

4) 摊铺整平

推土机将填料摊铺整平如图 3.13 所示。可先用推土机初平,再用平地机精平,在精平后检测其松铺厚度是否与试验段确定的松铺厚度吻合,确认一致后开始碾压作业。

图 3.12　路堤填筑前划分方格网　　　　图 3.13　推土机将填料摊铺整平

5) 碾压

碾压是路基填筑的一个关键工序,路基是否碾压密实是决定路基工程施工质量的一个重要因素。

(1)路基压实的目的及原理

路基填土经过开挖、运输、摊铺等过程后,已变得十分松散。压实的目的是通过碾压做功,使土粒重新组合,彼此挤紧,孔隙缩小,形成密实整体,从而增加强度,提高稳定性。大量的试验和工程实践已经证明:土基压实后,路基的塑性变形、渗透系数、毛细水作用及隔温性能等均有明显改善。

路基土体压实按压实机械作用种类不同分为静压、冲击作用、振动作用。其中,静压是依靠机械自重对土体进行密实的方法;冲击作用是将一定质量的物体提升一定高度,然后自由下落,产生冲击,对土体进行冲击压实;振动作用是振动压路机利用其自身的重力和振动作用,形成持续不断的冲击波,使土粒运动,以达到密实土体的目的。

(2)影响压实效果的因素

对于细粒土的路基,影响压实效果的因素有内因和外因两个方面。内因指土质和湿度,外因指压实功能(如机械性能、压实时间与速度、土层厚度)及压实时外界自然和人为的其他因素等。

(3)压实机具的选择

土基压实机具的类型较多,大致分为碾压式、夯击式和振动式三大类。碾压式包括光面碾(普通的两轮和三轮压路机)、羊足碾和气胎碾等。夯击式除人工使用的石夯外,机动设备中有夯锤、夯板、风动夯及蛙式夯机等。振动式有振动器、振动压路机等。此外,运土工具中的汽车、土方机械等,也可用于路基压实。

不同压实机具适用于不同土质及不同土层厚度等条件。正常条件下,对于砂性土的压实效果,振动式较好,夯击式次之,碾压式较差。对于黏性土,则宜选用碾压式或夯击式,振动式较差甚至无效。

压实机具对土施加的外力应有所控制,以防压实功能太大,压实过度,不仅失效、浪费甚至有害。一般认为,压实时的单位压力不应超过土的强度极限。不同土的强度极限,还与压实机具的质量、相互接触的面积、施荷速度及作用时间(遍数)等有关。

(4)碾压

土基压实时,按试验路段选定的机具类型、土层厚度、行程遍数及最佳效果的碾压速度进行碾压。压实操作时,宜先轻后重、先慢后快,在整个全宽的填土上压实,宜纵向分行进行,直线段由两边向中间,曲线段宜由曲线的内侧向外侧(当曲线半径超过 200 m 时,可以按直线段方式进行)。两行之间的接头一般应重叠 1/4~1/3 轮迹,对于三轮压路机则应重叠后轮的 1/2,确保压实均匀,不漏压。对于压不到的边角,应辅以人力或小型机具夯实。纵向分段压好以后,进行第二段压实时,其在纵向接头处的碾压范围宜重叠 1~2 m,以确保接头处平顺过渡。压实全过程中,土的含水率应在最佳含水率的±2% 以内。如含水率过大,应翻晒;如含水率过低,则应适当洒水。图 3.14 所示为压路机碾压土质路基。

图 3.14　路基碾压

填石路堤在压实前,应先用大型推土机推铺整平。个别不平处,应用人工配合,用细石屑找平。采用的压路机宜选 18 t 以上的振动压路机,碾压时要求均匀压实,不得漏压。

土石混填路堤的压实要根据混合料中巨粒土含量的多少来确定。当巨粒土含量较少时,应按填土路堤的压实方法进行压实;当巨粒土含量较大时,应按填石路堤的压实方法压实。

6)检测

压实质量以压实度控制。碾压完毕后,应按规定的方法和频率进行压实度检测,检测合格后方可进入下一道工序。

挖坑灌砂测试压实度(上)　挖坑灌砂测试压实度(下)

①土质路基压实度检测应符合以下规定:

a.用灌砂法、灌水(水袋)法检测压实度时,取土样的底面位置为每一压实层底部;用环刀法试验时,环刀中部处于压实层厚的 1/2 深度;用核子密度湿度仪试验时,应根据其类型,按说明书要求办理,事先应与规定试验方法做对比试验进行标定。

b.施工过程中,每一压实层均应检验压实度,检测频率为每 1 000 m² 至少检验 2 点,不足 1 000 m² 时检验 2 点,必要时可根据需要增加检验点。

②土质路基压实度计算。例如:令工地实测土质路基的干密度为 ρ,试验室内该土样的标准击实试验得到的最大干密度为 ρ_{dmax},则压实度 K 按下式计算:

$$K = \rho / \rho_{dmax} \times 100\% \tag{3.1}$$

将实测的压实度与设计要求的压实度值进行比较,判断其是否合格。

灌砂筒、标定罐、基板如图3.15(a)所示,压实度检测凿洞如图3.15(b)所示。

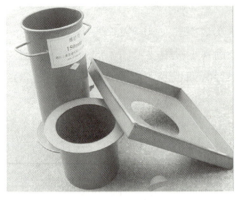 

(a)灌砂筒、标定罐、基板　　　　　　(b)压实度检测凿洞

图3.15　灌砂法检测路基压实度

【案例】　背景资料:某高速公路 M 合同段(K17+300~K27+300)主要为路基土石方工程,本地区岩层构成为泥岩、砂岩互层,抗压强度为 20 MPa 左右,地表土覆盖层较薄。在招标文件中,工程量清单列有挖方 2 400 000 m³(土石比例为 6:4)、填方 2 490 000 m³,填方路段填料由挖方路段调运。施工过程部分事件摘要如下:

事件1:填筑路堤时,施工单位采用土石混合分层铺筑,局部路段因地形复杂而采用竖向填筑法施工,并用平地机整平每一层,最大层厚 40 cm,填至接近路床底面标高时,改用土方填筑。

事件2:该路堤施工中,严格质量检验,实测了压实度、弯沉、纵断高程、中线偏位、宽度、横坡、边坡。

【问题】

(1)指出事件1中施工方法存在的问题,并提出正确的施工方法。

(2)指出事件2中路堤质量检验实测项目哪个不正确?还需补充哪个实测项目?

(3)针对该路段选择的填料,在填筑时,对石块的最大粒径应有何要求?

【参考答案】

(1)事件1中施工方法存在的问题:

①不应采用平地机整平。因为含石量为66%,整平应采用大型推土机辅以人工进行。

②不应采用竖向填筑法。土石路堤应采用分层填筑,分层压实。

(2)不应该实测弯沉。应实测平整度。

(3)土石混合料中石料强度大于 20 MPa 时,石块的最大粒径不得超过压实层厚的2/3,超过的石料应清除或改小,直到符合要求为止。

小结

路堤和路床均属于路基填方,路基填筑质量直接关系到公路耐久性及使用质量。路基施工应做好施工期临时排水总体规划和建设,路基填筑应选择符合设计和施工技术规范要

求的填料。路基填筑方法有水平分层填筑法、纵向分层填筑法、竖向填筑法和混合填筑法等。在施工中,尽量采用施工操作方便、安全,压实质量易于保证的水平分层填筑法。严格控制好路堤施工质量,桥、涵及结构物的回填,半填半挖路基、路堤与路堑过渡段的质量。路基填筑施工的主要工序有料场选择、基底处理、填筑、碾压和检测。

能力训练及习题

一、能力训练

某高速公路 A2 合同段,在 K13+300~K13+480 段填方区,原地面为耕植土,地势较平坦,机械设备已到达施工现场,施工单位进行原地面处理后,拟采用水平分层填筑法进行路基填筑,请问施工单位拟采用的填筑方法合理吗?说明理由,水平分层填筑法施工要注意些什么?

任务:以 4~6 人为一个小组,分组讨论,小组派代表进行分享。

二、习题

(一)选择题(请把正确的选项填在括号里)

1.下列哪些材料不可以作为路基填料? (　　)

A.砂类土　　　　　B.砾类土　　　　　C.弱膨胀土　　　　　D.含草皮树根的土

2.高速公路的填方路基中,上路床的压实度不得小于(　　)。

A.94%　　　　　B.95%　　　　　C.96%　　　　　D.90%

(二)判断题(正确的打"√",错误的打"×")

1.性质不同的填料,应分段填筑,混合摊铺,混合碾压。　　　　　　　　　　(　　)

2.高路堤段应最后安排施工。　　　　　　　　　　　　　　　　　　　　　(　　)

3.在深谷、陡坡、断岩、泥沼等地段机械无法进场的路堤,无法自上而下分层填筑,可采用竖向填筑法。　　　　　　　　　　　　　　　　　　　　　　　　　　　(　　)

(三)简答题

1.路基填筑的方法有哪些? 各有什么特点?

2.影响压实效果的因素有哪些?

3.土基碾压的操作要领有哪些?

4.什么是压实度? 实际工程中如何检测?

5.桥台背及与路堤间的回填施工应符合哪些规定?

6.涵洞回填施工应符合哪些规定?

7.半填半挖路基、路堤与路堑过渡段施工应符合哪些规定?

8.路基填筑施工的主要工序有哪些?

模块 4　路堑开挖

【知识目标】了解爆破器材、常用爆破方法、影响爆破的主要因素、弃土堆设置;理解土质路堑施工工艺流程、盲炮处理;掌握土质路堑开挖方法、石质路堑开挖方法、爆破开挖石方的程序。

【能力目标】能根据项目设计图纸,合理组织路堑施工。

【素质目标】具有安全意识、质量意识、规范意识。

重庆大渡口区小南海港区大道工程

任务 4.1　土质路堑开挖

4.1.1　土质路堑施工工艺流程

土质路堑施工工艺流程如图 4.1 所示。

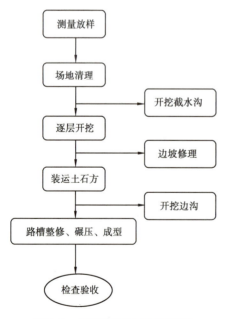

图 4.1　土质路堑施工工艺流程

法适用于挖掘深且短的路堑。

土质路堑开挖

4.1.2　土质路堑开挖方法

土质路堑开挖应根据地面坡度、开挖断面、纵向长度及出土方向等因素,结合土方调配,选用安全、经济的开挖方案。目前常用的开挖方法可分为横向挖掘法、纵向挖掘法及混合式挖掘法3种。

1)横向挖掘法

土质路堑横向挖掘具体方法有:

①单层横向全宽挖掘法:从开挖路堑的一端或两端按断面全宽一次性挖到设计标高,逐渐向纵深挖掘,挖出的土方一般都是向两侧运送(图 4.2)。该方法适用于挖掘浅且短的路堑。

②多层横向全宽挖掘法:从开挖路堑的一端或两端按断面分层挖到设计标高(图 4.3)。该方

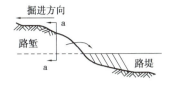
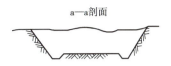

图 4.2　单层横向全宽挖掘法

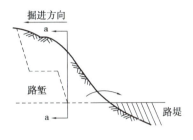
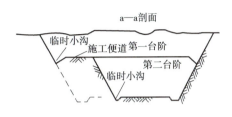

图 4.3　多层横向全宽挖掘法

2)纵向挖掘法

土质路堑纵向挖掘多采用机械作业,具体方法有:

①分层纵挖法:沿路堑全宽,以深度不大的纵向分层进行挖掘(图 4.4)。该方法适用于较长的路堑开挖。

②通道纵挖法:先沿路堑纵向挖掘一通道,然后将通道向两侧拓宽以扩大工作面,并利用该通道作为运土路线及场内排水的出路。该层通道拓宽至路堑边坡后,再挖下一层通道,如此向纵深开挖至路基标高(图 4.5)。该法适用于较长、较深、两端地面纵坡较小的路堑开挖。

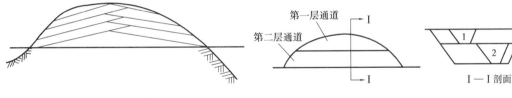

图 4.4　分层纵挖法　　　　　　　　　　图 4.5　通道纵挖法

③分段纵挖法:沿路堑纵向选择一个或几个适宜处,将较薄一侧堑壁横向挖穿,使路堑分成两段或数段,各段再纵向开挖(图 4.6)。该方法适用于过长、弃土运距过远、一侧堑壁较薄的傍山路堑开挖。

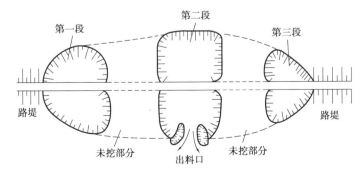

图 4.6　分段纵挖法

3) 混合式挖掘法

多层横向全宽挖掘法和通道纵挖法混合使用,先沿路线纵向挖通道,然后沿横向坡面挖掘,以增加开挖面(图4.7)。该方法适用于路线纵向长度和挖深都很大的路堑开挖。

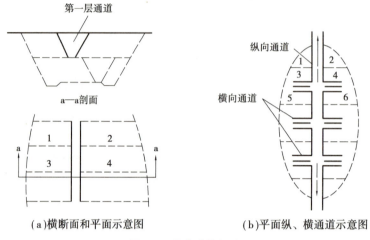

(a)横断面和平面示意图　(b)平面纵、横通道示意图

图4.7　混合式挖掘法

4.1.3　一般规定

①拟用作路基填料的土方,应分类开挖、分类使用。非适用材料应按设计要求或作为弃方处理。

②土方开挖应自上而下逐级进行,不得乱挖超挖,严禁掏底开挖。

③开挖过程中,应采取措施保证边坡稳定。开挖至边坡线前,应预留一定宽度。预留的宽度应保证刷坡过程中设计边坡线外的土层不受到扰动。

④开挖至零填、路堑路床部分后,应及时进行路床施工。图4.8所示为正在对路堑路床进行碾压。如不能及时进行,宜在设计路床顶高程以上预留至少300 mm厚的保护层。

图4.8　土质路堑路床碾压

⑤应采取临时排水措施,施工作业面不得积水。

⑥土方开挖遇到地下水时,应按下列规定处理:

a.应采取排导措施,将水引入路基排水系统,不得随意堵塞泉眼。

b.路床土含水率高或为含水层时,应采取设置渗沟、换填、改良土质等处理措施。路床填料除应符合表3.1的规定外,还应具有好的透水性和水稳性。

4.1.4　机械开挖作业方式

1) 推土机开挖土质路堑

推土机开挖土方作业由切土、运土、卸土、倒退(或折返)、空回等过程组成一个循环。影响作业效率的主要因素是切土和运土两个环节,因此必须以最短的时间和距离切满土,并尽可能减少土在推运过程中的散失。推土机开挖土质路堑作业方法有下坡推土法、槽形推土法、并列推土法、波浪式推土法等(图4.9)。

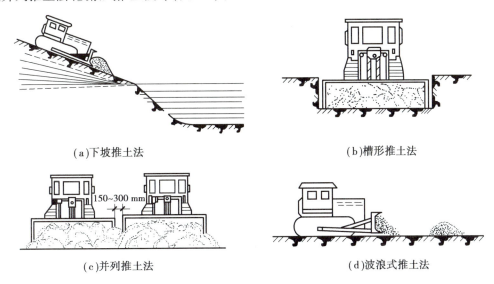

(a)下坡推土法　　　　　　　　　　　　(b)槽形推土法

(c)并列推土法　　　　　　　　　　　　(d)波浪式推土法

图 4.9　推土机开挖土质路堑作业方法

2)挖掘机开挖土质路堑

公路工程施工中,以单斗挖掘机最为常见(图4.10),而路堑土方开挖中又以正铲挖掘机使用最多。正铲挖掘机挖装作业灵活,回转速度快,工作效率高,特别适用于与运输车辆配合开挖土方路堑。正铲工作面的高度一般不应小于1.5 m,否则将降低生产效率,过高则易塌方损伤机具。其作业方法有侧向开挖和正向开挖。挖掘机、自卸车纵向台阶开挖土方如图4.11 所示。

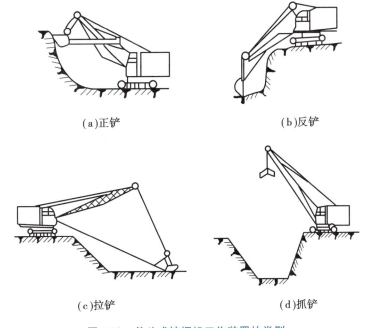

(a)正铲　　　　　　　　　　　　(b)反铲

(c)拉铲　　　　　　　　　　　　(d)抓铲

图 4.10　单斗式挖掘机工作装置的类型

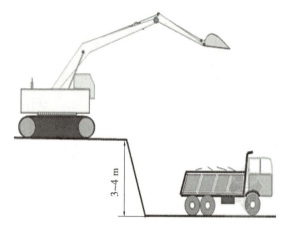

图 4.11 挖掘机、自卸车纵向台阶开挖土方示意图

任务 4.2 石质路堑开挖

4.2.1 石质路堑开挖方法

1)钻爆开挖

钻爆开挖是当前广泛采用的开挖施工方法(图 4.12),有薄层开挖、分层开挖(梯段开挖)、全断面一次开挖和特高梯段开挖等方式。

图 4.12 钻爆开挖

2)直接用机械开挖

使用带有松土器的重型推土机破碎岩石[图 4.13(a)],一次破碎深度为 0.6~1.0 m。该方法适用于施工场地开阔、大方量的软岩石方工程。其优点是没有钻爆工序作业,不需要水、电辅助设施,简化了场地布置,加快了施工进度,提高了生产能力。其缺点是不适于破碎坚硬岩石。对于较坚硬的石方工程,可用炮机进行破碎[图 4.13(b)]。

直接用
机械开挖

(a)带有松土器的重型推土机

(b)炮机破碎岩石

图 4.13   直接用机械开挖

3)静态破碎法

将膨胀剂放入炮孔内,利用产生的膨胀力缓慢地作用于孔壁,经过数小时至 24 小时达到 300~500 MPa 的压力,使介质裂开(图 4.14)。该方法适用于在设备附近、高压线下以及开挖与浇筑过渡段等特定条件下的开挖。其优点是安全可靠,没有爆破产生的公害;缺点是破碎效率低,开裂时间长。

(a)装药前的菱形钻孔

(b)爆破人员装药

(c)整体破碎效果

(d)破碎后部分倒塌的菱形柱体

图 4.14   静态破碎法施工

4.2.2   石质路堑开挖规定

石质路堑开挖的危险源较多,施工单位应重视安全生产工作。安全生产应当以人为本,坚持人民至上、生命至上,把保护人民生命安全摆在首位,树牢安全发展理念,坚持安全第

一、预防为主、综合治理的方针,从源头上防范化解重大安全风险。

①石方开挖应根据岩石的类别、风化程度、岩层产状、岩体断裂构造、施工环境等因素确定开挖方案。

②应逐级开挖,逐级按设计要求进行防护。施工过程中,每挖深3~5 m应进行边坡边线和坡率复测。

③爆破作业应符合《爆破安全规程》(GB 6722—2014)的有关规定。爆破施工要严格控制飞石距离,采取切实可行的措施,确保人员和建筑物的安全。爆破施工组织设计应按相关规定报批。

④严禁采用硐室爆破,靠近边坡部位的硬质岩应采用光面爆破或预裂爆破(图4.15)。

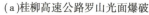

(a)桂柳高速公路罗山光面爆破　　　　　　(b)预裂爆破

图4.15　石质路堑开挖

⑤爆破法开挖石方,应先查明空中缆线、地下管线的位置,开挖边界线外可能受爆破影响的建筑物结构类型、居民居住情况等,对不能满足安全距离的石方宜采用化学静态爆破或机械开挖。

⑥爆破开挖石方宜按以下程序进行:爆破影响调查与评估→爆破施工组织设计→培训考核、技术交底→主管部门批准→清理爆破区施工现场的危石等→炮眼钻孔作业→爆破器材检查测试→炮孔检查合格→装炸药及安装引爆器材→布设安全警戒岗→堵塞炮孔→撤离施爆警戒区和飞石、震动影响区的人、畜等→爆破作业信号发布及作业→清除盲炮→解除警戒→测定、检查爆破效果(包括飞石、地震波及对施爆区内构造物的损伤、损失等)。

⑦炮眼按其深度不同,采用手风钻或潜孔钻钻孔。炮眼布置在整体爆破时,采用"梅花形"或"方格形",预裂爆破时采用"一字形"。

⑧装药前要布置好警戒,选择好通行道路,认真检查炮孔、硐室,吹净残渣,排除积水,做好爆破器材的防水保护工作。雨期或有地下水时,可考虑采用乳化防水炸药。

⑨顺利起爆并清除边坡危石后,用推土机清出道路,用推土机、铲运机纵向出土填方。运距较远时,用挖掘机装载土,自卸汽车运输。

⑩盲炮处理:因各种原因未能按设计起爆,造成药包拒爆的装药或部分装药称为盲炮。盲炮不但浪费炸药和材料,影响施工进度,而且严重影响安全生产。因此,必须采取一切有效措施防止产生盲炮。检查人员发现盲炮或怀疑盲炮,应向爆破负责人报告后组织进一步检查和处理,发现其他不安全因素应及时排查处理。在上述情况下,不应发出解除警戒信号。

⑪边坡整修及检验:

a.挖方边坡应从开挖面往下逐级进行整修,同时清除危石及松动石块。

b.石质边坡不宜超挖。

c.石质边坡质量要求:边坡上无松石、危石。

⑫石质路床清理及验收:

a.欠挖部分应予凿除。超挖部分应采用强度高的砂砾、碎石进行找平处理,不得采用细粒土找平。

b.路床底面有地下水时,可设置渗沟进行排导,渗沟应用硬质碎石回填。

c.路床的边沟应与路床同步施工。

⑬深挖路堑:

a.应根据地形特征设置边坡观测点,施工过程中应对深挖路堑的稳定性进行监测。

b.施工过程中应核查地质情况,如与设计不符,应及时反馈处理。

c.每挖深 3~5 m 应复测一次边坡。

4.2.3　盲炮处理

1)一般规定

①一旦出现盲炮,应停止盲炮附近的所有其他工作。处理盲炮前,应由爆破领导人定出警戒范围,并在该区域边界设置警戒。处理盲炮时无关人员不许进入警戒区。

②应派有经验的爆破员处理盲炮,硐室爆破的盲炮处理应由爆破工程技术人员提出方案并经单位主要负责人批准。

③电力起爆网路发生盲炮时,应立即切断电源,及时将盲炮电路短路。

④导爆索和导爆管起爆网路发生盲炮时,应首先检查导爆索和导爆管是否有破损或断裂,发现有破损或断裂的应修复后重新起爆。

⑤严禁强行拉出或掏出炮孔中的起爆药包。

⑥盲炮处理后,应再次仔细检查爆堆,将残余的爆破器材收集起来统一销毁;在不能确认爆堆无残留的爆破器材之前,应采取预防措施。

⑦盲炮处理后应由处理者填写登记卡片或提交报告,说明产生盲炮的原因、处理的方法、效果和预防措施。

2)浅孔爆破的盲炮处理

①经检查确认起爆网路完好时可重新起爆。

②可钻平行孔装药爆破,平行孔距盲炮孔不应小于 0.3 m。

③可用木、竹或其他不产生火花的材料制成的工具,轻轻地将炮孔内填塞物掏出,用药包诱爆。

④可在安全地点外用远距离操纵的风水喷管吹出盲炮填塞物及炸药,但应采取措施回收雷管。

⑤处理非抗水类炸药的盲炮,可将填塞物掏出,再向孔内注水,使其失效,但应回收雷管。

⑥盲炮应在当班处理,当班不能处理或未处理完毕,应将盲炮情况(盲炮数目、炮孔方向、装药数量、起爆药包位置、处理方法和处理意见)在现场交接清楚,由下一班继续处理。

3)深孔爆破的盲炮处理

①爆破网络未被破坏,且最小抵抗线无变化者,可重新连接起爆;最小抵抗线有变化者,应验算安全距离,并加大警戒范围后,再连接起爆。

②可在距盲炮孔口不少于10倍炮孔直径处另打平行孔装药起爆。爆破参数由爆破工程技术人员确定并经爆破领导人批准。

③所用炸药为非抗水炸药,且孔壁完好时,可取出部分填塞物向孔内灌水使之失效,然后做进一步处理,但应回收雷管。

4.2.4 路基爆破施工

1)爆破器材

(1)炸药

①炸药的性质。炸药是一种化学性质不稳定的物质,在外力作用下(如冲击、摩擦等)易发生爆炸。爆速高达每秒几千米,爆温高达 1 500~4 500 ℃,压力超过 10 万个大气压,因此具有非常大的破坏力。炸药的性质用以下指标描述:

a.炸药的威力:一般用爆力和猛度来衡量。爆力是指炸药破坏一定量介质的能力;猛度是指炸药爆炸时将一定量岩石粉碎成细块的能力。

b.炸药的敏感度:指炸药在外能作用下发生爆炸的难易程度,包括爆燃点、撞击敏感度、摩擦敏感度和起爆敏感度。

c.炸药的安定性:指炸药在长期存储时保持其原有物理化学性质不变的能力。

②炸药的分类。爆破工程中常将炸药分为如下两类:

a.起爆炸药:一种爆炸速度极高的烈性炸药,爆速可达 2 000~8 000 m/s,用以制造雷管。

b.主要炸药:用以对岩石或其他介质进行爆炸的炸药。它的敏感性较低,要在起爆炸药强力的冲击下才能爆炸。它分为两种:一是缓性炸药,爆速为 1 000~3 500 m/s,如硝铵炸药(图 4.16)、铵油炸药;二是粉碎性炸药,爆速为 3 500~7 000 m/s,如 TNT、胶质炸药等。

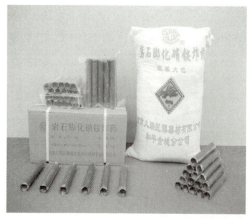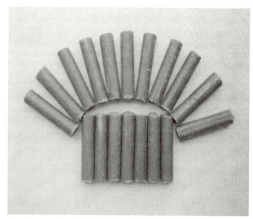

图 4.16 硝铵炸药

(2)起爆器材

雷管是常用的起爆材料,按照引爆方式分为电雷管和火雷管两种(图 4.17)。电雷管又分为即发、延期及毫秒雷管。雷管外壳有纸、铜、铁等。

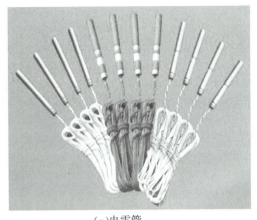 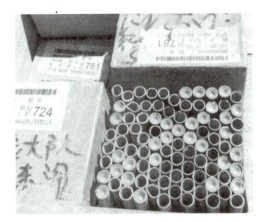

(a)电雷管	(b)火雷管

图 4.17　雷管

雷管由雷管壳、正副装药、加强帽 3 部分组成。火雷管与电雷管的不同之处是,在管壳开口的一端,火雷管留出 15 mm 左右的空隙端,以备导火索插入之用;而电雷管则有一个电力引火装置,并以防潮涂料密封端口。延期和毫秒电雷管的特殊点是在引火装置和正装药之间加了一段缓燃剂。在保管、运输、储存过程中,严禁将雷管和炸药放在一起(图4.18)。

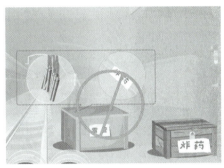

图 4.18　雷管和炸药严禁放在一起

2)爆破方法

爆破方法应根据石方的集中程度、地形、地质条件及路线横断面形状等具体情况确定。用药量 1 t 以上为大炮,1 t 以下为中小炮。公路路基石方开挖严禁采用硐室爆破,硐室爆破主要包括药壶炮和猫洞炮。

(1)钢钎炮

钢钎炮通常指炮眼直径和深度分别小于 70 mm 和 5 m 的爆破方法(图 4.19)。钢钎炮比较灵活,适用于地形艰险及爆破量较小地段(如开挖石质水沟,开挖便道、基坑等),在综合爆破中是一种改造地形、为其他炮型服务的不可缺少的辅助炮型。由于钢钎炮炮眼浅,用药少,每次爆破的方量不多,且全靠人工清除,所以不利于爆破能量的利用且工效较低。

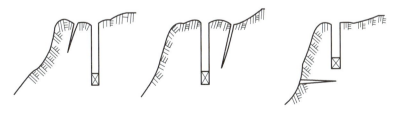

图 4.19　钢钎炮的炮眼布置图

(2)深孔爆破

深孔爆破是孔径大于 75 mm、深度在 5 m 以上、采用延长药包的一种爆破方法。深孔爆破炮孔需用大型的潜孔凿岩机或穿孔机钻孔,如用挖运机械清方可以实现石方施工全面机械化,劳动生产率高,一次爆破的方量多,施工进度快,爆

深孔爆破
凿岩机钻孔

图 4.20　深孔爆破

破时比较安全,是大量石方(万方以上)快速施工的发展方向之一。图 4.20 所示为深孔爆破施工现场。

(3)光面爆破

在开挖限界的周边,适当排列一定间隔的炮孔,在有侧向临空面的情况下,用控制抵抗线和药量的方法进行爆破,使之形成一个光滑平整的边坡。

(4)预裂爆破

在开挖限界处按适当间隔排列炮孔,在没有侧向临空面和最小抵抗线的情况下,用控制药量的方法,预先炸出一条裂缝,使拟爆体与山体分开,作为隔震减震带,起保护开挖限界以外山体或建筑物和减弱地震对其破坏的作用。

(5)定向爆破

定向爆破是利用爆能将大量土石方按照指定的方向,搬移到一定的位置并堆积成路堤的一种爆破施工方法。

(6)微差爆破

两相邻药包或前后排药包以若干毫秒的时间间隔(一般为 15~75 ms)依次起炮,称为微差爆破,亦称毫秒爆破。

微差爆破能有效地控制爆破冲击波、震动、噪声和飞石;操作简单、安全、迅速;可近火爆破而不造成伤害;破碎程度好,可提高爆破效率和技术经济效益。但该网路设计较为复杂,需特殊的毫秒延期雷管及导爆材料。微差爆破适用于开挖岩石地基、挖掘沟渠、拆除建筑物和基础等。

(7)药壶炮

药壶炮是指在深 2.5~3.0 m 以上的炮眼底部用小量炸药经一次或多次烘膛,使眼底成葫芦形,将炸药集中装入药壶中进行爆破(图 4.21)。

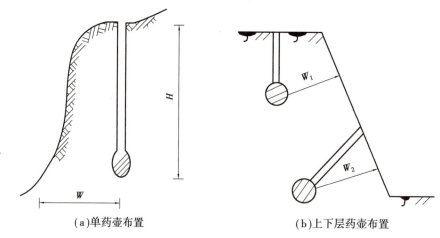

(a)单药壶布置　　　　　　　　　(b)上下层药壶布置

图 4.21　药壶炮

药壶炮主要用于露天爆破,其使用条件是:岩石应在Ⅺ级以下,不含水分,阶梯高度 H 小于 10～20 m,自然地面坡度在 70°左右。如果自然地面坡度较缓,一般先用钢钎炮切脚,炸出台阶后再使用。经验证明,药壶炮最好用于Ⅶ～Ⅸ级岩石,中心挖深 4～6 m,阶梯高度在 7 m 以下。药壶炮装药量可根据药壶体积而定,一般为 10～60 kg,最多可超过 100 kg。每次可炸岩石数十方至数百方,是小炮中最省工、省药的一种方法。

(8)猫洞炮

猫洞炮是指炮洞直径为 0.2～0.5 m,洞穴成水平或略有倾斜(台眼),深度小于 5 m,用集中药包在炮洞中进行爆炸的一种方法(图 4.22)。

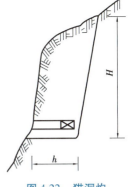

图 4.22　猫洞炮

猫洞炮充分利用岩体本身的崩塌作用,能用较浅的炮眼爆破较高的岩体,一般爆破可炸松 15～150 m³。其最佳使用条件是:岩石等级一般为Ⅸ级以下,最好是Ⅴ～Ⅶ级;阶梯高度最小应大于眼深的 2 倍,自然地面坡度不小于 50°,最好在 70°左右。由于炮眼直径较大,爆能利用率甚差,故炮眼深度应大于 1.5～2.0 m,不能放孤炮。猫洞炮工效一般可达 4～10 m³,单位耗药量为 0.13～0.3 kg/m³。在有裂缝的软石、坚石中,阶梯高度大于 4 m。药壶炮药壶不易形成时,采用猫洞炮可以获得好的爆破效果。

3)影响爆破的主要因素

为了爆破某一岩体,在其中或表面放置的一定数量的炸药,称为药包。药包在介质中爆炸时,介质被抛掷和松动的体积或破碎的程度称为爆破效果。影响爆破效果的因素主要有以下几种:

①炸药的威力:一般在坚石中,宜用粉碎力大的炸药,如 TNT、胶质炸药等,爆破后岩石破碎程度较大,但破坏范围一般较小;在次坚石、软石、裂缝大而多的岩石,以及松动爆破中,宜用爆力大而粉碎力较小的炸药,如硝铵类炸药;开采料石,则宜用爆力和猛度都较小的炸药,如黑火药。

②炸药用量:在其他条件相同时,炸药用量过少,达不到预期的爆破效果;炸药用量过多,不仅会造成浪费,而且会炸掉不该炸的部分,并使爆破震动增大,震动范围加宽,裂缝增多,甚至造成边坡坍塌等。

③地形条件:爆破工程中,地形的陡坦程度及临空面数量对爆破效果影响也很大。地形越陡,临空面数目越多,爆破效果越好;反之,爆破效果越差。

④地质条件:指岩石性质和岩层构造。岩石性质包括岩石的密度、韧性和整体性等,是确定岩石单位耗药量和能否采用大爆破的主要依据;岩石构造主要指岩石的层理产状等。

⑤其他因素:装药的密实度、堵塞炮眼和导洞的质量、爆破技术的熟练与正确程度等对爆破效果均有影响。

4.2.5　弃方

1)弃土场设计要求

①弃土场的设置应根据各路段弃方数量,并结合路基排水、地形、土质、施工方法、节约

用地、环保等要求,作出统一规划设计,弃土场的位置不应设置在公路行车视线范围内。

②一般情况下,弃土场应设置在路基的下方沟谷地带,尽量避免设置在路基上方的沟谷地带。受地形限制,需设置在路基上方的沟谷地带时,应进行场地的稳定性评价,评价对路基安全的影响程度,并加强弃土场排水、防护与支挡设计,保证弃土堆稳定。

③弃土场不应设置在桥梁下的场地上,防止弃土堆沉降变形乃至失稳而引起桥梁墩台基础的变形,危害桥梁安全。

④一般情况下,应避免沿河设置弃土场。不得已时,应评估设置弃土堆,减小泄洪断面后对河流防洪的影响,并应取得水利部门的同意。

⑤弃土场设计应根据地形地质条件,进行边坡稳定性计算,弃土堆应堆放规则,进行适当碾压。弃土场应采取必要的排水、防护支挡和绿化等工程措施,保证边坡稳定,避免水土流失,以免诱发次生地质灾害。

⑥弃土场应设置在无不良地质范围内,若选择困难难以避让,应进行稳定评价,并且要保证弃土堆内侧地面水能够顺利排出。

⑦弃土设计应注意节约用地。与排水系统无关的弃土堆均应尽量整平造田还耕,归还地方使用。远离线路的集中弃土均列入临时用地。

2) 弃土场施工要求

①施工前,应对设计提供的弃土方案进行现场核对,如有问题应及时反馈处理。

②弃土宜集中堆放,并与周边环境相协调。

③严禁在贴近桥梁墩台、涵洞口处弃土。

④不得向水库、湖泊、岩溶漏斗及暗河口处弃土。岩溶地区漏斗处和暗河口处是地面水排泄孔道、地下水出水通道。如被弃土堵塞,将造成地面水、地下水无法排走,危及路基安全。

⑤弃土宜按设计要求分层填筑,分层压实,弃土场的边坡不得陡于 1∶1.5,顶面宜设置不小于2%的排水坡。

⑥弃土作为路基反压护道时,宜与路基同步填筑。

⑦在地面横坡陡于 1∶5 的路段,路堑顶部高侧不得设置弃土场。

⑧弃土场应及时施做防护和排水工程,坡脚应按设计要求进行加固(图4.23)。

图 4.23　环保的弃土场

【案例】　背景资料:某施工单位承接了某高速公路路基 H 合同段工程施工,该区段设计车速为 100 km/h,平均挖深为 19 m,路基宽度为 26 m,其中 K20+300~K20+520 段为石质路堑。该区段岩石为石炭系硅质灰岩,岩石较坚硬,多为厚层构造,局部呈薄层状构造,裂隙发育。要求路堑采用钻爆开挖,爆破石渣最大允许直径为 30 cm,对开挖石渣尽可能提高利用率。

施工单位编制的爆破设计方案摘要如下:

①边坡采用预裂爆破,路基主体尽量采用深孔爆破,局部采用钢钎炮、烘膛炮等方法。

②采用直径为 8 cm 的钻头钻孔,利用自行式凿岩机或潜孔钻一次钻到每阶平台设计高程位置。

③爆破顺序采用从上至下的分台阶,顺路线方向纵向推进爆破,控制最大爆破深度不超过 10 m,纵向每 40~50 m 为一个单元,边坡和主体采用微差爆破一次性完成。

④边坡预裂爆破孔间距为 1 m,采用"方格形"布置,按水平方向控制炮杆位置。路基主体内炮孔间距 4 m,采用"梅花形"均匀布置。

爆破设计方案报主管部门审批时未通过,退回后由施工单位重新修改。

确定爆破安全距离时,施工单位按《爆破安全规程》(GB 6722—2014)中安全距离不小于 200 m 的规定,将安全距离设为 200 m,并布置警戒线。爆破结束后,未出现安全事故。

【问题】

①指出并改正爆破设计方案中的错误之处。

②施工单位确定爆破安全距离的做法是否恰当? 说明理由。

【参考答案】

①采用"方格形"布置,按水平方向控制炮杆位置错误。应改为:采用"一字形"布置,按边坡坡度控制炮杆位置。

②不恰当。因为除考虑《爆破安全规程》(GB 6722—2014)中露天爆破安全距离不得小于 200 m 外,还应考虑个别飞散物、地震波、空气冲击波的影响,经计算后再确定安全距离。

小结

土质路堑开挖方法可分为横向挖掘法、纵向挖掘法及混合式挖掘法 3 种,石质路堑开挖方法有钻爆开挖、直接用机械开挖、静态破碎法。爆破方法应根据石方的集中程度、地形、地质条件及路线横断面形状等具体情况确定。用药量 1 t 以上为大炮,1 t 以下为中小炮。爆破方法有钢钎炮、深孔爆破、光面爆破、预裂爆破等。影响爆破的主要因素有炸药的威力、炸药用量、地形条件、地质条件、其他因素。弃土场设置应符合设计和相关规范的要求。

能力训练及习题

一、能力训练

某条高速公路 E8 合同段,石质路堑主要是砂岩,施工单位采用钢钎炮爆破开挖时出现盲炮,请问应如何处理?

任务:以4~6人为1组,分组讨论钢钎炮爆破时出现盲炮应如何处理? 小组派代表进行分享。

二、习题

(一)选择题(请把正确的选项填在括号里)

1.下列哪项不属于土质路堑的开挖方法? (　　)

A.横向挖掘法　　　　B.纵向挖掘法　　　　C.掏底开挖法　　　　D.混合式挖掘法

2.石质路堑开挖方法有(　　)。

A.钻爆开挖　　　　B.直接用机械开挖　　C.静态破碎法　　　　D.对称开挖法

3.影响爆破效果的主要因素有(　　)。

A.炸药的威力　　　B.炸药用量　　　　C.地形、地质条件　　D.其他因素

(二)判断题(正确的打"√",错误的打"×")

1.土质路基开挖应根据地面坡度、开挖断面、纵向长度及出土方向等因素,结合土方调配,选用安全、经济的开挖方案。　　　　　　　　　　　　　　　　　　　(　　)

2.分层纵挖法是沿路堑全宽,以深度不大的纵向分层进行挖掘,适用于较长的路堑开挖。　　　　　　　　　　　　　　　　　　　　　　　　　　　　　　　　(　　)

(三)简答题

1.土质路堑常用的开挖方法有哪几种? 各自的适用性如何?

2.石质路堑的开挖方法有哪几种? 各自的适用性如何?

3.爆破作业的施工程序有哪些?

4.什么是光面爆破? 什么是预裂爆破?

5.公路沿线弃土场设置应符合设计要求,当设计无要求时应符合哪些规定?

模块 5　路基排水

【知识目标】了解路基地面排水设施、地下排水设施的类型、作用;理解排水设施的外观质量和施工质量标准;掌握路基地面排水和地下排水设施的施工要求。

【能力目标】能根据具体项目设计图纸,合理组织排水设施施工。

【素质目标】具有质量意识、规范意识、责任意识。

施工前,应对排水设计进行现场核对,如有问题应及时反馈处理,全线的沟渠、桥涵等应形成完整的排水系统。临时排水设施宜与永久排水设施相结合,排水方案应因地制宜、经济实用。施工前,宜先完成临时排水设施。施工期间,应经常维护临时排水设施,保证水流畅通。

路堤排水设计有涵洞时,宜安排涵洞先行施工。地表水、地下水的临时和永久排水设施应及时完成。

路堤填筑期间,作业面应设 2%~4% 的排水横坡,表面不得积水,应采取临时排水措施防止水流冲刷边坡。路堑施工时应及时排除地表水。

边沟、排水沟、截水沟等地表排水设施迎水侧不得高出地表,应从下游向上游开挖。截水沟通过地面坑凹处时,应将凹处填平夯实。

任务 5.1　地表排水

路基地表排水可采用边沟、截水沟、排水沟、跌水与急流槽、渡槽、拦水带、蒸发池等设施。其作用是将可能停滞在路基范围内的地面水迅速排除,防止路基范围内的地面水流入路基内。

5.1.1　边沟

1)设置

挖方地段和填土高度小于边沟深度的填方地段均应设置边沟。路堤靠山一侧的坡脚应设置不渗水的边沟。其作用是汇集和排除路基范围内和流向路基的少量地面水。

边沟的类型可分为矩形边沟、梯形边沟、三角形边沟、碟形边沟等,如图 5.1 所示。

为防止边沟漫溢或冲刷,在平原区和重丘山岭区,边沟应分段设置出水口。多雨地区梯形边沟每段长度不宜超过 300 m,三角形边沟不宜超过 200 m。

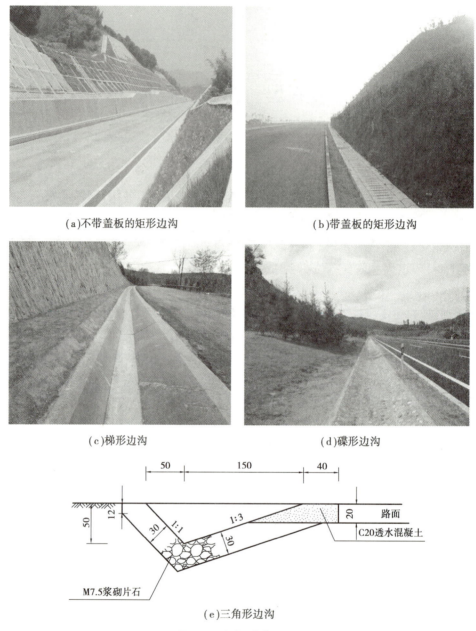

(a)不带盖板的矩形边沟　　　　　　　(b)带盖板的矩形边沟

(c)梯形边沟　　　　　　　　　　　(d)碟形边沟

(e)三角形边沟

图 5.1　边沟(单位:cm)

2)施工要求

边沟应从下游向上游开挖,边沟沟底纵坡应衔接平顺。平曲线处边沟施工时,沟底纵坡应与曲线前后沟底纵坡平顺衔接,不允许曲线内侧有积水或外溢现象发生。曲线外侧边沟应适当加深,其增加值等于超高值。

边沟的加固:当土质地段沟底纵坡大于3%时,应采取加固措施;采用干砌片石对边沟进行铺砌时,应选用有平整面的片石,各砌缝要用小石子嵌紧;采用浆砌片石铺砌时,砌缝砂浆应饱满,沟身不漏水;若沟底采用抹面时,抹面应平整压光。

5.1.2 截水沟

1)设置

截水沟应设置在挖方路基边坡坡顶以外,或山坡路堤坡脚上方的适当地点。其作用是拦截并排除路基上方流向路基的地面水流,保护挖方边坡和填方坡脚不受流水冲刷。

截水沟的边缘离路堑坡顶的距离视土质而定,以不影响边坡稳定为原则。若为一般土质至少应距离 5 m,对黄土地区不应小于 10 m,并应进行防渗加固。截水沟挖出的土,可在路堑与截水沟之间修成土台并夯实,台顶应筑成 2%倾向截水沟的横坡,如图 5.2 所示。

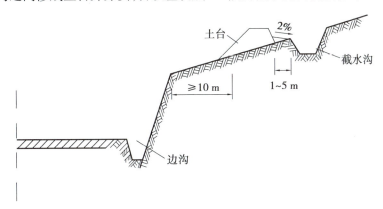

图 5.2 挖方段截水沟示意图

山坡上的路堤截水沟距离路堤坡脚至少 2.0 m,并用挖截水沟的土填在路堤与截水沟之间,修筑向沟倾斜坡度为 2%的护坡道或土台,使路堤内侧地面水流入截水沟排出,如图 5.3 所示。

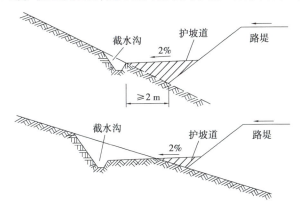

图 5.3 填方路段截水沟示意图

2)施工要求

截水沟应先行施工,与其他排水设施应衔接平顺,纵坡宜不小于 0.3%。截水沟长度超过 500 m 时应选择适当的地点设出水口,将水引至山坡侧的自然沟中或桥涵进水口[图 5.4(a)]。截水沟必须有牢靠的出水口,必要时须设置排水沟、跌水或急流槽。截水沟的出水口必须与其他排水设施平顺衔接。

截水沟应按设计要求进行防渗及加固处理。地质不良地段、土质松软路段、透水性大或岩石裂隙多地段,截水沟沟底、沟壁、出水口都应进行防渗及加固处理,防止水流渗漏和冲刷。截水沟在使用过程中应经常检查和清理,防止堵塞[图5.4(b)]。

(a)挖方段截水沟

(b)截水沟清理

图 5.4 截水沟

图 5.5 排水沟

5.1.3 排水沟

排水沟的作用是将路基范围内的水流引至桥涵或路基范围外的河流或洼地。

①排水沟线形应平顺,转弯处宜为弧线形,其半径不宜小于 10 m(图 5.5)。排水沟长度根据实际需要而定,通常不宜超过 500 m。

②排水沟沿路线布设时,距路基坡脚不宜小于3~4 m。排水沟的出水口应设置跌水或急流槽,将水流引出路基或引入排水系统。

5.1.4 跌水

跌水是在陡坡或深沟地段设置的沟底为阶梯形、水流量瀑布跌落式通过的沟槽。其作用是能在较短的距离内降低水流速度,减少水流能量。

跌水的台阶高度可根据地形、地质等条件决定,多级台阶的各级高度可以不同,其高度与长度之比应与原地面坡度相协调。无消力池的跌水,其台阶高度应小于 600 mm;有消力池的基底应采取防渗措施。单级跌水如图5.6(a)、(b)所示,多级跌水如图5.6(c)、(d)所示。

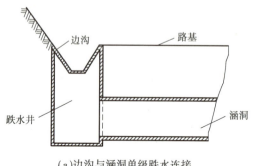
(a)边沟与涵洞单级跌水连接

(b)涵洞进口跌水井

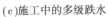

(c)施工中的多级跌水　　　　　　　　(d)使用中的多级跌水

图 5.6 跌水

5.1.5 急流槽

急流槽是在陡坡或深沟地段设置的坡度较陡、水流不离开槽底的沟槽。其作用是能连接水位差较大的水流。

①急流槽基础应嵌入稳固的基面内,底面应按设计要求砌筑抗滑平台或凸榫。对超挖、局部坑洞,应采用相同材料与急流槽同时施工。

(a)路堤边坡急流槽　　　　　　　　(b)清理路堤边坡急流槽

(c)清理涵洞进口处急流槽

图 5.7 急流槽

②急流槽的纵坡不宜超过 1:1.5,同时应与天然地面坡度相配合。当急流槽较长时,槽底可用几个纵坡,一般是上段较陡,向下逐渐放缓。浆砌片石砌体应砂浆饱满,砌缝应不大于 40 mm,槽底表面应粗糙。急流槽应分节砌筑,分节长度宜为 5~10 m,接头处应采用防水材料填缝。混凝土预制块急流槽,分节长度宜为 2.5~5.0 m,接头应采用榫接。

③急流槽进水口的喇叭形水簸箕应与排水设施衔接平顺,汇集路面水流的水簸箕底口不得高于接口的路肩表面,路缘石开口及流水进入路堤边坡急流槽的过渡段应连接圆顺[图5.7(a)]。急流槽在使用过程中应注意检查和清理,保证水流畅通[图5.7(b)、(c)]。

5.1.6 渡槽

当农田水利灌溉沟渠水流需要上跨路基或横穿通过,沟渠底高程与路基设计高程相差较大,能够同时满足行车净高和结构物高度的要求时,可以采用渡槽排(过)水。可设简易桥梁,架设水槽或管道,从路基上部跨越,以沟通路基两侧的水流。渡槽主要用砌石、混凝土及钢筋混凝土等材料建成。渡槽除应满足沟渠排水通过流量的要求外,还应满足自身结构强度和稳定性的要求。

渡槽由进出水口、槽身和下部支承结构 3 部分组成。为降低工程造价,槽身过水横断面一般比两端的沟渠横断面要小,槽中水流速度相应有所提高,因此进出口段应注意防止冲刷和渗漏,进出水口处设置过渡段,过渡段的平面收缩角为 10°~15°。如果槽身与沟渠的横断面相同,沟槽可直接衔接而不设过渡段。与槽身连接的土质沟渠,应予以防护加固,其加固长度至少是沟渠水深的 4 倍。图 5.8 所示为四川泸县华丰渡槽,至今都发挥着灌溉作用。图5.9 所示为施工中的成都至仁寿高速公路仁寿境内首座拱式渡槽兼人行天桥。

图 5.8　四川泸县华丰渡槽

图 5.9　成都至仁寿高速公路仁寿境内首座拱式渡槽兼人行天桥施工

5.1.7　拦水带

为避免高路堤边坡被路面水冲毁,可在路肩上设置拦水带,将水流拦截至挖方边沟或在适当地点设急流槽排离路基。与高路堤急流槽连接处应设喇叭口。设置拦水带路段的路肩宜适当加固,以免水流集中后造成冲刷。图 5.10 所示为正在施工中的拦水带。

图 5.10　拦水带施工

5.1.8　蒸发池

①蒸发池与路基之间的距离应满足路基稳定要求,底面与侧面应采取防渗措施。用取土坑作蒸发池时,与路基坡脚间的距离不应小于 5~10 m。面积较大的蒸发池至路堤坡脚的距离不得小于 20 m,坑内水面应低于路基边缘至少 0.6 m。

②不得因设置蒸发池而使附近地基泥沼化或对周围生态环境产生不利影响。

③蒸发池池底宜做成两侧边缘向中部倾斜 0.5% 的横坡,入口处应与排水沟平顺连接。

④在蒸发池应远离村镇等人口密集区,四周应采用隔离栅进行围护,高度应不低于 1.8 m,并设置警示牌。图 5.11 所示为正在施工的蒸发池。

图 5.11　蒸发池施工

任务 5.2 地下排水

路基地下水排水设施有暗沟(管)、渗沟、渗井等。其作用是将路基范围内的地下水位降低或拦截地下水并将其排除至路基范围以外。

5.2.1 暗沟(管)

1)暗沟(管)作用

暗沟(管)的主要作用是把路基工作区范围内和以下较浅的集中泉眼或渗沟所拦截、汇集的水流,排到路基范围之外去(图 5.12)。高速公路、一级公路中央分隔带有雨水浸入时,通过雨水口将水流引入地下暗沟,然后排到路基范围之外。

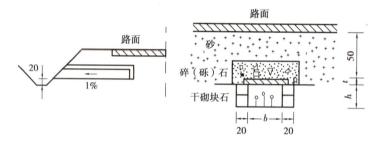

图 5.12 疏导路基泉水的暗沟构造图(单位:cm)

2)暗沟(管)施工

①沟底应埋入不透水层内,沟壁最低一排渗水孔应高出沟底至少 200 mm。进口应采取截水措施。

②暗沟、暗管设在路基侧面时,宜沿路线方向布置;设在低洼地带或天然沟谷时,宜沿沟谷走向布置。沟底纵坡应大于 0.5%,出水口处应加大纵坡,并高出地表排水沟常水位 200 mm 以上。

③寒冷地区的暗沟应按照设计要求做好防冻保温处理,出水口坡度宜不小于 5%。

④暗沟采用混凝土或浆砌片石砌筑时,在沟壁与含水层接触面以上高度,应设置一排或多排向沟中倾斜的渗水孔,沟壁外侧应填筑粗粒透水性材料或土工合成材料形成反滤层。沿沟槽底每隔 10~15 m 或在软硬岩层分界处应设置沉降缝和伸缩缝。

⑤暗沟顶面应设置混凝土盖板或石料盖板,板顶上填土厚度应不小于 500 mm。

⑥暗管宜使用钢筋混凝土圆管、PVC 管、钢波纹管等材料,在管壁与含水层接触面应设置渗水孔,沟壁外侧应填筑粗粒透水性材料或设置土工合成材料形成反滤层。

⑦暗沟、暗管及检查井应采用透水性材料分层回填,层厚宜不大于 150 mm,材料粒径宜不大于 50 mm。

5.2.2 渗沟

1)设置

为降低地下水位或拦截地下水,可在地面以下设置渗沟。常用渗沟有填石渗沟、管式渗沟和洞式渗沟 3 种形式,3 种渗沟均应设置排水层、反滤层和封闭层。

2)施工要求

(1)一般要求

①渗沟基底埋入不透水层内应不小于 0.5 m,沟壁的一侧应设反滤层汇集水流,另一侧用黏土夯实或浆砌片石拦截水流。如渗沟沟底不能埋入不透水层时,两侧沟壁均应设置反滤层。

②渗沟顶部应设置封闭层,封闭层宜采用浆砌片石或干砌片石水泥砂浆勾缝。寒冷地区应设保温层,并加大出水口附近纵坡。保温层可采用炉渣、砂砾、碎石或草皮等。

③渗沟宜从下游向上游开挖,开挖作业面应根据土质选用合理的支撑形式,并应边挖边支撑,渗水材料应及时回填。

(2)填石渗沟

填石渗沟一般用于流量不大、渗沟不长的路段,是目前公路上常用的一种渗沟,施工要求如下:

①石料应采用水稳性好的,应洁净、坚硬、不易风化,其饱水抗压强度应不小于30 MPa,粒径应为 100~300 mm。砂宜采用中砂,含泥量应小于2%,严禁用粉砂、细砂。

②渗水材料的顶面(指封闭层以下)不得低于原地下水位。当用于排除层间水时,渗沟底部应埋置在最下面的不透水层。在冰冻地区,渗沟埋置深度不得小于当地最小冻结深度。

③填石渗沟纵坡不宜小于 1%。出水口底面标高应高出渗沟外最高水位 200 mm。图5.13所示为挖掘机开挖填石渗沟的沟槽。

图 5.13　填石渗沟沟槽开挖

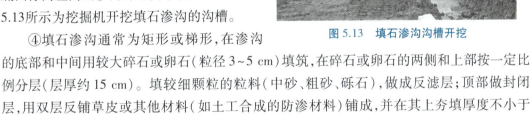

④填石渗沟通常为矩形或梯形,在渗沟的底部和中间用较大碎石或卵石(粒径 3~5 cm)填筑,在碎石或卵石的两侧和上部按一定比例分层(层厚约 15 cm)。填较细颗粒的粒料(中砂、粗砂、砾石),做成反滤层;顶部做封闭层,用双层反铺草皮或其他材料(如土工合成的防渗材料)铺成,并在其上夯填厚度不小于0.5 m的黏土防水层。

(3)管式渗沟

①管式渗沟适用于地下水引水较长、流量较大的地区。管式渗沟宜间隔一定距离设置疏通井和横向泄水管,分段排除地下水。

②管式渗沟的泄水管可用陶瓷、混凝土、石棉、水泥或塑料等材料制成。管壁应设渗水孔,渗水孔应在管壁上交错布置,间距不宜大于 200 mm。渗沟顶标高应高于地下水位。管节宜用承插式柔性接头连接。

(4)洞式渗沟

①洞式渗沟适用于地下水流量较大的地段。洞壁宜采用浆砌片石砌筑,洞顶应用盖板覆盖。盖板之间应留有空隙,使地下水流入洞内。洞式渗沟填料顶面宜高于地下水位。

②洞式渗沟顶部应设置封闭层,厚度应不小于 500 mm。

（5）反滤层

①在渗沟的迎水面设置粒料反滤层时，粒料反滤层应用颗粒大小均匀的碎、砾石，分层填筑。

②土工布反滤层采用缝合法施工时，土工布的搭接宽度应大于 100 mm。铺设时应紧贴保护层，但不宜拉得过紧。土工布破损后应及时修补，修补面积应大于破坏面积的 4~5 倍。

③坑壁土质为黏性土或粉细砂土，采用无砂混凝土板作反滤层时，在无砂混凝土板外侧应加设 100~150 mm 厚的中粗砂或渗水土工织物反滤层。

5.2.3 渗井

1) 设置

当路基附近的地面水或浅层地下水无法排除，影响路基稳定时，可设置渗井，将地面水或地下水经渗井通过下透水层中的钻孔流入下层透水层中排除（图 5.14）。

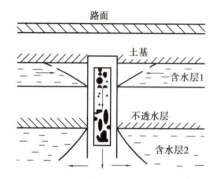

图 5.14 渗井布置示意图

2) 施工要求

①渗井开挖应根据土质选用合理的支撑形式，应边开挖边支撑，并采取照明、通风、排水措施。

②填充料应在开挖完成后及时回填。不同区域的填充料应采用单一粒径分层填筑，小于 2 mm 的颗粒含量不得大于 5%。透水层范围宜填碎石或卵石，不透水层范围宜填粗砂或砾石。井壁与填充料之间应设反滤层，填充料与反滤层应分层同步施工。

③渗井顶部四周应采用黏土填筑围护，井顶应加盖封闭，严防渗井淤塞。

任务 5.3 中央分隔带施工

1) 中央分隔带的开挖

路面基层施工完毕后，即可进行中央分隔带的开挖，先开挖集水槽后开挖纵向盲沟，一般采用人工开挖的方式。开挖的土料不得堆置在已铺好的基层上，以防止污染并应及时运走。沟槽的断面尺寸及结构层端部边坡应符合设计要求，沟底纵坡应符合设计要求，沟底须平整、密实，不得有杂物。

2) 防水层施工

沟槽开挖完毕并经验收符合设计要求后，即可进行防水层施工，可喷涂双层防渗沥青。防渗层沥青要求涂布均匀，厚薄一致，无漏涂现象，涂布范围应为中央分隔带范围内的路基及路面结构层。防水层也可铺设 PVC 防水板等。PVC 防水板铺设时，两端应拉紧，不应有褶皱，PVC 板材纵横向应搭接，铺完后用铁钉固定。

3) 纵向碎石盲沟的铺设

①碎石盲沟应填筑充实、表面平整。

②反滤层可用筛选过的中砂、粗砂、砾石等渗水性材料分层填筑,目前高等级公路多采用土工布作为反滤层。

③碎石盲沟上铺设土工布,使其与回填土隔离,较砂石料作反滤层,施工方便,有利于排水,并可保持盲沟长期利用。施工时应注意以下 3 点:

a.必须平滑无拉伸地铺在碎石盲沟的面层上,不得出现扭曲、褶皱、重叠,避免过量拉伸超过其强度和变形的极限而发生破坏和撕裂;

b.现场施工若发现土工布有破损,必须立即修补好,并能恢复到原性能时才能使用;

c.土工布的接长和拼幅需采用平搭接的连接方式,搭接长度不得小于 30 cm。

4)埋设横向塑料排水管

①路基施工完毕后,即可进行埋设横向塑料排水管施工。

②基槽开挖。根据设计要求,按图纸所示桩号定出埋设位置。采用人工开挖或用开沟机挖槽,沟槽应保持直线并垂直于路中心线。沟槽开挖深度及宽度应符合设计要求。沟底坡度应和路面横坡一致。

③铺设垫层。垫层采用粒径小的石料,如石屑、瓜子片等,铺设厚度应保持均匀一致,保证垫层顶面有规定的横坡。

④埋设塑料排水管要求如下:

a.埋设要求:一端应插入中央分隔带范围内的纵向排水盲沟位置,另一端应伸出路基边坡外。横向塑料排水管的进口须用土工布包裹,防止碎石堵塞。

b.接头处理:塑料管不足一次埋设的长度时,需套接。套接时,管口要对齐,并靠紧,接头处用一根短套管套紧相邻两根塑料排水管,套管两端需用不透水材料扎紧。

⑤沟槽回填。横向排水管埋设完毕并经验收合格后,方可进行沟槽回填。

5)路缘石安装

①路缘石的预制安装或现场浇筑应符合图纸所示的线形和坡度。

②路缘石应在路面铺设之前完成。

③预制路缘石应铺设在厚度不小于 2 cm 的砂垫层上,砌筑砂浆的水泥与砂的体积比应为 1:2。

④路缘石施工技术要求如下:

a.预制路缘石的质量应符合规定要求。

b.安砌稳固,顶面平整,缝宽均匀,勾缝密实,线条直顺,曲线圆滑美观。

c.槽底基础和后背填料必须夯打密实。

任务 5.4　路基排水工程质量标准

5.4.1　排水设施外观质量

排水设施外观质量应符合下列规定:

①纵坡顺适,曲线线形圆滑。

②沟壁平整、稳定,无贴坡。沟底平整,排水畅通,无冲刷和阻水现象。

③各类防渗、加固设施坚实稳固。

④对于浆砌片石工程,嵌缝均匀、饱满、密实,勾缝平顺无脱落、密实、美观,缝宽均衡协调;砌体咬合紧密;抹面平整、压光、顺直,无裂缝、空鼓。

⑤对于干砌片石工程,砌筑咬合紧密,无叠砌、贴砌和浮塞。

⑥水泥混凝土砌块的强度满足设计要求,砌体平整,勾缝整齐牢固。

⑦基础与墙身设置的伸缩缝、沉降缝应垂直对齐。

5.4.2 土质边沟、截水沟、排水沟施工质量

土质边沟、截水沟、排水沟施工质量应符合表 5.1 的规定。

表 5.1 土质边沟、截水沟、排水沟施工质量标准

项次	检查项目	规定值或允许偏差	检查方法和频率
1	沟底高程(mm)	+0,−30	水准仪:每 200 m 测 4 点,且不少于 5 点
2	断面尺寸	≥设计值	尺量:每 200 m 测 2 点,且不少于 5 点
3	边坡坡度	不陡于设计要求	尺量:每 200 m 测 2 点,且不少于 5 点
4	边棱顺直度(mm)	50	20 m 拉线:每 200 m 测 2 点,且不少于 5 点

5.4.3 浆砌排水沟、截水沟、边沟施工质量

浆砌排水沟、截水沟、边沟施工质量应符合表 5.2 的规定。

表 5.2 浆砌排水沟、截水沟、边沟施工质量标准

项次	检查项目	规定值或允许偏差	检查方法和频率
1	砂浆强度(MPa)	在合格标准内	按《公路工程质量检验评定标准 第一册 土建工程》(JTG F80/1—2017)附录 F 检查
2	轴线偏位(mm)	50	全站仪或尺量:每 200 m 测 5 点
3	沟底高程(mm)	±15	水准仪:每 200 m 测 5 点
4	墙面直顺度(mm)	30	20 m 拉线:每 200 m 测 2 点
5	坡度	满足设计要求	坡度尺:每 200 m 测 2 点
6	断面尺寸(mm)	±30	尺量:每 200 m 测 2 个断面,且不少于 5 个断面
7	铺砌厚度	≥设计值	尺量:每 200 m 测 4 处
8	基础垫层宽度、厚度	≥设计值	尺量:每 200 m 测 4 处

注:跌水、急流槽、水簸箕等其他浆砌排水工程的质量标准也应符合本表规定。

5.4.4 混凝土排水沟、截水沟、边沟施工质量

混凝土排水沟、截水沟、边沟施工质量应符合表 5.3 的规定。

表 5.3　混凝土排水沟、截水沟、边沟施工质量标准

项次	检查项目	规定值或允许偏差	检查方法和频率
1	混凝土强度(MPa)	在合格标准内	按《公路工程质量检验评定标准 第一册 土建工程》(JTG F80/1—2017)附录 D 检查
2	轴线偏位(mm)	50	全站仪或尺量:每 200 m 测 5 点
3	沟底高程(mm)	±15	水准仪:每 200 m 测 5 点
4	墙面直顺度(mm)	20	20 m 拉线:每 200 m 测 2 点
5	坡度	满足设计要求	坡度尺:每 200 m 测 2 点
6	断面尺寸(mm)	±30	尺量:每 200 m 测 2 个断面,且不少于 5 个断面
7	混凝土厚度	≥设计值	尺量:每 200 m 测 2 点
8	边墙顶高程(mm)	−15,0	水准仪:每 200 m 测 5 点

5.4.5　混凝土排水管施工质量

混凝土排水管施工质量应符合表 5.4 的规定。钢波纹管自身质量及连接应按工业产品技术标准执行,管座施工质量、管道安装质量应参照钢筋混凝土管标准执行。

表 5.4　混凝土排水管施工质量标准

项次	检查项目		规定值或允许偏差	检查方法和频率
1	混凝土抗压强度或砂浆强度(MPa)		在合格标准内	按《公路工程质量检验评定标准 第一册 土建工程》(JTG F80/1—2017)附录 D、附录 F 检查
2	管轴线偏位(mm)		15	全站仪或尺量:每两井间测 3 处
3	流水面高程(mm)		±10	水准仪、尺量:每两井间进出水口各 1 处,中间 1~2 处
4	基础厚度		≥设计值	尺量:每两井间测 3 处
5	管座	肩宽(mm)	+10,−5	尺量:每两井间测 2 处
		肩高(mm)	±10	
6	抹带	宽度	≥设计值	尺量:按 10%抽查
		厚度	≥设计值	

注:PVC 管、钢波纹管等的施工质量标准可参照本表。

5.4.6　渗沟施工质量

渗沟施工质量应符合表 5.5 的规定。

表 5.5　渗沟施工质量标准

项次	检查项目	规定值或允许偏差	检查方法和频率
1	沟底高程(mm)	±15	水准仪:每 20 m 测 2 点
2	断面尺寸	≥设计值	尺量:每 20 m 测 2 处

5.4.7 渗井施工质量

渗井施工质量应符合表 5.6 的规定。

表 5.6　渗井施工质量标准

项次	检查项目		规定值或允许偏差	检查方法和频率
1	各节渗井混凝土强度(MPa)		在合格标准内	按《公路工程质量检验评定标准 第一册 土建工程》(JTG F80/1—2017)附录 D 检查
2	渗井平面尺寸(mm)	长、宽	±0.5%(大于 24 m 时取±120)	尺量
		半径	±0.5%(大于 12 m 时取±60)	
3	顶、底面中心偏位(纵、横向)(mm)		1/50 井高	全站仪
4	渗井最大倾斜度(纵、横向)(mm)		1/50 井高	铅垂法
5	平面扭转角(°)		1	铅垂法:测垂直两个方向
6	渗井刃脚高程(mm)		符合图纸要求	水准仪
7	过滤集料级配		满足设计要求	每个渗井 1 组
8	过滤集料强度		满足设计要求	每处或每 100 m 测 1 组
9	土工材料位置、下承层平整度		满足设计要求	每个渗井测 2 处
10	搭接宽度(mm)		+50,-0	抽查 5%

5.4.8 钢筋混凝土盖板施工质量

钢筋混凝土盖板中心线应与所覆盖的排水沟中心线相吻合。施工质量应符合表 5.7 的规定。

表 5.7　钢筋混凝土盖板施工质量标准

项次	检查项目	规定值或允许偏差	检查方法和频率
1	混凝土强度(MPa)	满足设计要求	按《公路工程质量检验评定标准 第一册 土建工程》(JTG F80/1—2017)附录 D 检查
2	厚度(mm)	+10,-0	尺量:抽检 10%,每块板目测薄处测 1 处
3	宽度(mm)	±10	尺量:抽检 10%,每块板目测窄处测 1 处
4	长度(mm)	±10	尺量:抽检 10%,每块板目测短处测 1 处
5	顺直度(mm)	15	20 m 拉线:每 200 m 测 4 处
6	相邻板最大高差(mm)	5	尺量:每 10 m 测 1 处

小结

施工前,应对排水设计进行现场核对,如有问题应及时反馈处理,全线的沟渠、桥涵等应形成完整的排水系统。路基地表排水可采用边沟、截水沟、排水沟、跌水与急流槽、拦水带、蒸发池等设施。其作用是将可能停滞在路基范围内的地面水迅速排除,防止路基范围内的地面水流入路基内。路基地下排水设施有暗沟(管)、渗沟、渗井等。其作用是将路基范围内的地下水位降低或拦截地下水并将其排除至路基范围以外。排水设施的外观质量和施工质量应符合设计和现行有关标准、规范规定。

能力训练及习题

一、能力训练

任务:以 4~6 人为 1 组,分组讨论各类路基排水设施的质量标准。小组派代表进行分享。

二、习题

(一)选择题(请把正确的选项填在括号里)

1.可用于排地下水和地表水的排水设施是(　　)。

A.排水沟　　　　　　B.暗沟　　　　　　C.渗沟　　　　　　D.拦水带

2.某路堤的基底有 1 处直径为 9 cm 的泉眼,针对该水源应设置的排水设施是(　　)。

A.暗沟　　　　　　B.截水沟　　　　　　C.拦水带　　　　　　D.渗井

3.当路基附近的地面水和浅层地下水无法排除,影响路基稳定时,可设置(　　)来排除。

A.边沟　　　　　　B.渗井　　　　　　C.渗沟　　　　　　D.截水沟

(二)判断题(正确的打"√",错误的打"×")

1.边沟的作用是拦截并排除路基上方流向路基的地面水流,保护挖方边坡和填方坡脚不受流水冲刷。(　　)

2.暗沟的主要作用是把路基工作区范围内和以下较浅的集中泉眼或渗沟所拦截、汇集的水流排到路基范围之外去。(　　)

(三)简答题

1.路基常用的地表排水有哪些设施?各自起什么作用?

2.路基常用的地下排水有哪些设施?各自起什么作用?

3.排水设施外观质量应符合哪些规定?

模块 6　特殊路基施工

【知识目标】了解红黏土地区、膨胀土地区、黄土地区、季节性冻土地区路基施工要点;理解滑坡地段、崩塌与岩堆地段、泥石流地区、岩溶地区、沿河地段、水库地区、滨海地区路基施工要点;掌握软土地区路基施工要点。

【能力目标】能根据具体项目设计图纸,合理组织特殊路基施工。

【素质目标】具有责任意识、质量意识、规范意识。

特殊路基是指位于特殊土地段、不良地质地段,受水、气候等自然因素影响强烈的路基。特殊路基施工前应进行必要的基础试验,核对地质资料、设计处理范围、设计参数等,编制专项施工方案,经批准后实施。施工中,如实际地质状况与设计不符或设计处置方案因故不能实施,应及时反馈处理。特殊路基施工宜进行动态监控。特殊地区路基施工除符合本模块规定外,还应符合模块 3 和模块 4 的有关规定。

任务 6.1　软土地区路基施工

淤泥、淤泥质土及天然强度低、压缩性高、透水性小的一般黏土统称为软土。大部分软土的天然含水率在 30%~70%,孔隙比为 1.0~1.9,渗透系数为 10^{-8}~10^{-7} cm/s,压缩性系数为 0.005~0.02,抗剪强度低(快剪黏聚力在 10 kPa 左右,快剪内摩擦角为 0°~5°),具有触变性和显著的流变性。对于高速公路,标准贯击次数小于 4,无侧限抗压强度小于 50 kPa 且含水率大于 50% 的黏土或标准贯击次数小于 4 且含水率大于 30% 的砂性土统称为软土。修建在软土地区的路基,主要面临路堤填筑荷载引起软基滑动破坏的稳定问题和量大且时间长的沉降问题。软土地基处置前,应了解工程地质、地下管线、构造物等情况,进行必要的土工试验,复核设计处置方案的可行性,编制专项施工方案。软土地基处置应因地制宜,就地取材。

6.1.1　浅层置换

①厚度小于 3.0 m 的软土宜采用浅层置换。

②挖出软基后,置换的填料宜选用强度高的砂砾、碎石土等水稳性和透水性好的材料。换填施工时,应分层填筑、压实。图 6.1 所示为挖出软基,图 6.2 所示为采用片石对软基进行换填。

图 6.1　挖出软基

图 6.2　软基换填片石施工

6.1.2　浅层改良

①对非饱和黏质土的软弱表层,可添加石灰、水泥等进行改良处置。

②施工前应先完善排水设施,施工期间不得积水。

③石灰、水泥等应与土拌和均匀,严格控制含水率。施工时,应分层填筑、压实。

6.1.3　抛石挤淤施工

①应采用不易风化的片石、块石,石料直径宜不小于 300 mm(图 6.3)。

图 6.3　抛石挤淤施工

②当软土地层平坦、横坡缓于 1∶10 时,应沿路线中线向前呈等腰三角形抛填,再渐次向两侧对称抛填至全宽,将淤泥挤向两侧;当横坡陡于 1∶10 时,应自高侧向低侧渐次抛填,并在低侧边部多抛投形成不小于 2 m 宽的平台。

③当抛石高出水面后,应采用重型机具碾压密实。

6.1.4　爆炸挤淤施工

①宜采用布药机进行布药。当淤泥顶面高、露出水面时间长,且装药深度小于 2.0 m 时,可采用人工简易布药法。

②抛填前应根据软基深度、宽度、水深等环境条件和施工设备,确定抛填高度、宽度及进尺。抛填高度应高于潮水位。抛填进尺最小宜不小于 3 m,最大宜不大于 10 m。

③爆炸挤淤施工应采取控制噪声、有害气体和飞石以及减少粉尘、冲击波等环境保护措施。

④爆炸挤淤后应采用钻孔或物探方法探测检查置换层厚度、残留混合层厚度。置换层底面和下卧地基层设计顶面之间的残留淤泥碎石混合层厚度应不大于1 m。

图6.4 砂砾垫层上进行路基填筑

6.1.5 砂砾、碎石垫层

①砂砾、碎石垫层(图6.4)宜采用级配好的中、粗砂、砂砾或碎石,含泥量应不大于5%,最大粒径宜小于50 mm。

②垫层宜分层铺筑、压实,垫层应水平铺筑。当地形有起伏时,应开挖台阶,台阶宽度宜为0.5~1 m。

③垫层宽度应宽出路基坡脚0.5~1 m,两侧宜用片石护砌或采用其他方式防护。

6.1.6 土工合成材料

①土工合成材料技术指标应满足设计要求。土工合成材料在存放及铺设过程中不得在阳光下长时间暴露。与土工合成材料直接接触的填料中不得含强酸性、强碱性物质。

②土工合成材料施工应符合以下规定:

a.下承层应平整,摊铺时应拉直、平顺,紧贴下承层,不得扭曲、折皱(图6.5)。在斜坡上摊铺时,应保持一定松紧度。

b.铺设土工合成材料(图6.6),应在路堤每边各留一定长度,回折覆裹在已压实的填筑层面上,折回外露部分应用土覆盖。

图6.5 单向塑料土工格栅路基加筋材料

图6.6 铺设土工合成材料

c.对于土工合成材料的连接,采用搭接时,搭接长度宜为300~600 mm;采用缝接时,缝接宽度应不小于50 mm,缝接强度应不低于土工合成材料的抗拉强度;采用黏结时,黏合宽度应不小于50 mm,黏合强度应不低于土工合成材料的抗拉强度。

d.施工中应采取措施防止土工合成材料受损,出现破损时应及时修补或更换。

e.双层土工合成材料上、下层接缝应错开,错开长度应大于500 mm。

6.1.7 袋装砂井

①宜采用中、粗砂,粒径大于0.5 mm颗粒的含量宜大于50%,含泥量应小于3%,渗透系

数应大于 $5×10^{-2}$ mm/s。砂袋的渗透系数应不小于砂的渗透系数。

②袋装砂井施工应符合以下规定：

a.砂袋露天堆放时应有遮盖,不得长时间暴晒。

b.砂袋应垂直下井,不得扭结、缩颈、断裂、磨损(图 6.7)。

c.套管起拔时应垂直起吊,防止带出或损坏砂袋。发生砂袋带出或损坏时,应在原孔位边缘重打。

d.砂袋在孔口外的长度应不小于 300 mm,并顺直伸入砂砾垫层。

图 6.7　袋装砂井

③袋装砂井施工质量应符合表 6.1 的规定。

表 6.1　袋装砂井施工质量标准

项次	检查项目	规定值或允许偏差	检查方法和频率
1	井距(mm)	±150	抽查 2%且不少于 5 点
2	井长(mm)	≥设计值	查施工记录
3	井径(mm)	+10,0	挖验 2%且不少于 5 点
4	灌砂率(%)	−5	查施工记录

6.1.8　塑料排水板

①塑料排水板技术指标应满足设计要求。露天堆放时应有遮盖,不得长时间暴晒,应采取措施防止损坏滤膜。

②塑料排水板施工中应防止泥土等杂物进入套管内,一旦发现应及时清除。

③塑料排水板不得搭接。预留长度应不小于 500 mm(图 6.8),预留段应及时弯折埋设于砂垫层中。

图 6.8　塑料排水板施工

④塑料排水板施工质量应符合表6.2的规定。

表6.2 塑料排水板施工质量标准

项次	检查项目	规定值或允许偏差	检查方法和频率
1	板距(mm)	±150	抽查2%且不少于5点
2	板长(mm)	≥设计值	抽查2%且不少于5点

6.1.9 粒料桩

①砂桩宜采用中、粗砂,粒径大于0.5 mm颗粒含量宜占总质量的50%以上,含泥量应小于3%,渗透系数应大于$5×10^{-2}$ mm/s;也可使用砂砾混合料,含泥量应小于5%。

②碎石桩宜采用级配好、不易风化的碎石或砾石,最大粒径宜不大于50 mm,含泥量应小于5%。

③施工前应进行成桩工艺和成桩挤密试验。

④粒料桩可采用振冲置换法或振动沉管法,宜从中间向外围或间隔跳打。邻近结构物施工时,应沿背离结构物的方向施工。图6.9所示为砂桩施工,图6.10所示为碎石桩施工。

图6.9 砂桩施工

图6.10 碎石桩施工

⑤粒料桩施工质量应符合表6.3的规定。

表6.3 粒料桩施工质量标准

项次	检查项目	规定值或允许偏差	检查方法和频率
1	桩距(mm)	±150	抽查桩数的2%且不少于5点
2	桩长(m)	≥设计值	查施工记录
3	桩径(mm)	≥设计值	抽查2%
4	粒料灌入率	≥设计值	查施工记录
5	地基承载力	满足设计要求	抽查桩数的0.1%且不少于3处

6.1.10 水泥粉煤灰碎石桩

①材料要求如下:

a.集料:可采用碎石或砾石,泵送混合料时砾石最大粒径宜不大于25 mm,碎石最大粒径宜不大于 20 mm;振动沉管灌注混合料时,集料最大粒径宜不大于 50 mm。

b.水泥:宜选用 32.5 级普通硅酸盐水泥。

c.粉煤灰:宜选用Ⅱ、Ⅲ级粉煤灰。

②施工前应进行成桩试验,成桩试验需要确定施工工艺、速度、投料数量和质量标准。

③群桩施工,应合理设计打桩顺序、控制打桩速度,宜采用隔桩跳打的打桩顺序,相邻桩打桩间隔时间应不小于 7 d。水泥粉煤灰碎石桩施工如图 6.11 所示。

图 6.11　水泥粉煤灰碎石桩

④水泥粉煤灰碎石桩施工质量应符合表 6.4 的规定。

表 6.4　水泥粉煤灰碎石桩施工质量标准

项次	检查项目	规定值或允许偏差	检查方法和频率
1	桩距(mm)	±100	尺量:抽查桩数的 2%且少于 5 点
2	桩径(mm)	≥设计值	尺量:抽查桩数的 2%且少于 5 点
3	桩长(m)	≥设计值	查施工记录
4	强度(MPa)	≥设计值	取芯法,抽查桩数的 0.5%且不少于 3 根
5	复合地基承载力	≥设计值	抽查桩数的 0.1%且不少于 3 处

6.1.11　强夯与强夯置换

①强夯置换材料应采用级配好的片石、碎石、矿渣等坚硬的粗颗粒材料,粒径不宜大于夯锤底面直径的 20%,含泥量宜不大于 10%,粒径大于 300 mm 的颗粒含量宜不大于总质量的 30%。

②应采取隔振、防振措施消除强夯对邻近建筑物的有害影响。

③施工前应选择有代表性且不小于 500 m² 的路段进行试夯,确定最佳夯击能、间歇时间、夯间距等参数。

④夯点可采用正方形或等边三角形布置,间距宜为 5~7 m。在强夯能级不变的条件下,宜采用重锤、低落距。

⑤强夯和强夯置换施工前应在地表铺设一定厚度的垫层。强夯施工垫层材料宜采用透水性好的砂、砂砾、石屑、碎石土等,强夯置换施工垫层材料宜与桩体材料相同。垫层宜分层摊铺压实。

⑥施工前应检查锤重和落距,单击夯击能量应满足设计要求(图 6.12)。

⑦强夯施工结束 30 d 后,应通过标准贯入、静力触探等原位测试,测量地基的夯后承载能力是否达到设计要求。

⑧强夯置换施工结束 30 d 后,宜采用动力触探试验检查置换墩着底情况及承载力,检

图 6.12　强夯

查数量不少于墩点数的 1%，且不少于 3 点。检查置换墩直径与深度，应满足设计要求。

6.1.12　软土地区路堤施工

①软土地区路堤施工应尽早安排，施工计划中应考虑地基所需固结时间。

②填筑过程中，应严格控制填筑速率，并应进行动态观测。

③施工期间，路堤中心线地面 24 h 沉降速率应不大于 10~15 mm，坡脚 24 h 水平位移速率应不大于 5 mm。应结合沉降和位移观测结果综合分析地基稳定性。填筑速率应以水平位移控制为主，超过标准应立即停止填筑。

④桥台、涵洞、通道以及加固工程应在预压沉降完成后再进行施工。

⑤应按设计要求的预压荷载、预压时间进行预压。堆载预压的填料宜采用上路床填料，并分层填筑压实。

⑥在软土地基上直接填筑路堤，应符合下列规定：

a.水面以下部分应选择透水性好的填料，水面以上可用一般土或轻质材料填筑。

b.填筑路基的土宜从取土场取用。在两侧取土时，取土坑距路堤坡脚的距离应满足路堤稳定的要求。

c.反压护道宜与路堤同时填筑。分开填筑时，应在路堤达到临界高度前完成反压护道施工。

6.1.13　路堤施工沉降和稳定观测

①二级及二级以上公路路堤施工，应进行沉降和稳定的动态观测，观测项目、内容和频率应满足设计要求。

②应观测地表沉降与地表水平位移，土体深层水平位移可根据工程需要确定是否观测，观测要求应符合表 6.5 的规定。

表 6.5　沉降和稳定动态观测

观测项目	常用仪具	观测内容及目的
地表沉降量	沉降板	根据测定数据调整填土速率；预测沉降趋势，确定预压卸载时间和结构物及路面施工时间；提供施工期间沉降土方量的计算依据
地表水平位移量及隆起量	地表水平位移桩	监测地表水平位移及隆起，确保路堤施工的安全和稳定
土体深层水平位移量	测斜仪	监测土体深层水平位移，推定土体剪切破坏的位置

③观测仪器应在软土地基处理之后埋设,并在观测到稳定的初始值后,再进行路堤填筑。

④地基条件差、地形变化大、差异变形大的部位应设置观测点。同一路段不同观测项目的测点宜布置在同一横断面上。

⑤如地基稳定出现异常,应立即停止加载,分析原因并采取处理措施,待路堤恢复稳定后,方可继续填筑。

⑥施工期间,应按设计要求进行沉降和稳定跟踪观测,观测频率应与路基(包括地基)变形速率相适应,变形大时应加密,反之亦然。填筑期每填一层应观测一次。两次填筑间隔时间长时,每 3~5 d 观测一次。路堤填筑完成后,堆载预压期间第一个月宜每 3 d 观测一次,第二、三个月宜每 7 d 观测一次,从第四个月起宜每 15 d 观测一次,直至预压期结束。

⑦各类观测点、基准点在观测期均应采取有效措施加以保护,并在标杆上涂设醒目的警示标志。

任务 6.2 红黏土与高液限土地区路基施工

红黏土是指碳酸盐类岩石在温湿气候条件下经风化后形成的褐红色粉质土或黏质土。高液限土是指液限大于 50% 的细粒土。

6.2.1 一般规定

①红黏土与高液限土具有膨胀性时,应按膨胀土路基施工要求控制。
②红黏土与高液限土的击实、CBR 试验应采用湿法试验。
③红黏土与高液限土路基填筑前,应先铺筑试验路段,确定相应的施工工艺与压实标准。

6.2.2 适用范围

红黏土与高液限土的适用范围应符合表 6.6 的规定。高填方、陡坡路基不宜采用红黏土与高液限土填筑;路基浸水部分、桥台背、挡土墙背、涵洞背等部位不得采用红黏土与高液限土填筑。

表 6.6 红黏土与高液限土的适用范围

高速公路、一级公路			二级公路			三、四级公路		
路床	上路堤	下路堤	路床	上路堤	下路堤	上路床	下路床	路堤
×	×	○	×	○	○	×	○	○
×	×	○	×	○	○	×	○	○

注:表中"○"为可用,"×"为不可用。

6.2.3　施工要求

图 6.13　红黏土路基施工

①红黏土与高液限土路基宜在旱季施工,图 6.13 所示为红黏土路基施工。路基填筑宜连续施工,碾压完一层经检测合格后随即进行下一层的摊铺,防止路基表面因水分蒸发而开裂。路基填筑施工间歇期长时,可采取顶层掺配不少于 30%的碎石后碾压成型等防裂措施。顶层开裂明显的路基应重新翻拌碾压。

②路基底部采用填石路堤基底时,填石料应水稳性好。填石料应从最低处开始沿路基横向水平分层填筑。

③红黏土与高液限土路堤宜采用轻型压路机碾压,压实标准应由试验路段结合工程经验确定,且满足压实度不得低于重型压实标准的 90%。

④高速公路、一级公路红黏土与高液限土"零填"及挖方段可按下列方式换填处理:

a.宜将地表下 1.5 m 范围内的石柱、石笋予以清除。

b.红黏土与高液限土厚度不大于 1.5 m 时,应将路床范围内的红黏土与高液限土全部清除并换填。

c.红黏土与高液限土厚度大于 1.5 m 时,应将路床范围内的红黏土与高液限土挖出并换填。换填材料应采用砂砾、碎石等水稳性好的材料。

d.路堑路段开挖至底部后,应及时进行换填施工,否则宜在底面高程以上预留 300 mm 的土层。

⑤边坡防护:

a.红黏土与高液限土路堤边坡防护可采用拱形护坡等常规的防护方式。

b.路堑边坡应按设计要求及时进行防护和综合排水施工。工程防护与生物防护相结合时,坡率宜为 1∶1.25~1∶1.5;工程防护时,坡率宜为 1∶1~1∶1.25;采用生物防护时,坡率宜为 1∶1.75~1∶2。

c.路堑边坡开挖后应及时进行防护,不得长时间暴露。坡脚应按设计要求及时施工支挡结构物。

d.施工期间坍塌的路堑边坡宜采用清方放坡或设置挡土墙等方式进行处理。

任务 6.3　膨胀土地区路基施工

膨胀土是指含亲水性矿物并具有明显的吸水膨胀与失水收缩特性的高塑性黏土。

6.3.1　膨胀土分级

膨胀土分级应符合表 6.7 的规定。

表 6.7　膨胀土分级

分级指标	弱膨胀土	中等膨胀土	强膨胀土
自由膨胀率 F_s（40%）	$40 \leqslant F_s < 60$	$60 \leqslant F_s < 690$	$F_s \geqslant 90$
塑性指数 I_p	$15 \leqslant I_p < 28$	$28 \leqslant I_p < 40$	$I_p \geqslant 40$
标准吸湿含水率 w_f	$2.5 \leqslant w_f < 4.8$	$4.8 \leqslant w_f < 6.8$	$w_f \geqslant 6.8$

6.3.2　膨胀土作填料

①中等膨胀土、弱膨胀土的适用范围应符合表 6.8 的规定。膨胀土掺拌石灰改良后可用作路基填料,掺灰处置后的膨胀土不宜用于高速公路、一级公路的路床和二级公路的上路床。

表 6.8　中等膨胀土、弱膨胀土的适用范围

位置	公路等级		
	高速公路、一级公路	二级公路	三级公路
上路床	—	—	—
下路床	—	—	弱
上路堤	—	中、弱	中、弱
下路堤	中、弱	中、弱	中、弱

②高填方、陡坡路基不宜采用膨胀土填筑。
③强膨胀土不得作为路基填料。
④路基浸水部分不得用膨胀土填筑。
⑤桥台背、挡土墙背、涵洞背等部位严禁采用膨胀土填筑。
⑥二级及二级以上公路路堤填土高度小于路床厚度时,应按路床要求进行处理。

6.3.3　试验路段铺筑

①膨胀土路基填筑前,应先铺筑试验路段,总结施工工艺与压实标准。
②应将试验路段测定的含水率、压实度与室内试验结果进行对比分析,采用插值方法确定现场路基的 CBR 值。应根据路基不同层位对 CBR 值的要求,确定膨胀土的可用范围、碾压含水率、施工工艺和压实标准等。
③采用掺灰处理的膨胀土,应根据设计掺灰量进行灰土击实试验。击实试验的掺灰方法、掺灰间隔时间、闷料时间等制作步骤应与现场实际施工状况一致。
④应通过施工总结,确定掺灰工艺、掺灰间隔时间、闷料时间、土块粉碎、翻拌设备与工艺要求,以及土块粒径控制和碾压遍数等。

6.3.4　膨胀土地区路基施工

①宜在旱季施工,加强现场排水,基底和已填筑的路基不得被水浸泡。

②应分段施工,各道工序应紧密衔接,连续施工,完成一段封闭一段。

③大规模施工前,应核实膨胀土的分布、数量与膨胀等级,明确其路用性能。施工过程中,应及时关注膨胀土的变化。

④膨胀土的击实、CBR 试验应采用湿法试验。

图 6.14　膨胀土地区修建的公路

⑤填筑膨胀土路堤时,应及时对路堤边坡及顶面进行防护。

⑥路基完成后,应做封层,其厚度应不小于 200 mm,横坡应不小于 2%。

⑦路堑施工前,应先施工截水、排水设施,将水引至路幅以外。

⑧路堑开挖边坡施工过程中,必要时可采取临时防水封闭措施保持土体原状含水率。边坡不得一次挖到设计线,应预留 300~500 mm 厚度,待路堑完成后,再分段削去边坡预留部分,并立即进行加固和封闭处理。

图 6.14 所示为膨胀土地区修建的公路。

6.3.5　路堑边坡防护

①路堑边坡防护施工应根据施工能力,分段组织实施。

②采用非膨胀土覆盖置换或设置柔性防护结构进行防护时,边坡覆盖置换厚度应不小于 2.5 m,且应满足机械压实施工的要求,压实度应不小于 90%。覆盖置换层与下伏膨胀土层之间应设置排水垫层与渗沟。

③采用植物防护时,不应采用阔叶树种。

④圬工防护时,墙背应设置缓冲层,厚度应不大于 0.5 m。支挡结构基础应大于气候影响深度,反滤层厚度应不小于 0.5 m。

6.3.6　零挖和挖方路段路床

①高速公路、一级公路"零挖"和挖方路段路床 0.8~1.2 m 范围的膨胀土应进行换填处理。对于强膨胀土路堑,路床换填深度宜加深到 1.2~1.5 m。在 1.5 m 范围内可见基岩石,应清除至基岩。

②二级、三级公路的"零填"和挖方路段路床 0.3 m 范围的膨胀土应进行换填处理。换填材料为透水性材料时,底部应设置防渗层。二级公路强膨胀土路堑的路床换填深度宜加深至 0.5 m。

③路堑超挖后应及时进行换填,不得长时间暴露。

任务 6.4　黄土地区路基施工

施工前应核对湿陷性黄土的分类区段、基底处理种类并进行确认与标识,编制专项施工方案。路基边坡坡率应符合要求,坡面应顺适平整,防护及支挡工程施工应与路堤填筑和路堑开挖施工合理衔接。应做好施工期排水,将水迅速引离路基。排水沟渠铺砌加固时,应对基底采用夯实或掺石灰夯实的方法进行处理,压实度应达到90%以上。

6.4.1　黄土路堤填筑

①当黄土 CBR 值不满足要求时,可掺石灰进行改良。填料不得含有粒径大于 100 mm 的块料。

②黄土不得用于路基的浸水部位,老黄土不宜用作路床填料。

③填挖结合处应清除表层土和松散土层,顶部宜开挖成高度不大于2 m、宽度不小于2 m 的多层台阶,并应对台阶进行压实处理。

④黄土碾压时的含水率宜控制在最佳含水率±2% 范围内,图 6.15 所示为黄土路堤施工。

⑤路床区换填非黄土填料时,应按模块 3 的要求执行。

⑥雨水导致的边坡冲沟应挖台阶夯实处理。

⑦高路堤应采用冲击碾压或强夯方式进行补充压实。

6.4.2　黄土路堑施工

①施工前应对路堑顶两侧有危害的黄土陷穴进行处理,堑顶的裂缝和积水洼地应填平夯实。地表平坦或自然坡倾向路基时,应在堑顶设置防渗截水沟或拦水埂。

②接近路床高程时,宜顺坡开挖。路床需要处理时,应在处理后进行成形层施工。

③施工中应记录坡面的地层产状及地下水出露情况,存在不利于边坡稳定的状况或发现边坡有变形加剧迹象时,应及时反馈处理。图 6.16 所示为对黄土地区路堑进行多台阶边坡防护。

④路基边沟宜在基底处理后、路床成形层施工前完成。

图 6.15　黄土路堤施工　　图 6.16　黄土路堑多台阶边坡防护

图 6.17　黄土陷穴

6.4.3　黄土陷穴处理

①在路堤坡脚线或路堑坡顶线之外,对原地表高侧 80 m 范围内、低侧 50 m 范围内存在的黄土陷穴宜进行处理,对串珠状陷穴与路堑边坡出露陷穴进行处理,对规定距离以外倾向路基的陷穴宜进行处理。黄土陷穴如图 6.17 所示。

②陷穴处理前,应对流向陷穴的地表水和地下水采取拦截引排措施。

③采用灌砂法处理的陷穴,地表下 0.5 m 范围内应采用 6% ~ 8% 的石灰土进行封填并压实。

④对危及路基安全的黄土陷穴,应根据其埋藏深度和大小选用适当的方法进行处理。常用处理方法可参考表 6.9 选用。

表 6.9　陷穴处理方法

处理方法	回填夯实	明挖回填夯实	开挖导洞或竖井回填夯实	注浆或爆破回填	灌砂
适用条件	明陷穴	陷穴埋藏深度≤3m	3m<陷穴埋藏深度≤6m	陷穴埋藏深度>6m	陷穴埋藏深度≤3m,直径≤2m,洞身较直

⑤处理后仍暴露在外的陷穴口,应采用石灰土等不透水材料进行防渗处理。防渗层厚度应不小于 500 mm,穴口表面应高于周围地面。

任务 6.5　季节性冻土地区路基施工

季节性冻土指有冰的各种岩石和土壤。一般可分为短时冻土(数小时/数日以至半月)/季节冻土(半月至数月)以及多年冻土(数年至数万年以上)。冻胀路基施工,应根据设计要求和现场调查、核对情况,合理选择施工方法,采取合理有效的抗冻措施,图 6.18 所示为采用保温材料与抛石护坡的公路试验段。施工过程中,应经常检查冻害状况,发现冻胀、软弹、变形、纵向横向裂缝、塌陷及翻浆等病害(图 6.19)时应及时处理。对于路基填挖交界过渡段基底,根据填、挖段不同的冻胀量进行处理,使挖方终点的冻胀量和填方段的冻胀量基本一致。

6.5.1　路基填料

①应根据冻胀率将季节性冻土分为不冻胀、弱冻胀、冻胀、强冻胀和特强冻胀 5 类,对应的冻胀等级分别为Ⅰ级、Ⅱ级、Ⅲ级、Ⅳ级、Ⅴ级。填料宜优先选择矿渣、炉渣、粉煤灰、砂、砂砾石及碎石等抗冻稳定性较好的材料。

②路基冻深范围内土质填料除应符合模块 3 的规定外,还应满足表 6.10 的要求。

③取土场取土时应将未融化的冻土夹层清除,含有冻结块的路基填料,应充分晾晒融化后使用。

图 6.18　保温材料与抛石护坡试验段

图 6.19　冻土融沉塌陷

表 6.10　季冻区路基土质填料表

路基形式	冰冻分区	地下水位或地表常水位距路面距离 h_w(m)	路基填料选择			
			上路床	下路床	上路堤	下路堤
填方路基	重冰冻区	$h_w>3$	I	I—III	—	—
		$h_w\leqslant 3$	I	I、II	I—III	—
	中冰冻区	$h_w>3$	I、II	I	—	—
		$h_w\leqslant 3$	I	I、II	—	—
零填方或挖方路基	重冰冻区	$h_w>3$	I	I	—	—
		$h_w\leqslant 3$	I	I	—	—
	中冰冻区	$h_w>3$	I	I、II	—	—
		$h_w\leqslant 3$	I	I	—	—

注:①对重、中冻胀地区的上路床采用 I 类土时,其细粒土(粒径小于 0.075 mm)含量宜小于 5%。

②在缺少砂石料地区,采用石灰、水泥、粉煤灰、矿渣、固化剂等进行改善处置时,填料可不受此表限制。

6.5.2　路堤填筑

①填筑前应在路基两侧挖出排水沟或边沟,并结合永久排水先做渗沟、渗井等地下排水设施。

②冻深范围内的填土不得混杂,冻胀性不同的土应分层填筑,抗冻性强的土宜填在上部层位。

③每层路基填土顶面应设 2%~4% 的横坡。

6.5.3　挖方路段施工

①挖方路段应提前填筑拦水埂,并及时疏通排水沟渠。

②路床部位挖除换填砂砾等粗粒土时,填料中粒径小于 0.075 mm 的颗粒含量宜小于 5%。

③石质挖方段不宜超挖,超挖和清除软层后的凸凹面宜采用水稳性好的砂砾料或混凝土回填找平。

6.5.4　边坡防护

①冰冻期挖方土质边坡不得一次挖到设计线,应根据坡面土质强度预留 100～400 mm 的覆盖层,到正常施工季节后再修整到设计坡面。路基挖至路床顶面以上 1 m 时应停止开挖,并完成临时排水沟,待冬季过后再施工。

②边坡植物防护应选择耐寒、抗旱、耐贫瘠、根系发育的草种和灌木。

③护面墙基础应埋置在冻结线以下不小于 0.25 m;基础应采用砂砾或碎石垫层处理,厚度不应小于 0.15 m。

④挡土墙基础最小埋置深度应不小于 1 m,且应设置在冻结线以下不小于 0.25 m。

⑤挡土墙背填料应采用砂性土等透水性好的材料填筑,严禁采用淤泥、腐殖土等。

⑥圬工及砌石边沟等应在冰冻前完成施工。

6.5.5　防排水施工

①施工过程中,应及时排走地下渗水和地表流水。

②临时性排水设施施工质量应满足抗冻融破坏的要求。

③冰冻前,未完成的内部排水设施应采取保温措施,避免冻结。

④冻结前,应完善路基及其影响范围的地表排水系统,疏干路基,以防冻胀。

任务 6.6　滑坡地段路基施工

滑坡是指斜坡上的土体或岩体,受河流冲刷、地下水活动、雨水浸泡、地震及人工切坡等因素影响,在重力作用下,沿着一定的软弱面或软弱带,整体或分散地顺坡向下滑动的自然现象。运动的岩(土)体称为变位体或滑移体,未移动的下伏岩(土)体称为滑床。

6.6.1　滑坡整治一般规定

①施工前应核查滑坡区段的地形、地貌、地质、滑坡性质、成因类型和规模,应编制滑坡段专项施工方案和应急预案。

②滑坡整治措施实施前,严禁在滑坡体抗滑段减载、下滑段加载。

③滑坡整治不宜在雨期施工。

④施工时应进行稳定监测、地质编录并核查实际地质情况,发现地质与设计不符、有滑坡迹象或其他异常情况时,应及时反馈处理。滑坡发生时应立即采取应急措施。

⑤滑坡整治施工时,应对滑坡影响区内的其他工程和设施进行保护。

⑥降雨期间及雨后,应加强滑坡区段的巡查工作。图 6.20 所示为公路滑坡现场。

⑦滑坡区段的路基施工应在支挡工程完

图 6.20　滑坡

成后进行,开挖工程可结合减载措施进行施工,填筑工程可结合反压措施进行施工。路基的排水及防护工程应及时施工。

6.6.2 滑坡整治措施

应采取截水、排水、减载、反压与支挡等措施进行滑坡整治,整治措施可单独使用,也可综合使用。滑坡整治应先施工截水、排水设施,减载、反压与支挡措施的施工顺序应结合滑坡具体情况予以确定。

1)截水、排水施工

①应在滑坡后缘的稳定地层上修筑具有防渗功能的环形截水沟、排水沟。

②滑坡体上的裂隙和裂缝应采取灌浆、开挖回填夯实等措施予以封闭,滑坡体的洼地及松散坡面应平整夯实。

③滑坡范围大时,应在滑坡坡面上修筑具有防渗功能的临时或永久排水沟。

④有地下水时,应设置截水渗沟。反滤材料采用碎石时,碎石粒径应符合要求,含泥量应小于 3%。

2)削坡减载

①应自上而下逐级开挖,严禁采用爆破法施工。

②开挖坡面不得超挖。开挖面上有裂缝时,应予灌浆封闭或开挖夯填。

③支挡及排水工程在边坡上分级实施时,宜开挖一级、实施一级。

3)填筑反压施工

①反压措施应在滑坡体前缘抗滑段实施。

②反压填料不得堵塞地下水出口,地下排水设施应在填筑反压前完成。反压填料宜予压实。

③应采取措施使受影响的天然河沟保持排水顺畅。

4)抗滑支挡工程施工

①抗滑支挡工程施工应符合模块 7 的有关规定。

②应在滑坡体处于相对稳定的状态下施工,滑坡体具有滑动迹象或已经发生滑动时,应采取反压填筑等措施。

③抗滑桩与挡土墙共同支挡时,应先施做抗滑桩。挡土墙后有支撑渗沟及其他排水工程时应先施工。

④抗滑桩、锚索施工应从两端向滑坡主轴方向逐步推进。

⑤采取微型钢管桩、山体注浆等加固措施或注浆作为其他处置方案的配套措施时,应采用相应的成孔设备和注浆方式。

⑥各种支挡结构的基底应置于滑动面以下,并应嵌入稳定地层。

6.6.3 稳定性监测

大型滑坡段应进行山体和边坡的稳定性监测。监测点、网的布置以及监测内容、监测精度应符合《工程测量标准》(GB 50026—2020)的有关规定。施工完成后宜进行长期监测。

任务 6.7 崩塌与岩堆地段路基施工

6.7.1 崩塌与岩堆概念

崩塌是指高陡斜坡上岩体或土体在重力作用下倒塌、倾倒或坠落的现象(图 6.21)。

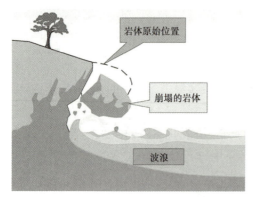

图 6.21 崩塌

岩堆是指陡峻山坡上,岩体崩塌物质经重力搬运,在山坡坡脚或平缓山坡上堆积的松散堆积体(图 6.22)。

图 6.22 岩堆

6.7.2 崩塌与岩堆地段路基施工

①施工前应核查崩塌地段地形、地貌、地质情况,查明危岩、崩塌的类型、范围及危害程度,查明岩堆的物质组成、类型、分布范围、物质来源、成因,分析崩塌体与岩堆的稳定性,复查设计处置方案的可行性并编制专项施工方案。

②施工时,应做好崩塌与岩堆地段渗入水及地下水的截水、排水及防渗设施。

③在岩堆地区进行路基施工时,应进行动态监控和巡视。填筑路基时,不宜使用振动碾压设备。

④危岩崩塌体应采取下列处置措施:

a.应根据地形和岩层情况对单个危岩采取处置措施。地面坡度陡于 1 : 1.5 时,应对孤石进行处理。

b.在有岩块零星坠落的边坡或自然坡面,宜进行坡面防护。

c.危岩崩塌体小时,可采取清除、支挡、挂网喷锚、柔性防护等措施,或采取拦石墙、落石槽等配合使用。设置位置可根据地形布置,拦石墙墙背应设缓冲层。

d.对路基有危害的危岩体,应清除或采取支撑、预应力锚固等措施。在破碎带或节理发育的高陡山坡上不宜刷坡。

e.当崩塌体大、发生频繁且距离路线近而设拦截构造物有困难时,应按设计要求采用明洞、棚洞等遮挡构造物,洞顶应有缓冲层。

⑤处于发展中的岩堆地段路基,应减少开挖,并按设计要求采取挡土墙、坡面封闭等防护措施,也可设置拦石墙与落石槽或修建明洞、棚洞等遮挡构造物。

⑥对于稳定的岩堆地段路基,宜采取下列处置措施:

a.位于岩堆上部时,宜沿基岩面清除路基上方的岩堆堆积物。

b.位于岩堆中部时,挖方边坡宜按设计要求设置挡土墙等支挡构造物。

c.在岩堆上进行路堤施工,宜清除表层堆积物并挖台阶,控制填筑速率并进行稳定观测。

⑦对于体积大而稳定性差的岩堆,应按设计要求采取综合治理措施。应先进行抗滑挡土墙或抗滑桩等支挡工程施工,再分阶梯形成边坡或修筑护面墙,然后在岩堆体内分段注入水泥砂浆。

任务 6.8　泥石流地区路基施工

6.8.1　泥石流

泥石流是指在山区或其他沟谷深壑、地形险峻的地区,因为暴雨、暴雪或其他自然灾害引发的山体滑坡并携带有大量泥沙以及石块的特殊洪流。泥石流具有突然性、流速快、流量大、物质容量大和破坏力强等特点。泥石流常常会冲毁公路、铁路等交通设施甚至村镇等,造成巨大损失(图6.23)。

图 6.23　泥石流

6.8.2　泥石流的形成原因

①流域内有丰富的松散固体物质。

②地形陡峻,沟槽纵坡较大。

③流域中上游有大量的降雨、急剧消融的冰雪或渠道、水库的溃决。

6.8.3　泥石流地区路基施工

①施工前,应结合设计,详细调查泥石流的成因、规模、特征、活动规律、危害程度等相关情况,核实泥石流形成区、流动区和堆积区,确定专项施工方案。

②在泥石流地区进行路基施工时,应采取措施加强监测,遇有异常情况及时处理,确保施工安全。

③采用桥梁形式跨越泥石流地段时,应按设计要求及时完成防护加固设施。

④采用排泄道、排导沟、明洞、涵洞、渡槽等排导功能为主的构造物进行泥石流处置时,排导构造物应符合下列规定:

a.排导构造物基础应牢固,强度、断面与高度应满足设计要求。

b.排导构造物平面线形应圆滑、渐变,上下游应有足够长的衔接段,衔接段沟槽不宜过分压缩,出口不宜突然放宽。流向改变处的转折角不宜超过15°,避免因急弯突然收缩和扩大而造成淤塞。

c.排导构造物通流段和出口段的纵坡应满足设计要求或大于沟槽的淤积平衡坡度。

⑤永久性调治构造物采用浆砌片石时,应采用质地坚硬、不易风化的片石。基础应置于设计要求的深度,强度应满足设计要求。

⑥利用植被治理泥石流时,植物物种应选择生长期短、见效快、根须发达,适宜本地区生长的品种。

任务 6.9　岩溶地区路基施工

6.9.1　岩溶及分布

岩溶是水对可溶性岩石(碳酸盐岩、石膏等)进行以化学溶蚀作用为主,流水的冲蚀、潜蚀和崩塌等机械作用为辅的地质作用,以及由这些作用所产生的现象的总称。其主要形态有溶洞、溶沟、溶槽、裂隙、暗河、石芽、漏斗及钟乳石等。

中国岩溶地貌分布广、面积大,主要分布在碳酸盐岩(石灰岩、白云岩、泥灰岩等)出露地区,面积 $91 \sim 130$ 万 km^2,如广西、贵州、云南东部和广东北部,是世界上最大的岩溶区之一。岩溶地貌如图 6.24 所示。

6.9.2　岩溶地区路基施工

①施工前,应核查岩溶分布、地形、地表水、地下水活动规律,编制专项施工方案。

②不得堵塞与地下河连通的岩溶漏斗、冒水洞、溶洞等地下通道。对影响路基稳定的岩

图 6.24　岩溶地貌

溶水的疏导、引排措施,应符合下列规定:

　　a.对路基上方的岩溶泉和冒水洞,应采用排水沟将水截留至路基外。

　　b.对出水点多、水流分散的岩溶水,可设置渗沟、截水墙与截水洞等截流设施。截流位置应设置得当,截排顺畅。

　　c.对水流集中的常流或间歇性岩溶水,可设置明沟、涵管与泄水洞等排水设施。过水断面应设置合理,引排顺畅。

　　d.对路基基底处的岩溶泉和冒水洞,宜设置桥涵等排水设施将水排出路基外。

　　e.截流和引流后需在洼地排水时,应设置排水沟涵将水引至洼地的消水洞。若无明显的消水洞,应排至洼地最低处。不得随意改变洼地的汇雨面积,若需改变洼地消水量,应专门论证。

　　③在溶蚀洼地填筑路基时,应采用渗水性好的砂砾、碎石土等材料填筑,并应高出积水位 0.5 m。

　　④对岩溶洼地或地下水丰富处的软土地基,软土厚度小时可采用片石、碎石或砾石等换填处理;软土厚度大时,可采取旋喷桩、CFG 桩、粉喷桩等其他软基处理措施。

　　⑤当路基跨越具有顶板的溶洞时,应根据设计要求确定处理方案。

6.9.3　岩溶地段边坡处置

　　①对土石相间的石芽、石林边坡以及开挖覆盖层与基岩交界的溶蚀破碎带形成的土夹石边坡,应清除石芽、石林间溶槽溶沟内的充填土壤及坡面上的孤石,清除至坡体自然稳定坡度,保留露出坡面的石林、石芽的自然形态。

　　②对未严重风化、节理发育、破碎但稳定性好的岩溶岩石边坡,宜采取喷浆、喷射混凝土等措施。

　　③对岩溶路堑开挖后有潜在滑动危岩的岩质边坡,应采取支挡或锚固措施。

　　④对路堑边坡上的干溶洞和洞穴,宜清除洞内沉积物,宜采用干砌或浆砌片石、钢筋混凝土板封堵。当干溶洞和洞穴影响边坡的稳定性时,应采取浆砌片石、混凝土支柱支顶等加固措施。

　　⑤对边坡陡、裂隙发育、易风化、剥落破碎的岩溶边坡或规模大的土夹石岩溶边坡,应采取浆砌片石护面墙等防护措施。

　　⑥开挖整体稳定性好的硬质岩溶岩石边坡时,宜采用光面爆破或预裂爆破。

任务 6.10   沿河地段路基施工

沿河地段路基(图6.25)施工应根据设计要求,现场核实河滩地形地貌、物质组成、水位、水深、流速、冲刷深度等,制订合理的施工方案。

路基施工不应压缩河道,弃方应妥善处理,严禁向河中倾弃。对受水位涨落影响及常水位以下路堤,宜用水稳性好、不易风化的透水性材料填筑,粒径宜不大于300 mm。常水位以下坡脚宜用装石钢筋笼进行防护处理。

沿河地段的高填方、半填半挖、拓宽路段的新老交界面应按设计要求采取措施保证路基稳定,峡谷地段宜采用石质填料。路基边坡有潜水或渗水层时,应采取措施将水引出路基范围之外。

图6.25   沿河路基

任务 6.11   水库地区路基施工

6.11.1   库区路基施工

①库区路基施工应根据地质水文情况、设计线位与库岸的位置关系,制订合理的施工方案。

②库区路基施工,应采取措施减少对水库水体及周围环境的污染(图6.26)。

图6.26   水库地区公路与周围环境相协调

③沿水库边缘修筑路基或路基离岸距离近时,应充分考虑库岸的稳定性,采取必要的防护措施。

④路堤填料宜选用透水性好的材料。

⑤边坡防护材料应采用强度较高、不易风化的硬质石料。冰冻地区的护坡采用片石防护时,应选择抗冻性好的石料。在水库上游地段,护坡基础埋深应满足设计要求。

6.11.2　库区浸水路堤施工

①填料应采用不易风化的硬质石料。

②路堤外侧边坡的码砌厚度应满足设计要求,码砌石块粒径宜不小于 300 mm,错缝台阶式砌筑,块体紧贴边坡、块体接触面向内倾斜。

③对路基高且浸水深的路段,可在靠水库库心一侧的迎水坡面护坡护脚上设置片石石垛。

任务 6.12　滨海地区路基施工

滨海地区路基施工应根据设计要求和潮位、海浪、海流等水文情况,制订合理的施工方案。路基应采用水稳性好的填料填筑,应采取措施减少对水体及周围环境的污染。图 6.27 所示为已通车的滨海地区公路。

图 6.27　滨海地区公路

6.12.1　斜坡式路堤

①应采取措施保证路堤填料不被海流冲移、侵蚀。

②护坡采用条石、块石或混凝土人工块体、土工合成材料时,所采用的材料质量应满足相关要求;坡面平整,块体接触面向内倾斜,紧贴坡面。

③胸墙应在路堤的沉降基本完成以后再修筑。

6.12.2　直墙式路堤

①直墙式路堤应采用石块填筑,石块应嵌、码交错施工。

②采用抛石方法形成的明基床或暗基床应满足设计要求。在岩性、非岩性地基上的基床厚度应满足设计要求。

【案例 6.1】　背景材料:某高速公路 M 合同段,路面采用沥青混凝土,路线长 19.2 km。该公路地处平原地区,路基横断面以高 3~6 m 的填方路堤为主,借方量大,借方的含石量为 40%~60%。地表层以黏土为主,其中 K7+200—K9+800 段,地表层土厚 7~8 m,土的天然含水率为 40%~52%,地表无常年积水,孔隙比为 1.2~1.32,属典型的软土地基。结合实际情况,经过设计、监理、施工三方论证,决定采用砂井进行软基处理,其施工工艺包括加料压密、桩管沉入、机具定位、拔管、整平原地面等。完工后,经实践证明效果良好。

在施工过程中,针对土石填筑工程,项目部根据作业内容选择了推土机、铲运机、羊足碾、布料机、压路机、洒水车、平地机和自卸汽车以及滑模摊铺机等机械设备。

【问题】

(1)本项目若采用抛石挤淤的方法处理软基,是否合理?说明理由。

(2)根据背景材料所述,按施工的先后顺序列出砂井的施工工艺。

(3)选择施工机械时,除了考虑作业内容外,还应考虑哪些因素?针对土石填筑施工,项目部所选择的机械是否妥当?说明理由。

【参考答案】

(1)不合理。原因如下:

①软基深度较深、面积大(工程经济性较差)。

②地表无常年积水,土质呈软塑~可塑状态(施工速度慢)。

(2)砂井施工工艺:整平原地面→机具定位→桩管沉入→加料压实→拔管。

(3)还应考虑土质的工程特性、机械运行情况、运距、气象条件、相关工程和设备的协调性。项目部所选择的机械不妥当,不应选择布料机和滑模摊铺机。

【案例6.2】 背景材料:某市外环路全长51.4 km,其中,北外环路总长10.56 km,规划路面宽度为50 m,路基平均填土高度为13 m。该路段因沿黄河大堤,地下水位高(现有黄河河床标高比路面设计高程高出2~3 m),而且处于雨期积水地区,土质大部分为黄河粉砂土,少量粉质黏土,全线均为软弱路基地段(地基承载力平均为10~80 kPa)。因此,设计单位与施工单位共同研究,依据当地材料状况、施工条件与工期要求,采用以下软土地基的处理方法:

①铺垫土工织物。对K1+780—K1+980段,长200 m,地下水位高,土质差,苇根多且深,采用带眼双面胶无纺布(150~200 g/m²,抗拉强度为2 050 kN/m)铺垫。

②对K6+200—K6+350段,长150 m,位于黄河沉砂池上,粉砂土质、含水量大,地下水位高,采用孔深1~1.2 m、间距60 cm、梅花形布置的灰砂桩挤密。灰砂桩施工时工艺程序为:平地→φ12铁杆掏孔→加料(生石灰块+水泥+大粒黄砂)→捣实。

【问题】

(1)土工织物一般应铺垫在什么位置?有什么具体作用?

(2)灰砂桩施工时,工艺程序是否完备?如果不完备请写出完备的工艺程序。

【参考答案】

(1)土工织物一般铺垫于软土地基表层,起到扩散荷载、提高承载力的作用。

(2)灰砂桩施工时工艺程序不完备,完备的工艺程序是:平地→淘孔→清孔→加料→捣实。

小结

特殊路基施工,应依据各种特殊路基的特点和工程实际情况,编制专项施工组织设计,经批准后实施。采用新技术、新工艺、新设备、新材料时,必须制定相应的工艺、质量标准。施工中,如实际地质情况与设计不符或设计处治方案因故不能实施,应及时与监理、业主、设计、地勘单位沟通,按有关规定办理,确保施工安全和工程质量符合设计与相关规范、标准的要求,不留后患。

能力训练及习题

一、能力训练

某一级公路 K6+160—K6+450 段为路基填方区,地基为低洼地薄层过湿黏土,多呈可塑状,部分为软塑至流塑状,含水量大,抗剪强度低,压缩模量小,孔隙比大,承载力低,沉降量大。需要处理软基厚度约为 1.6 m,施工单位按设计要求排除地表水后,对软弱土层全部挖除,采用抗压强度大于 20 MPa 的砂岩片石换填,并反复碾压直至地基稳定达到要求,然后在片石层上满铺 20 cm 厚砂卵石并经碾压后铺设一层土工格栅,再进行路基填筑。

任务:以 4~6 人为 1 组,分组讨论:软土地基浅层置换和浅层改良有什么区别? 软土地基处理方法有哪些? 其原理是什么? 小组人员派代表进行分享。

二、习题

(一)选择题(请把正确的选项填在括号里)

1.牵引式滑坡不宜用(　　)方法来防治。

A.减重法　　　　　　　　　　　B.打桩

C.修建挡土墙　　　　　　　　　D.截断并排出滑坡体下部的地下水

2.软土处理的袋装填料宜选用(　　)。

A.细、粉砂　　　　B.中、粗砂　　　　C.石屑　　　　D.矿粉

3.某二级公路,其中一段路堤通过湖塘一角,长度为 51 m,该路段地基软土厚度为 0.5 m 左右,用(　　)进行软土处理较为合理。

A.排水砂垫层　　　　　　　　　B.抛石挤淤

C.土工织物铺垫　　　　　　　　D.反压护道

(二)判断题(正确的打"√",错误的打"×")

1.崩塌是指高陡斜坡上岩体或土体在重力作用下倒塌、倾倒或坠落的现象。　　(　　)

2.膨胀土是指含亲水性矿物并具有明显的吸水膨胀与失水收缩特性的高塑性黏土。

(　　)

(三)简答题

1.软土地区路基的换填施工和抛石挤淤施工应符合哪些规定?

2.塑料排水板的施工应符合哪些规定?

3.强夯施工应符合哪些规定?

4.滑坡整治施工应符合哪些规定?

5.泥石流地区路基施工应符合哪些规定?

6.什么是崩塌? 什么是岩堆? 什么是岩溶?

模块 7　防护与支挡工程施工

【知识目标】了解坡面防护、沿河路基防护、挡土墙的常见类型;理解坡面防护、沿河路基防护、挡土墙、边坡锚固防护、抗滑桩施工质量标准;掌握植物防护、坡面工程防护、重力式挡土墙、锚杆挡土墙、预应力锚索边坡锚固防护、抗滑桩施工要点。

【能力目标】能根据具体项目设计图纸,合理组织挡土墙施工。

【素质目标】具有安全意识、质量意识、规范意识。

由岩土填筑的路基,受到浸水、风化、温差、河水及软基沉陷等自然因素的影响后,会出现各种变形、病害甚至破坏。为了减少与防治公路病害,确保行车安全,保持公路与自然环境协调,保证公路使用品质,路基的防护工程及支挡工程具有十分重要的意义。

路基防护工程主要包括路基的坡面防护和冲刷防护。支挡工程主要指用于支撑路基填土或山坡土体,防止路基失稳的挡土墙工程。

路基防护施工前,应对边坡进行修整,清除边坡上的危石及不密实的松土。修整后的坡面应大面平整、排水顺畅,与周围自然地形协调。

石料、钢筋、钢绞线、水泥混凝土等材料质量应符合要求。路基防护工程宜与路基挖填方工程紧密、合理衔接,应开挖一级、防护一级。根据开挖坡面地质水文情况,应逐段核实路基防护设计方案。实际状况与设计出入大时,应及时反馈处理。

施工中应加强安全防护,严禁大爆破、大开挖。各类防护工程应置于稳定的基础或坡体上。坡面防护层应与坡面密贴结合,不得留有空隙。每处坡面防护应设置检修通道及必要的护栏。

在多雨地区或地下水发育地段,路基防护工程施工中,应采取有效措施截排地表水和导排地下水。

任务 7.1　坡面防护

7.1.1　植物防护

绿水青山就是金山银山。坡面防护中,采用植物防护既可以利用植物根系起到切实有效的防护,又可以增加边坡绿化率,美化环境。

1)坡面植物防护施工

①在坡面成型后,应清理坡面,并及时进行坡面植物防护,如图7.1所示。

图 7.1　植物防护

②回填土宜采用土、肥料及腐殖质土的混合物。种植土层厚度应符合表 7.1 的规定。

表 7.1　植物种植土层厚度

植被类型	草本花卉	草坪地被	小灌木	大灌木	浅根乔木	深根乔木	检查方法和频率
土层厚度（mm）	≥30	≥30	≥45	≥60	≥90	≥150	尺量：每 50 m 测 1 点

③种草施工时，草籽应撒布均匀，同时做好保护措施。草皮应选用带状或块状，草皮厚度宜为 100 mm。铺设时，应由坡脚自下向上铺设。

④铺、种植物后，应适时进行洒水、施肥等养护管理，直到植被成活，灌木（树木）应在适宜季节栽植。

⑤养护用水应不含油、酸、碱、盐等有碍草木生长的成分。

⑥坡面植物防护施工质量应符合表 7.2 的规定。

表 7.2　坡面植物防护施工质量标准

项次	检查项目	规定值或允许偏差	检查方法和频率
1	苗木规格与数量	满足设计要求	尺量：每 1 km 测 50 m
2	种植穴规格（mm）	±50	尺量：每 1 km 测 50 m
3	苗木成活率（%）	≥85	目测：每 1 km 测 200 m
4	草坪覆盖率（%）	≥95	目测：每 1 km 测 200 m
5	其他地被植物发芽率（%）	≥85	目测：每 1 km 测 200 m

2）湿法客土喷播施工

①喷播前应检查作业面的粗糙度，平均粗糙度宜为 ±100 mm，最大不超过 ±150 mm。若岩石边坡本身不稳定，需要采用预应力锚杆锚索进行加固处理。

②喷播植草混合料植生土、土壤稳定剂、水泥、肥料、混合草籽、水等应按配合比组成。

③客土喷播前浇水湿润坡面，喷播植草混合料的配合比应根据边坡坡度、地质情况和当地气候条件确定，喷播混合材料厚度应为 20~80 mm，种子喷播应均匀。

④客土喷播施工锚杆和锚钉宜按 1 m×1 m 间距、梅花形布置。挂网施工时应自上而下

放卷,相邻两卷铁丝网分别用绑扎铁丝连接固定,两网交接重叠处宽度应不小于100 mm,锚钉每平方米应不少于5个。

⑤挂网与作业面应保持一定间隙,且均匀一致。

⑥湿法喷播施工后,应及时进行补种、洒水、施肥、清除杂草等养护管理,成活率应达到90%以上。

3)三维植物网防护施工

①施工前应先清除杂草、石块、树根等杂物,坡面土质疏松的应进行夯实。

②铺设三维网应自上而下平铺到坡脚,并向坡顶、坡脚各延伸500 mm。三维植物网防护施工如图7.2所示。

图7.2 三维植物网防护

③三维网应用木桩、锚钉锚固于坡面,四周用U形钉固定。网间搭接长度应满足设计要求,且应不小于100 mm。三维网应紧贴坡面,无皱褶和悬空现象。

④施工时应避开阴雨天气。

4)骨架防护植物

①应选取适应性好、根系发达、耐干旱贫瘠、耐破坏、再生能力强的植物。

②应以乡土植物为主、外来植物为辅,不同植物应具有互补性且与周围环境自然植被相适应。骨架防护植物如图7.3所示。

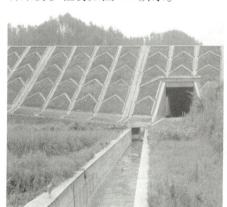

图7.3 骨架防护植物

③骨架内植草草皮下宜铺设 50~100 mm 厚的种植土,草皮应与坡面和骨架密贴。

④铺设草皮后,应及时进行养护。

7.1.2　坡面工程防护

1) 坡面喷浆防护施工

①喷射顺序应自下而上进行。

②砂浆初凝后,应立即开始养护,养护期宜不少于 5 d。

③施工结束后,应及时对喷浆层顶部进行封闭处理。

2) 坡面喷射混凝土防护施工

①混凝土强度应满足设计要求。

②作业前应进行试喷,选择合适的水灰比和喷射压力。

③混凝土喷射厚度应符合设计规定,且临时支护厚度宜不小于 60 mm,永久支护厚度宜不小于 80 mm。永久支护面钢筋的喷射混凝土保护层厚度应不小于 50 mm。

④混凝土喷射每一层应自下而上进行。混凝土厚度大于 100 mm 时,宜分两次喷射。第二次喷射混凝土作业前,应清除结合面上的浮浆和松散碎屑。

⑤面层表面应抹平、压实修整。

⑥喷射混凝土面层应在长度方向上每 30 m 设伸缩缝,缝宽 10~20 mm。

⑦喷射混凝土初凝后,应立即开始养护。养护期宜不少于 7 d。

⑧喷射混凝土表面应密实、平整,无裂缝、脱落、漏喷、漏筋、空鼓和渗漏水等。施工质量应符合表 7.3 的规定。

表 7.3　喷射混凝土施工质量标准

项次	检查项目	规定值或允许偏差	检查方法和频率
1	混凝土强度(MPa)	在合格标准内	按《公路工程质量检验评定标准 第一册 土建工程》(JTG F80/1—2017)附录 E 检查
2	喷层厚度(mm)	平均厚度≥设计厚度;80%测点的厚度≥设计厚度;最小厚度≥设计规定最小值	凿孔法或工程雷达法:每 50 m² 测 1 处,总数不少于 5 处

3) 锚杆挂网喷射混凝土防护施工

①锚杆应嵌入稳固基岩内,锚固深度根据设计要求结合岩体性质确定。锚杆孔深应比锚固长度大 200 mm。

②钢筋网应与锚杆连接牢固,钢筋网与岩面的间隙宜为 30~50 mm。锚杆挂网喷射混凝土防护如图 7.4 所示。

③喷射混凝土宜分层施工,铺设钢筋网前喷射一层混凝土,铺设后再喷射混凝土至设计厚度。

图 7.4　锚杆挂网喷射混凝土防护

④喷射混凝土厚度应均匀,钢筋网及锚杆不得外露。钢筋保护层厚度宜不小于 20 mm。

⑤喷射混凝土施工质量应符合表 7.3 的规定。

4)干砌片石护坡施工

干砌片石护坡适用于坡度缓于 1∶1.25 的土质路堑边坡或边坡易受地表水冲刷以及有少量地下水渗出的地段。

①干砌片石护坡垫层应密实,厚度应满足设计要求。边坡为粉质土、松散的砂或粉砂土等易被冲蚀的土时,碎石或砂砾垫层厚度宜不小于 100 mm。

②石料选择应符合要求。片石的厚度应不小于 150 mm,卵形和薄片不得使用。镶面石料应选择尺寸大且具有平整表面的石料,且应稍加粗凿。在角隅处应使用大石料,大致粗凿方正。

图 7.5 干砌片石护坡

③石料按层砌筑。分段砌筑时相邻段高差应不大于 1.2 m,段与段间应设伸缩缝或沉降缝,各段水平砌缝应一致。

④砌筑应彼此镶紧,接缝要错开,缝隙间应用小石块填满塞紧(图 7.5)。护坡基础宜选用大石块砌筑。

⑤基础与排水沟相连时,基础应设在排水沟底以下。

⑥干砌片石施工质量应符合表 7.4 的规定。

表 7.4 干砌片石施工质量标准

项次	检查项目	规定值或允许偏差	检查方法和频率
1	厚度(mm)	±50	尺量:每 100 m² 抽查 8 点
2	顶面高程(mm)	±30	水准仪:每 20 m 抽查 5 点
3	外形尺寸(mm)	±100	尺量:每 20 m 或自然段,长宽各测 5 点
4	表面平整度(mm)	50	2 m 直尺:每 20 m 测 5 点
5	泄水孔间距(mm)	≤设计值	尺量:每 20 m 测 4 点

5)浆砌片石护坡施工

①路堤边坡采用浆砌片石护坡,宜在路堤沉降稳定后施工。砌筑前应整平坡面,按设计完成垫层施工。对受冻胀影响的土质边坡,护坡底面的碎石或砂砾垫层厚度应不小于100 mm。浆砌片石护坡施工如图 7.6 所示。

②片石砌体应分层砌筑,2~3 层组成的工作面宜找平。

③所有石块均应坐于新拌砂浆之上。

④每 10~15 m 应设置一道伸缩缝,缝宽宜为 20~30 mm。在基底地质有变化处应设沉降缝,可将伸缩

图 7.6 浆砌片石护坡施工

缝与沉降缝合并设置。

⑤砂浆初凝后,应立即进行养护。砂浆终凝前,砌体应覆盖。

⑥泄水孔的位置和反滤层的设置应满足设计要求。如设计无要求,应符合下列规定:

a.泄水孔宜为 50 mm×100 mm、100 mm×100 mm、150 mm×200 mm 的矩形或直径为 50~100 mm 的圆形。

b.泄水孔间距宜为 2~3 m,干旱地区可适当加大,渗水量大时应适当加密。上下排泄水孔应交错布置,左右排泄水孔应避开伸缩缝与沉降缝,与相邻伸缩缝间距宜不小于 500 mm。

c.泄水孔应向外倾斜,最下一排泄水孔出口应高出地面或边沟、排水沟及积水地区的常水位 0.3 m。

d.最下面一排泄水孔进水口周围 500 mm×500 mm 范围内应设置具有反滤作用的粗粒料,反滤层底部应设置厚度不小于 300 mm 的黏土隔水层。

⑦浆砌片石施工质量应符合表 7.5 的规定。

表 7.5　浆砌片石施工质量标准

项次	检查项目	规定值或允许偏差		检查方法和频率
1	砂浆强度	在合格标准内		按《公路工程质量检验评定标准 第一册 土建工程》(JTG F80/1—2017)附录 F 检查
2	顶面高程(mm)	料石、块石	±30	水准仪:长度不大于 30 m 时测 5 点,每增加 10 m 增加 1 点
		片石	±50	
3	表面平整度(mm)	料石、块石	≤25	2 m 直尺:每 20 m 测 5 处
		片石	≤35	
4	坡度(%)	≤设计值		坡度尺:长度不大于 30 m 时测 5 处,每增加 10 m 增加 1 处
5	厚度或断面尺寸(mm)	≥设计值		尺量:长度不大于 50 m 时测 10 个断面,每增加 10 m 增加 1 个断面
6	墙面距路基中线(mm)	±50		尺量:每 20 m 测 5 点
6	泄水孔间距(mm)	≤设计值		尺量:每 20 m 检查 4 点

6)水泥混凝土预制块护坡施工

①宜在路堤沉降稳定后施工。铺设前应整平坡面,按设计铺设碎石或砂砾垫层,垫层厚度应不小于 100 mm。

②预制块应错缝砌筑,砌筑坡面应平顺,并与相邻坡面顺接。受冰冻影响的地区,预制块混凝土强度宜不低于 C25。

③护坡每 10~15 m 应设置一道伸缩缝,缝宽宜为 20~30 mm。在基底地质有变化处,应设沉降缝。伸缩缝与沉降缝可合并设置。

④泄水孔的位置应满足设计要求,并保证畅通。如设计无要求,应按本节"5)浆砌片石护坡施工"要求设置。

7) 浆砌片石护面墙施工

①修筑护面墙前,应清除边坡风化层至新鲜岩面。对风化迅速的岩层,清挖到新鲜岩面后应立即修筑护面墙。

②基础施工前应核实地基承载力和埋深。地基承载能力不足时,应采取加固措施。冰冻地区应埋置在冰冻深度以下至少 250 mm。

图 7.7　浆砌片石护面墙

③护面墙背面应与路基坡面密贴,边坡局部凹陷处,应挖成台阶后用与墙身相同的圬工砌补,不得回填土石或干砌片石。坡顶护面墙与坡面之间应按设计要求做好防渗处理。

④应按设计要求做好伸缩缝。当护面墙基础修筑在不同岩层上时,应在变化处设置沉降缝(图 7.7)。

⑤泄水孔的位置和反滤层的设置应满足设计要求。

⑥护面墙防滑坎应与墙身同步施工。

8) 勾缝施工

①浆砌片石施工应在砂浆凝固前将外露缝勾好,勾缝深度应不小于 20 mm。

②片石施工时,相邻竖缝应错开。对平缝与竖缝宽度,用水泥砂浆砌筑时应不大于 40 mm,用小石子混凝土砌筑时应为 30~70 mm。可用厚度比缝宽小的石片填塞宽的竖缝,且片石应被砂浆包裹。

③块石施工时,砂浆砌筑缝宽应不大于 30 mm,勾缝应均匀饱满、美观,坡面应平顺。

④勾好缝或灌好浆的砌体在完工后,视水泥种类及气候情况在 7~14 d 内应加强养护。

任务 7.2　沿河路基防护

沿河路基被冲毁,会严重影响道路通行,影响人们的生产生活。沿河路基防护工程施工前,应复核基础埋深。基础埋设在局部冲刷线以下 1 m 且未嵌入基岩内时,应及时反馈处理。导流构造物施工前,应根据现场具体情况,采取相应措施,避免施工过程中水流冲刷农田、村庄、公路和下游路基。图 7.8 所示为沿河路基被冲毁。

图 7.8　沿河路基被冲毁

7.2.1　沿河路基边坡植物防护施工

①经常浸水或长期浸水的路堤,不宜采用植物防护。

②沿河路堤边坡铺草皮防护,应按设计采用平铺、叠铺草皮等铺砌方法,基础部分铺置层的表面应与地面齐平。

③植树防护宜采用带状或条形布设。防护河岸路基或防御风浪侵蚀,宜采用横行带状;防护桥头引道路堤,宜采用纵行带状。

④植树应选用喜水性树种,林带应由多行树木组成,乔灌木应密植。

⑤种植后,应采取有效措施加以保护。

7.2.2　沿河砌石或混凝土防护

砌石或混凝土防护应符合下列规定:

①石料应选用未风化的坚硬岩石。采用干砌、浆砌片石时,不得大面积平铺。干砌护坡砌块应交错嵌紧,严禁浮塞。干砌片石防护如图 7.9 所示,浆砌片石防护如图 7.10 所示。

②采用干砌、浆砌河卵石时,应以长方向垂直坡面,横向栽砌牢固。

③就地浇筑混凝土板时,混凝土表面应平整、光滑。可采取措施提高早期强度。

图 7.9　干砌片石防护　　　　　　　　图 7.10　浆砌片石防护

7.2.3　抛石防护施工

①抛石石料应选用质地坚硬、耐冻且不易风化崩解的石块,石料粒径应大于 300 mm,宜用大小不同的石块掺杂抛投(图 7.11)。

 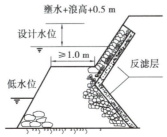 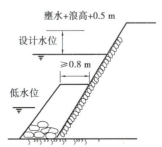

图 7.11　抛石防护

②抛石体边坡坡率和石料粒径应根据水深、流速和波浪情况确定,坡度应不陡于抛石石料浸水后的天然休止角。抛石体边坡坡率和抛石粒径应符合表7.6、表7.7的规定。

表7.6　抛石体边坡坡率与水文条件关系

水文条件	采用边坡
水深不大于2 m,流速小	1:1.2~1:2.5
水深2~6 m,流速大,波浪汹涌	1:2~1:3
水深大于6 m,在急流中施工	缓于1:2

表7.7　抛石粒径与水深、流速关系

抛石粒径(mm)	水深(m)				
	0.4	1.0	2.0	3.0	5.0
	容许流速(m/s)				
150	2.70	3.00	3.40	3.70	4.00
200	3.15	3.45	3.90	4.20	4.50
300	3.50	3.95	4.25	4.45	5.00
400	—	4.30	4.45	4.80	5.05
500	—	—	4.85	5.00	5.40

③抛石厚度宜为粒径的3~4倍;用大粒径时,不得小于2倍。

④除特殊情况外,宜在枯水季节施工。

7.2.4　石笼防护施工

①应根据设计要求或不同情况和用途,合理选用石笼形状(图7.12)。

图7.12　石笼防护

②石笼网箱的制作应符合下列规定:

a.石笼可采用重镀锌钢丝、镀锌铁丝、普通铁丝编制。永久工程应采用重镀锌钢丝。使用年限为8~12年时,可采用镀锌铁丝;使用年限为3~5年时,可采用普通铁丝石笼。

b.组装网箱时,绑扎用的组合丝、螺旋固定丝应与网丝同材质。

c.网箱的间隔网片与网身应呈90°,方可进入绑扎工序,组装绑扎成网箱。

d.组装网箱时,组合丝绑扎应为双股线并绞紧。螺旋组合丝绑扎应绞绕收紧。

e.组装完成的网箱位置应依次安放到位。

③连接单元网箱的制作应符合下列规定:

a.组装完成的单元网箱,应按设计挡土墙长度方向位置依次安放,调整网箱位置后将每个单元网箱依次连接。

b.填料前,应在网箱外露面绑钢管或面板固定网箱位置,防止网箱移动。

c.网箱裸露部分的网片应设置拉力丝。

④石笼填充应符合下列规定:

a.石笼填充物应采用质地坚硬、不易崩解和水解的片石或块石,石料粒径宜为100~300 mm。粒径小于100 mm的石料应不超过15%,且不得用于网格的外露面,孔隙率不得超过30%。

b.应采用人工或机械填料,应均匀分批投料,保证填料均匀充满箱体。

c.同一层网箱未能一次性施工完毕的,应在箱体接头处进行处理,相邻网箱石料高差不得超过350 mm,保证网箱不发生侧向变形。

d.外露面填充料应整平,填充料间应相互搭接。

e.应在石料填充高度达到要求后进行网箱封盖。

⑤网箱安装应在每层网箱高度符合要求后,施工上层网箱。层与层间的网箱应纵横交错或丁字形叠砌,上下连接,不得出现通缝。

⑥石笼笼体施工质量应符合表7.8的规定。

表 7.8　石笼网箱挡土墙笼体施工质量标准

项次	检查项目	规定值或允许偏差	检查方法和频率
1	笼体长(mm)	±30	尺量:每50 m量4个断面
2	笼体宽(mm)	±30	尺量:每50 m量4个断面
3	笼体高(mm)	±30	尺量:每50 m量4个断面
4	孔眼(mm)	20	尺量:每50 m量4个断面

⑦石笼防护施工质量应符合表7.9的规定。

表 7.9　石笼防护施工质量标准

项次	检查项目	规定值或允许偏差	检查方法和频率
1	平面位置偏位(mm)	≤300	全站仪:按设计控制坐标检查
2	长度(mm)	≥设计长度-300	尺量:每个(段)量5处
3	宽度(mm)	≥设计长度-200	尺量:每个(段)量5处
4	高度(mm)	≥设计值	水准仪或尺量:每个(段)量5处
5	底面高程(mm)	≤设计值	水准仪:每个(段)测5点

7.2.5 土工膜袋防护施工

图 7.13 土工膜袋防护施工

①应按设计要求整平坡面,放线定位,挖好边界处理沟。

②膜袋铺展后应拉紧固定,防止充填时下滑(图 7.13)。

③充填材料应根据设计要求和实际情况合理选用,充填应连续。

④对需要排水的边坡,应在膜袋适当位置开孔设置排水管。

⑤膜袋顶部宜采用浆砌块石封闭。在有地面径流处,坡顶应采取防护措施,防止地表水侵蚀膜袋底部。

⑥岸坡膜袋底端应设压脚或护脚棱体,有冲刷处应采取防冲措施。

⑦膜袋护坡的侧翼宜设压袋沟。

⑧膜袋与坡面间应按设计要求铺设好土工织物滤层。

⑨膜袋厚度应通过抗浮稳定分析和抗冰推移稳定分析确定。膜袋的主要技术指标应符合表 7.10 的规定。

表 7.10　膜袋主要技术指标

检查项目		质量标准
单层质量(g/m^2)		200
拉伸强度(N/50 mm)	经	1 500
	纬	1 300
延伸率(%)	经	14
	纬	12
撕裂强度(N/50 mm)	经	600
	纬	400
顶破强度(N)		800
渗透系数(mm/s)		0.28
单层厚度(mm)		0.45

7.2.6 丁坝防护施工

①施工前应合理安排工期,避免因工期过长引起农田、村庄、上下游路基冲刷。

②丁坝坝头应按设计进行平面防护。

③应处理好坝根与相连接的地层或其他防护设施的衔接。

④完工后应检查丁坝间的河岸或路基边坡处的水流流速。若所承受的容许流速小于水

流靠岸回流流速时,应及时反馈处理。丁坝防护如图 7.14 所示。

图 7.14　丁坝防护

⑤丁坝施工质量应符合表 7.11 的规定。

表 7.11　丁坝、顺坝施工质量标准

项次	检查项目		规定值或允许偏差	检查方法和频率
1	砂浆强度(MPa)		在合格标准内	按《公路工程质量检验评定标准 第一册 土建工程》(JTG F80/1—2017)附录 F 检查
2	平面位置偏位(mm)		30	全站仪:按设计控制坐标测
3	长度(mm)		≥设计长度-100	尺量:每个测
4	断面尺寸		≥设计值	尺量:测 5 个断面
5	坡度		≤设计值	坡度尺:测 5 处
6	高程(mm)	基底	≤设计值	水准仪:测 5 点
		顶面	±30	

7.2.7　顺坝防护施工

①顺坝与上下游河岸的衔接处应水流顺畅,顺坝防护如图 7.15 所示。

图 7.15　顺坝防护

②坝根嵌入稳定河岸内的距离应满足设计要求,坝根附近河岸应按设计防护加固至上游不受水流冲击处。

③顺坝施工质量应符合表 7.11 的规定。

7.2.8　改移河道施工

①改移河道工程宜在枯水时期施工(图7.16)。一个旱季不能完成时,应采取防洪措施。

图 7.16　改移河道

②河道开挖应先挖好中段,然后再开挖两端,确认新河床工程符合要求后,再挖通其上游河段。

③利用开挖新河道的土石填平旧河道时,在新河道通流前,旧河道应保持适当的流水断面。

④通流时,改河上游进口河段的河床纵坡宜稍大于设计坡度。

⑤河床加固设施及导流构造物的施工应合理安排,及时配套完成。

任务 7.3　挡土墙

挡土墙是承受土体侧压力的墙式构造物,因施工方便,可就地取材,适应性强,在公路上得到广泛使用。

7.3.1　挡土墙的分类及一般施工规定

1)挡土墙的分类

按挡土墙设置的位置,挡土墙可分为路堑墙、路堤墙、路肩墙和山坡墙等类型。

按挡土墙的结构形式,挡土墙可分为重力式挡土墙、锚碇式挡土墙、薄壁式挡土墙、加筋挡土墙等。后文将按不同结构形式对挡土墙施工进行详细介绍。

按照挡土墙的墙体材料,挡土墙可分为石砌挡土墙、混凝土挡土墙、钢筋混凝土挡土墙、钢板挡土墙等。

2)挡土墙的适用条件

挡土墙的结构形式不同,其适用条件也不同。

①重力式挡土墙是以挡土墙自身重力来维持挡土墙在土压力作用下的稳定。一般多用片(块)石砌筑,在缺乏石料的地区有时也用混凝土修建。重力式挡土墙形式简单,施工方便,可就地取材,适应性强,故被广泛应用,但其圬工数量较大,对地基承载力要求较高。

②薄壁式挡土墙为钢筋混凝土结构,可分为悬臂式和扶壁式两种。悬臂式挡土墙由立

壁、墙趾板和墙踵板 3 个钢筋混凝土悬臂式构件组成,如图 7.17 所示。扶壁式挡土墙是指沿着悬臂式挡土墙的立壁,每隔一段距离加一道扶壁,将立壁与踵板连接起来的挡土墙,如图 7.18 所示。薄壁式挡土墙结构的稳定不是依靠本身的重量,而主要依靠墙踵板上的填土重量来保证。它具有断面尺寸较小、自重轻、能修建在较弱的地基上等优点。它适用于城市或缺乏石料的地区。其缺点是需耗用一定数量的水泥和钢筋,施工工艺较为复杂。

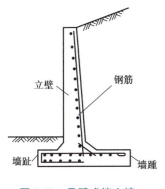

图 7.17　悬臂式挡土墙

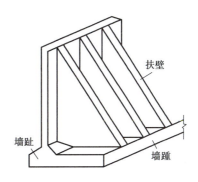

图 7.18　扶壁式挡土墙

③锚碇式挡土墙分为锚杆式和锚碇板式两种。

锚杆式挡土墙是指由钢筋混凝土墙面板和锚杆组成,依靠锚固在岩层内锚杆的水平拉力来承受土体侧压力的挡土墙,如图 7.19(a)所示。锚杆的一端与立柱连接,另一端被锚固在山坡深处的稳定岩层或土层中。墙后侧向土压力由挡土板传给立柱,由锚杆与稳定岩层或土层之间的锚固力使墙获得稳定。它适用于墙高较大,缺乏石料或挖基困难地区,具有锚固条件的路堑挡土墙。

锚碇板式挡土墙是指由钢筋混凝土墙板拉杆和锚定板组成,借埋在破裂面后部稳定土层内的锚碇板和拉杆的水平拉力来承受土体侧压力的挡土墙,如图 7.19(b)所示。它借助于埋在填土内的锚碇板的抗拔力抵抗侧土压力,保持墙的稳定。锚碇板式挡土墙的特点在于构件断面小,工程量小,不受地基承载力的限制,构件可预制,有利于实现结构轻型化和施工机械化。它适用于缺乏石料地区的路肩墙或路堤墙。

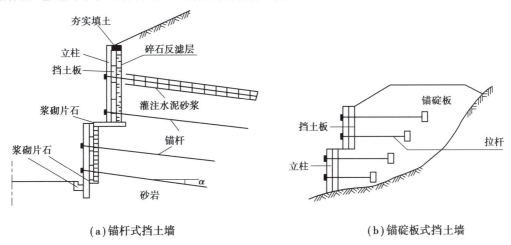

(a)锚杆式挡土墙　　　　　　　　　　　(b)锚碇板式挡土墙

图 7.19　锚碇式挡土墙

④加筋土挡土墙是填土、拉筋、面板三者的结合体,如图 7.20 所示。填土和拉筋之间的摩擦力改善了土的物理力学性质,使得填土与拉筋结合为一个整体,在这个整体中起控制作用的是填土与拉筋之间的摩擦力。面板的作用是阻挡填土坍落挤出,迫使填土与拉筋结合为整体。加筋土挡土墙属于柔性结构,对地基变形适应性大,建筑高度大,具有省工、省料、施工方便、快速等优点,适用于填土路基。

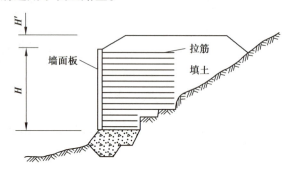

图 7.20　加筋土挡土墙

3)挡土墙的一般施工规定

①挡土墙施工前,应做好截、排水及防渗设施。

②在岩体破碎、土质松软或地下水丰富地段修建挡土墙,宜避开雨期施工。

③挡土墙与桥台、隧道洞门连接处应协调施工,必要时可设置临时支撑,确保与墙相接的填方或山体稳定。

7.3.2　重力式挡土墙

重力式挡土墙是以挡土墙自身重力来维持挡土墙在土压力作用下的稳定。它是我国目前常用的一种挡土墙。在重力式挡土墙横断面中,与被支承土体直接接触的部位称为墙背;与墙背相对、临空的部位称为墙面;与地基直接接触的部位称为基底;与基底相对、墙的顶面称为墙顶;基底的前端称为墙趾;基底的后端称为墙踵。

重力式挡土墙按墙背形式可分为仰斜、垂直、俯斜、凸形折线和衡重式 5 种,其断面形式如图 7.21 所示。重力式挡土墙多用浆砌片(块、料)石砌筑,也可用混凝土或片石混凝土浇筑。当用混凝土或片石混凝土浇筑时,混凝土的强度应符合设计要求,片石的质量和掺量及掺入方式应符合设计和相关规范要求。缺乏石料地区,有时可用混凝土预制块作为砌体。

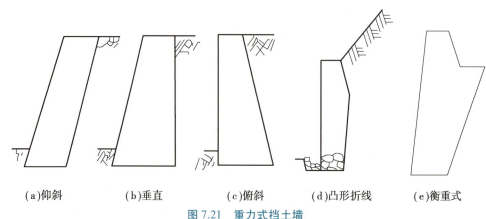

(a)仰斜　　　　(b)垂直　　　　(c)俯斜　　　　(d)凸形折线　　　(e)衡重式

图 7.21　重力式挡土墙

重力式挡土墙施工要点如下：

（1）基坑开挖

①基坑开挖宜分段跳槽进行,分段位置宜结合伸缩缝、沉降缝等设置确定。

②挡土墙基底设计为倾斜面时,应严格控制基底高程,不得超挖填补。

③对于土质或易风化软质岩石,雨期开挖基坑时,应在基坑开挖好后及时封闭坑底。

④开挖完成后应及时进行检验,检验合格后应及时进行下一道工序施工。

（2）基础施工

①施工前应检查基础底面,清除基底表面风化、松软的土石和杂物。

②硬质岩石上的浆砌片石基础宜满坑砌筑。浆砌片石底面应卧浆铺砌,立缝要填浆补实,不得有空隙和立缝贯通现象。

③采用台阶式基础时,台阶宜与墙体连续砌筑,基底及墙趾台阶转折处不得砌成垂直通缝,砌体与台阶壁间的缝隙砂浆应饱满。

④基础应在基础砂浆强度达到设计强度的 75% 后及时分层回填夯实。回填应在表面留 3% 的向外斜坡。

（3）墙身施工

①砌石墙身应分层错缝砌筑（图 7.22）,咬缝应不小于砌块长度的 1/4,且不得出现贯通竖缝。

②片石、砌块应大面朝下砌筑,砌块不应直接接触,间距宜不小于 20 mm。

③混凝土墙身应水平分层浇筑,分层振捣。分层厚度应不超过 300 mm。

④混凝土浇筑应连续进行。如间断,间断时间应小于前层混凝土的初凝时间,否则按施工缝处理。

⑤浇筑过程中应有专人检查模板及支撑工作情况,发现问题及时处理。

⑥挡土墙端部伸入路堤或嵌入挖方部分应与墙体同时砌筑。挡土墙顶应找平抹面或勾缝,其与边坡间的空隙应采用黏土或其他材料夯填封闭。

⑦墙身施工完毕后应及时养护。

⑧伸缩缝与沉降缝内两侧壁应竖直、平齐,无搭叠（图 7.23）;缝中防水材料应按设计要求施工。

图 7.22　挡土墙砌缝（横平竖直）

图 7.23　挡土墙沉降缝

⑨挡土墙混凝土或砂浆强度达到设计强度的 75% 时,应及时进行墙背回填。距墙背

0.5~1.0 m 内,不得使用重型振动压路机碾压。

⑩墙身泄水孔应在砌筑过程中按设计施工,确保排水畅通。

(4)墙背填料

①宜采用砂性土、卵石土、砾石土或块石土等透水性好、抗剪强度高的材料。

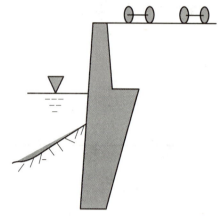

图 7.24　浸水挡土墙

②采用黏质土作为填料时,应在墙背设置厚度不小于 300 mm 的砂砾或其他透水性材料排水层。排水层顶部应采用黏质土层封闭,土层厚度宜不小于 500 mm。

③填料中不得含有机物、冰块、草皮、树根及生活垃圾。不得使用腐殖土、盐渍土、淤泥、白垩土、硅藻土、生活垃圾及有机物等作为墙背填料。

(5)浸水挡土墙

①浸水挡土墙(图 7.24)用石料应选用坚硬、未风化且浸水不崩解的石块。

②施工过程中应处理好浸水挡土墙与岸坡的衔接部位。

③砌筑时应保证砂浆饱满、勾缝密实,避免水流冲刷墙身。

(6)施工质量标准

重力式挡土墙施工质量应符合表 7.12 至表 7.14 的规定。

表 7.12　浆砌挡土墙施工质量标准

项次	检查项目		规定值或允许偏差	检查方法和频率
1	砂浆强度(MPa)		在合格标准内	按《公路工程质量检验评定标准 第一册 土建工程》(JTG F80/1—2017)附录 F 检查
2	平面位置(mm)		≤50	全站仪:测墙顶外边线,长度不大于 30 m 时测 5 点,每增加 10 m 增加 1 点
3	墙面坡度(%)		≤0.5	铅垂法:长度不大于 30 m 时测 5 处,每增加 10 m 增加 1 处
4	断面尺寸(mm)		≥设计值	尺量:长度不大于 50 m 时测 10 个断面,每增加 10 m 增加 1 个断面
5	顶面高程(mm)		±20	水准仪:长度不大于 30 m 时测 5 点,每增加 10 m 增加 1 点
6	底面高程(mm)		±50	水准仪:长度不大于 30 m 时测 5 点,每增加 10 m 增加 1 点
7	表面平整度(mm)	混凝土预制块、料石	≤10	2 m 直尺:每 20 m 测 3 处,每处测竖直和墙长两个方向
		块石	≤20	
		片石	≤30	
8	泄水孔间距(mm)		≤设计值	尺量:每 20 m 测 4 点

表 7.13　干砌挡土墙施工质量标准

项次	检查项目	规定值或允许偏差	检查方法和频率
1	平面位置(mm)	≤50	全站仪:测墙顶外边线,长度不大于 30 m 时测 5 点,每增加 10 m 增加 1 点
2	垂直度或坡度(%)	≤0.5	铅垂法:长度不大于 30 m 时测 5 处,每增加 10 m 增加 1 处
3	断面尺寸(mm)	≥设计值	尺量:长度不大于 50 m 时测 10 个断面,每增加 10 m 增加 1 个断面
4	顶面高程(mm)	±50	水准仪:长度不大于 30 m 时测 5 点,每增加 10 m 增加 1 点
5	底面高程(mm)	±50	水准仪:长度不大于 30 m 时测 5 点,每增加 10 m 增加 1 点
6	表面平整度(mm)	≤50	2 m 直尺:每 20 m 测 3 处,每处测竖直和墙长两个方向

表 7.14　混凝土挡土墙施工质量标准

项次	检查项目	规定值或允许偏差	检查方法和频率
1	混凝土强度(MPa)	在合格标准内	按《公路工程质量检验评定标准 第一册 土建工程》(JTG F80/1—2017) 附录 D 检查
2	平面位置(mm)	≤50	全站仪:测墙顶外边线,长度不大于 30 m 时测 5 点,每增加 10 m 增加 1 点
3	垂直度或坡度(%)	≤0.3	铅垂法:长度不大于 30 m 时测 5 处,每增加 10 m 增加 1 处
4	顶面高程(mm)	±20	水准仪:长度不大于 30 m 时测 5 点,每增加 10 m 增加 1 点
5	底面高程(mm)	±50	水准仪:长度不大于 30 m 时测 5 点,每增加 10 m 增加 1 点
6	断面尺寸(mm)	≥设计值	尺量:长度不大于 50 m 时测 10 个断面,每增加 10 m 增加 1 个断面
7	表面平整度(mm)	≤8	2 m 直尺:每 20 m 测 3 处,每处测竖直和墙长两个方向
8	泄水孔间距(mm)	≤设计值	尺量:每 20 m 测 4 点

7.3.3 悬臂式和扶壁式挡土墙

①基坑开挖应从上至下分层分段依次进行。开挖过程中应做好临时排水设施,并随时排水,保证工作面干燥及基底不被水浸。基坑开挖后应及时施工挡土墙,不得长期放置。

②凸榫部分应与基坑同时开挖,并与墙底板一起浇筑混凝土。

③采用装配法施工时,基础部分应整体一次性浇筑,并设置好预埋钢筋。在基础混凝土达到设计强度75%前,不得安设预制墙板。预制墙板与基础必须按设计要求连接牢固。

④混凝土浇筑后应及时进行养护,养护时间宜不少于 7 d。

⑤墙背回填应在墙体混凝土达到设计强度的 75% 后进行。回填应分层填筑并压实;扶壁式挡土墙回填时应按先墙趾、后墙踵的顺序进行。

⑥现浇悬臂式和扶壁式挡土墙施工质量应符合表 7.15 的规定。

表 7.15 现浇悬臂式和扶壁式挡土墙施工质量标准

项次	检查项目	规定值或允许偏差	检查方法和频率
1	混凝土强度(MPa)	在合格标准内	按《公路工程质量检验评定标准 第一册 土建工程》(JTG F80/1—2017)附录 D 检查
2	平面位置(mm)	≤30	全站仪:长度不大于 30 m 时测 5 点,每增加 10 m 增加 1 点
3	墙面坡度(%)	≤0.3	铅垂法:长度不大于 30 m 时测 5 处,每增加 10 m 增加 1 处
4	断面尺寸(mm)	≥设计值	尺量:长度不大于 50 m 时测 10 个断面及 10 个扶壁,每增加 10 m 增加 1 个断面及 1 个扶壁
5	顶面高程(mm)	±20	水准仪:长度不大于 30 m 时测 5 点,每增加 10 m 增加 1 点
6	表面平整度(mm)	≤8	2 m 直尺:每 20 m 测 3 处,每处测竖直和墙长两个方向

⑦悬臂式和扶壁式挡土墙装配法施工质量标准应符合表 7.16 的规定。

表 7.16 悬臂式和扶壁式挡土墙装配法施工质量标准

项次	检查项目	规定值或允许偏差	检查方法和频率
1	混凝土强度(MPa)	在合格标准内	按《公路工程质量检验评定标准 第一册 土建工程》(JTG F80/1—2017)附录 D 检查
2	垂直度或坡度(%)	≤0.3	铅垂法:长度不大于 30 m 时测 5 处,每增加 10 m 增加 1 处
3	顶面高程(mm)	±20	水准仪:长度不大于 30 m 时测 5 点,每增加 10 m 增加 1 点

续表

项次	检查项目	规定值或允许偏差	检查方法和频率
4	相邻面板高差(mm)	8	尺量:长度不大于 30 m 时测 5 点,每增加 10 m 增加 1 点
5	断面尺寸(mm)	≥设计值	尺量:长度不大于 50 m 时测 10 个断面及 10 个扶壁,每增加 10 m 增加 1 个断面及 1 个扶壁

7.3.4　锚杆挡土墙

①锚杆应按设计尺寸下料、调直、除污、加工。图 7.25 所示为正在施工的锚杆挡土墙。

图 7.25　锚杆挡土墙(施工中)

②施工时应针对地层和岩石特点,采用与其相适配并能斜孔钻进的钻机,并根据岩质选择钻头。

③锚孔直径应满足设计要求,钻孔时宜保持孔壁粗糙。

④挡土板和锚杆的施工应逐层由下向上同步进行,挡土板之间的安装缝应均匀,缝宽宜小于 10 mm。同一肋柱上两相邻跨的挡土板搭接处净间距宜不小于 30 mm,并应按施工缝处理。

⑤挡土板安装时应防止与肋柱相撞,避免损坏角隅或开裂。

⑥挡土板后的防排水设施及反滤层应与挡土板安装同步进行。

⑦锚杆挡土墙施工质量应符合表 7.17 的规定。

表 7.17　锚杆、锚定板、加筋土挡土墙施工质量标准

项次	检查项目		规定值或允许偏差	检查方法和频率
1	墙顶和肋柱平面位置(mm)	路堤式	+50,-100	全站仪:长度不大于 30 m 时测 5 点,每增加 5 m 增加 1 点
		路肩式	±50	
2	墙顶和柱顶高程(mm)	路堤式	±50	水准仪:长度不大于 30 m 时测 5 点,每增加 5 m 增加 1 点
		路肩式	±30	

续表

项次	检查项目	规定值或允许偏差	检查方法和频率
3	肋柱间距(mm)	±15	尺量:每柱间
4	墙面倾斜度(mm)	+0.5%H 且不大于+50,−1%H 且不小于−100	铅垂线或坡度板:长度不大于30 m时测5点,每增加5 m增加1点
5	面板缝宽(mm)	≤10	尺量:每20 m至少测5条
6	墙面平整度(mm)	≤15	2 m直尺:每20m测3处,每处测竖直和墙长两个方向
7	距面板1 m范围内墙背填土的压实度(%)	≥90	每50 m每压实层测1处,且不得少于1处
8	反滤层厚度(mm)	≥设计厚度	尺量:长度不大于50 m时测5处,每增加10 m增加1处

注:①平面位置和倾斜度"+"指向外,"−"指向内。

②H 为墙高。

7.3.5 锚定板挡土墙

①螺丝杆、锚头等应进行防锈处理和防水封闭。

②锚定板应采用钢筋混凝土板。肋柱式锚定板面积应不小于 0.5 m^2,无肋柱式锚定板面积应不小于 0.2 m^2。

③肋柱安装应符合设计的位置和倾角。安装锚定板时板面应竖直,且在同一高程。

④锚定板应采用反开槽法施工,先填土,后挖槽就位。挖槽时,锚定板宜比设计位置高30~50 mm。

⑤施工槽口与上层填土应同步碾压,不得直接碾压拉杆和锚定板。

⑥分级平台应按设计要求进行封闭,并设2%的外倾排水坡。

⑦锚定板挡土墙施工质量应符合表7.17的规定。

7.3.6 加筋土挡土墙

①施工前,应按设计要求进行基底处理。有地下水影响基底稳固时,应拦截或排除地下水到墙身之外。

②加筋土挡土墙的拉筋应按设计采用抗拉强度高、延伸率和蠕变小、抗老化、耐腐蚀和化学稳定性好的材料,表面应有足够的粗糙度。钢拉筋应按设计进行防腐处理。筋带施工质量应符合表7.18的规定。

表 7.18　筋带施工质量标准

项次	检查项目	规定值或允许偏差	检查方法和频率
1	筋带长度	≥设计值	尺量:每 20 m 测 5 根
2	筋带与面板连接	满足设计要求	目测:每 20 m 检查 5 处
3	筋带与筋带连接	满足设计要求	目测:每 20 m 检查 5 处
4	筋带铺设	满足设计要求	目测:每 20 m 检查 5 处

③加筋土挡土墙墙身施工应符合下列规定:

a.墙背拉筋锚固段填料宜采用具有一定级配、透水性好的砂类土或碎砾石土,土中的粗颗粒不应含有在压实过程中可能破坏拉筋的带尖锐棱角的颗粒。

b.拉筋应按设计位置水平铺设在已经整平、压实的土层上,单根拉筋应垂直于面板,多根拉筋应按设计扇形铺设。聚丙烯土工带拉筋安装应平顺,不得打折、扭曲,不得与硬质、棱角填料直接接触,其他要求应符合《土工合成材料应用技术规范》(GB/T 50290—2014)的相关规定。

c.墙面板安设应根据高度和填料情况设置适当的倾斜,斜度宜为 1:0.02~1:0.05。安设好的面板不得外倾。

d.拉筋与面板之间的连接应牢固,连接部位强度应不低于拉筋强度。拉筋贯通整个路基时,宜采用单根拉筋拉住两侧面板。

e.填料摊铺、碾压应从拉筋中部开始,平行于墙面进行,不得平行于拉筋方向碾压。应先向拉筋尾部逐步摊铺、压实,然后再向墙面方向进行。

f.路基施工分层厚度及每层碾压遍数,应根据拉筋间距、碾压机具和密实度要求,通过试验确定,不得使用羊足碾碾压。靠近墙面板 1 m 范围内,应使用小型机具夯实或人工夯实,不得使用重型压实机械压实。严禁车辆在未经压实的填料上行驶。

g.施工过程中应加强对墙身变形的观测,发现异常变化应及时处理。

④加筋土挡土墙施工质量应符合表 7.17 的规定。

加筋土挡土墙施工如图 7.26 所示。

图 7.26　加筋土挡土墙施工

任务 7.4　边坡锚固防护

7.4.1　一般规定

①边坡开挖和钻孔过程中,应对岩性及构造进行编录和综合分析。与设计出入大时,应及时反馈处理。

②施工前应检查地质情况,清除坡面松散的浮石,用浆砌片石、混凝土填补空洞、凹槽、缝隙,不得采用沙袋填补。边坡修整后应平整、密实,无溜滑体、蠕变体和松动岩体。

7.4.2　锚杆施工

1)锚杆成孔

①孔位应放样准确,钻孔过程中应严格控制孔轴线偏差。终孔深度应不小于设计孔深。

②钻孔过程中应根据不同的岩土条件,选用适宜的钻孔机具和方法。钻孔直径应满足设计要求。

③对砂土、粉土、卵石、有机质土和高塑性黏质土,宜采用套管护壁成孔护壁工艺。

④在地下水位以下时,不宜采用干成孔工艺。

⑤在高塑性指数的饱和黏质土层成孔时,不宜采用泥浆护壁成孔工艺。

⑥成孔过程中遇不明障碍物时,应停止钻进,查明障碍物性质。

⑦成孔后应及时清净孔内残渣。成孔后不宜立即插入锚杆或锚索时,宜在孔口采取临时封堵措施,避免水或其他杂物进入孔内。

⑧成孔后应及时插入杆体并注浆。

2)钢绞线锚杆和普通钢筋锚杆杆体制作

①钢绞线锚杆杆体绑扎时,钢绞线应平行、间距均匀。杆体插入孔内时,应避免钢绞线在孔内弯曲或扭转。

②当锚杆杆体采用钢筋连接时,其连接宜采用机械连接、双面搭接焊、双面帮条焊。采用双面焊时,焊缝长度应不小于 $5d$(d 为钢筋直径)。

③杆体制作和安放时,应除锈、除油污,避免杆体弯曲。

3)锚杆安装

①施工前应按设计要求进行抗拉拔力验证试验。

②锚杆应安装在孔位中心。

③地下水发育地段安装锚杆,安装前应将孔内的水排出。

④采用套管护壁工艺成孔时,应在拔出套管前将杆体插入孔内;采用非套管护壁工艺成孔时,杆体应匀速推送至孔内。

4)注浆

①采用水泥浆时,水灰比宜取 0.5~0.55;采用水泥砂浆时,水灰比宜取 0.4~0.45,灰砂比宜取 0.5~1.0;拌和用砂宜选用中粗砂。

②砂浆应随拌随用,放置超过初凝时间的砂浆不得使用。

③宜先插入锚杆然后注浆,注浆宜采用孔底注浆法。注浆管应插至距孔底 50~100 mm,随水泥砂浆的注入逐渐拔出,注浆压强宜不小于 0.2 MPa。

④注浆管端部至孔底的距离宜不大于 200 mm。注浆及拔管过程中,注浆管口应始终埋入注浆液面内,并在水泥浆液从孔口溢出后停止注浆。注浆后,当浆液液面下降时,应进行孔口补浆。

⑤采用二次压力注浆工艺时,终止注浆的压力应不小于 1.5 MPa。

⑥锚杆长度小于 3 m 时,可采用先注浆后插锚杆的工艺施工。

⑦锚杆安装后,不得敲击、摇动。普通砂浆锚杆在灌浆后 3 d 内不得扰动。

5)锚杆施工质量

锚杆施工质量应符合表 7.19 的规定。

表 7.19 锚杆施工质量标准

项次	检查项目		规定值或允许偏差	检查方法和频率
1	注浆强度(MPa)		在合格标准内	按《公路工程质量检验评定标准 第一册 土建工程》(JTG F80/1—2017)附录 F 或附录 M 检查
2	钻孔深度(mm)		≥设计值	尺量:逐孔测
3	钻孔直径(mm)		±10(设计直径≥60),±5(设计直径<60)	卡尺:逐孔测
4	孔位(mm)		±50	尺量:逐孔测
5	钻孔倾角(°)		≤3	地质罗盘仪:逐孔测
6	杆体长度(mm)		≥设计值	尺量:逐孔测
7	锚杆插入钻孔深度(mm)	预应力	不小于设计长度的 97%	尺量:逐孔测
		非预应力	不小于设计长度的 98%	尺量:逐孔测
8	锚杆抗拔力(kN)		抗拔力平均值≥设计值,最小抗拔力≥设计值的 90%	抗拔力试验:锚杆数的 5%,且不少于 3 根

7.4.3 预应力锚索施工

1)锚索制作

①不得使用有机械损伤、电弧烧伤和严重锈蚀的钢绞线。制作前应对钢绞线进行清污、除锈处理。不得将钢绞线及锚索直接堆放在地面或露天储存,避免受潮、受腐蚀。

②锚索束制作宜在现场厂棚内进行,应随制作随安装,避免长期存放。

③锚索的长度应根据钻孔的实际深度确定,钢绞线应采用机械切割下料,不允许接长。

④制作好的锚索应按设计进行编号。

2)锚索安装

①施工前应按设计要求进行锚索的锚固性能试验,确定施工工艺。

②锚固段锚索束应按设计安装。安装过程中钢绞线应均匀排列、平直。

③锚索入孔前,应校对锚索编号与孔号是否一致。

④锚索束应顺直地安放在钻孔中心。

⑤锚索安装后应及时注浆。注浆后 3 d 内不得在锚索端部放置重物。

3)锚索张拉

①张拉设备应按规定进行标定,标定间隔期宜不超过 6 个月或张拉 200 次。拆卸检修的张拉设备或压力表经受强烈撞击后,必须重新标定。

②砂浆强度达到设计规定的允许张拉强度前不得进行张拉。

③张拉应采用张拉应力、伸长量双控。当实际伸长值大于设计伸长值的 10% 或小于 5% 时应停止张拉,进行锁定。

④锚索锁定后,在注浆锚固前若发现有明显的预应力松弛时,应查找原因,并进行补偿张拉。

4)预应力锚固防护施工质量

边坡预应力锚固防护施工质量应符合表 7.20 的规定。

表 7.20   预应力锚固防护施工质量标准

项次	检查项目	规定值或允许偏差	检查方法和频率
1	锚索张拉应力	满足设计要求	查油压表:逐根(束)检查
2	张拉伸长率	满足设计要求;设计未要求时为±6%	尺量:逐根(束)检查
3	断丝、滑丝数	每束 1 根,且每断面不超过钢丝总数的 1%	目测:逐根(束)检查

5)封锚

注浆完成后,应及时对锚固端按设计要求进行封闭保护或防腐处理。封锚应采用与结构或构件同强度的混凝土。长期外露的锚具应采取防锈措施。

预应力锚索施工如图 7.27 所示。

图 7.27   预应力锚索施工

任务 7.5　抗滑桩

7.5.1　一般规定

抗滑桩施工应详细了解工程地质资料,并做好以下工作:

①施工前,应采取卸载、反压、排水等措施使滑坡体保持基本稳定,严禁在滑坡急剧变形阶段进行抗滑桩施工。

②施工期间,应根据实际地质情况考虑开挖时的预加固措施。

③应整平孔口地面,设置地表截、排水及防渗设施。

④应设置滑坡变形、移动监测点,并进行连续观测。

⑤雨期施工时,应在孔口搭设雨棚,做好锁口;孔口地面上应加筑适当高度的围埝。

⑥施工过程中,应对地下水位、滑坡体位移和变形进行监测。

⑦应加强坡体排水,定期疏导排水管,防止地下水赋存于坡体内部。

⑧锚固桩上部设有多排锚索时,应在上一排锚索施工完成后再开挖下一层的桩前土体。

7.5.2　开挖及支护

①相邻桩不得同时开挖,开挖桩群应从两端沿滑坡主轴间隔开挖,桩身强度达到设计强度的 75%后方可开挖邻桩。

②开挖应分节进行,分节不宜过长,每节宜为 0.5~1.0m。不得在土石层变化处和滑动面处分节。

③应开挖一节、支护一节。灌注前应清除孔壁上的松动石块、浮土。围岩松软、破碎、有水时,护壁宜设泄水孔。

④开挖应在上一节护壁混凝土终凝后进行,护壁混凝土模板的支撑应在混凝土强度达到能保持护壁结构不变形后方可拆除。

⑤在围岩松软、破碎和有滑动面的节段,应在护壁内顺滑动方向设置临时横撑加强支护,并观察其受力情况,及时进行加固。

⑥开挖时应采取照明、排水等措施,保证施工安全。

⑦挖除的渣土弃渣不得堆放在滑坡范围内。

⑧桩基开挖过程中,应随时核对滑动面情况,及时进行岩性资料编录。其实际情况与设计不符时,应及时反馈处理。

7.5.3　桩身混凝土施工

①灌注前,应检查断面净空,清洗混凝土护壁。

②钢筋笼搭接接头不得设在土石分界和滑动面处。钢筋保护层厚度应满足设计要求。

③灌注应连续进行,不得中断。

图 7.28 所示为抗滑桩施工。

图 7.28　抗滑桩施工

7.5.4　桩板式抗滑挡墙

①桩间支挡结构及与桩相邻的挡土、排水设施等,均应按设计要求与抗滑桩正确连接,配套完成(图 7.29)。

②挡土板应在桩身混凝土达到设计强度后安装。挡土板安装时,应边安装边回填,并做好挡土板后排水设施。

③桩间采用土钉墙或喷锚支护时,桩间土体应分层开挖、分层加固。

④应严格控制墙背填土的压实度,压实时应保护好锚索。

图 7.29　桩板式抗滑挡墙

7.5.5　抗滑桩施工质量

抗滑桩施工质量应符合表 7.21 的规定。

表 7.21　抗滑桩施工质量标准

项次	检查项目	规定值或允许偏差	检测方法和频率
1	混凝土强度(MPa)	在合格标准内	按《公路工程质量检验评定标准 第一册 土建工程》(JTG F80/1—2017)附录 D 检查
2	桩长 H(m)	≥设计值	测绳:每桩测量

续表

项次	检查项目		规定值或允许偏差	检测方法和频率
3	孔径或断面尺寸(mm)		≥设计值	探孔器或尺量:每桩检测
4	桩位(mm)		+100	全站仪:每桩检测
5	竖直度(mm)	钻孔桩	1%H,且≤500	测壁仪或吊垂线:每桩检查
		挖孔桩	0.5%H,且≤200	铅垂线:每桩检查
6	钢筋骨架底面高程(mm)		±50	水准仪:每桩测骨架顶面高程后反算

注:H 为桩长。

【案例】 背景材料:在某山岭区进行一级公路道路土方路堤填筑时,由于横断面现状地形与设计图偏差较大,且填料较松散,为保证路堤边坡稳定,施工方提出在此处增设一段重力式挡土墙。设计方现场勘察后认为,适于此地的挡土墙应为加筋土挡土墙,其主要原因是地基承载力不够。

【问题】

(1)简要叙述重力式挡土墙的类型及特点。

(2)设置加筋土挡土墙的理由是否合理?简述其施工工序。

【参考答案】

(1)重力式挡土墙按墙背形式可分为仰斜、俯斜、垂直、凸形折线和衡重式 5 种。

①仰斜墙背所受的土压力较小,用于路堑墙时,墙背与开挖面边坡较贴合,因而开挖量和回填量均较小,但墙后填土不易压实,不便施工,适用于路堑墙及墙趾处地面平坦的路肩墙或路堤墙。

②俯斜墙背所受土压力较大,其墙身截面较仰斜墙背的大,通常在地面横坡陡峻时,借助陡直的墙面,俯斜墙背可做成台阶形,以增加墙背与填土间的摩擦力。

③垂直墙背的特点,介于仰斜和俯斜墙背之间。

④凸形折线墙背由仰斜墙背演变而来,上部俯斜、下部仰斜,以减小上部截面尺寸,多用于路堑墙,也可用于路肩墙。

⑤衡重式墙背在上下墙间设有衡重台,利用衡重台上填土的重量使全墙重心后移,增加了墙身的稳定。因采用陡直的墙面,且下墙采用仰斜墙背,因而可以减小墙身高度,减少开挖工作量,适用于山区地形陡峻处的路肩墙和路堤墙,也可用于路堑墙。由于衡重台以上有较大的容纳空间,上墙墙背加缓冲墙后,可作为拦截崩坠石之用。

(2)设置加筋土挡墙的理由合理。

加筋土挡土墙一般包括下列工序:基槽(坑)开挖、地基处理、排水设施、基础浇(砌)筑、构件预制与安装、筋带铺设、填料填筑与压实、墙顶封闭等。

小结

坡面防护施工前,应对边坡进行修整,清除边坡上的危石及不密实的松土,修整后的坡面应大面平整、排水顺畅,与周围自然地形协调。路基防护工程宜与路基挖填方工程紧密、合理衔接,应开挖一级、防护一级。坡面防护层应与坡面密贴结合,不得留有空隙。沿河路基防护工程基础应埋设在局部冲刷线以下不小于 1 m 或嵌入基岩内。导流构造物施工前,应根据现场具体情况,采取相应措施,避免冲刷农田、村庄、公路和下游路基。挡土墙、边坡锚固防护、抗滑桩施工应符合设计及相关规范、标准的要求。

能力训练及习题

一、能力训练

工程概况:某高速公路 K1+240—K1+280 段右侧挡土墙为衡重式路肩墙,本段挡土墙平面位于直线上,基坑开挖:挖土方量为 130.5 m³,挖石方量为 390 m³,挡土墙的基础与墙身共 588 m³,均采用 C15 混凝土现浇,沉降缝采用沥青麻絮填塞 55 m。高出原地面 30 cm 开始设置第 1 排泄水孔,泄水管采用 ϕ6 mm 的 PVC 管,每 2~3 m 设置 1 排,交错布置,设计地基承载力 250 kPa,墙背回填采用当地江边的砂砾石回填。衡重式路肩墙典型断面如图 7.30 所示。

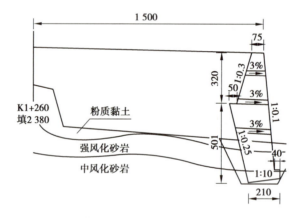

图 7.30 衡重式路肩墙典型断面图(单位:cm)

任务:以 4~6 人为 1 组,分组讨论该衡重式路肩墙的施工要点,小组派代表进行分享。

二、习题

(一)选择题(请把正确的选项填在括号里)

1.依靠自身重力来维持土压力作用下自身稳定性的挡土墙是( )。

A.悬臂式挡土墙   B.重力式挡土墙

C.锚杆挡土墙   D.锚定板挡土墙

2.下列防护设施属于间接防护的是( )。

A.浆砌片石护坡   B.植物防护

C.丁坝   D.石笼防护

(二)判断题(正确的打"√",错误的打"×")

1.加筋土挡土墙适合在路堑边坡使用。   (   )

2.抗滑桩开挖时,相邻桩不得同时开挖。   (   )

3.悬臂式挡土墙施工时,在基础混凝土达到设计强度 50% 后,才能安装预制墙板。

(　　)

(三)简答题

1.三维植物网防护施工应符合哪些规定?

2.浆砌片石护坡施工应注意哪些方面?

3.浆砌片石护面墙施工应符合哪些规定?

4.丁坝防护施工应符合哪些规定?

5.重力式挡土墙基础施工应符合哪些规定?

6.桩板式抗滑挡墙施工应符合哪些规定?

模块 8　安全施工与环境保护

【知识目标】了解安全施工的要点;理解防火、用电、照明和通风要求;掌握路堑开挖、路基填筑、支护结构安全施工要点,环境保护要点。

【能力目标】具备对施工过程的各个环节进行较严格的安全控制能力。

【素质目标】具有安全意识、环保意识、规范意识及社会责任。

任务 8.1　安全施工

8.1.1　安全施工的一般规定

①施工单位应建立健全安全生产管理体系,设置安全管理机构,配备专职安全管理人员,制订安全生产规章制度,落实安全生产责任制,对施工安全管理、施工安全技术和施工安全作业进行全过程、全方位管理与控制。

②从业人员应熟悉有关安全生产法律法规和技术规范,经培训合格方可上岗。从事特殊作业人员,应经过专业培训,并取得相应资格后持证上岗。施工作业人员必须遵守本工种的各项安全技术操作规程。

③施工单位在工程开工前,应进行现场调查,根据施工地段的地形、地质、水文、气象以及环境条件,结合设计文件和施工方案,制订安全保障措施。在施工中,应及时掌握气温、雨雪、风暴、汛情和地质灾害等相关信息,并根据周围环境条件的变化,做好防范和应急工作。

④应掌握施工影响范围内既有道路、结构物、设施、地下和空中的各种管线情况,制订安全保障措施,保证既有结构物和设施的安全。施工期间,施工单位应对影响范围内的既有结构物或设备进行监测,发现异常及时采取措施。

⑤同一工点有多个单位同时施工或不同专业交叉作业时,应共同拟订现场安全技术措施,签订安全生产管理协议。

⑥路基施工前,应根据工程特点和施工环境进行危险源辨识。对重大危险源,应编制应急预案,成立应急组织,配备应急物资,并按规定组织培训和演练。

⑦对高边坡等高风险工程,应按要求进行施工安全风险评估,编制风险评估报告,并进行现场监控。

⑧公路工程施工必须遵守国家有关劳动保护的法规,改善施工条件,为从业人员配备必要的安全防护用品和用具,并定期更换。

⑨从业人员在施工作业区域内,应正确使用安全防护用品和用具。

⑩路基施工前,应逐级进行安全技术交底。交底内容应包括安全技术要求、风险状况和应急处置措施等。

⑪路基施工前,应全面检查施工现场、机具设备及安全防护设施等,施工条件应符合安全要求。用于临时设施受力构件的周转材料,使用前应进行材质检验。

⑫施工单位应在施工现场及其管辖范围内根据作业对象及其特点和环境状况,设置安全防护设施。安全防护设施应坚固,安全警示标志应醒目。必要时,宜设置夜用警示灯或反光标识。施工现场的安全防护设施必须设专人管理,随时检查,保持其完整性和有效性。

⑬爆破作业、边坡防护作业、挡土墙施工、锚杆和锚索预应力张拉、人工挖孔作业及拆除作业等危险场所,应按规定设置警戒区,并采取必要的安全防护措施。

⑭施工现场暂时停止施工的,施工单位应做好现场防护。

8.1.2　防火、用电、照明和通风

①施工临时用房、临时设施、生产区、办公区的防火间距应符合《建设工程施工现场消防安全技术规范》(GB 50720—2011)的相关要求。施工场地和生活区域应按国家有关规定配置消防设施和器材,设置消防安全标志。

②施工现场的临时用电应符合《公路工程施工安全技术规范》(JTG F90—2015)的相关规定。

③施工现场应有保证施工安全要求的照明设施。

④人工开挖抗滑桩桩孔、人工开挖渗水井和人工开挖排水隧洞以及在采空区或溶洞内实施砌石加固作业时,应符合下列规定:

a.在地下有限空间内作业,现场应配备气体浓度检测仪器,并满足《缺氧危险作业安全规程》(GB 8958—2006)的相关要求。

b.作业人员进入地下有限空间之前,应预先通风 15 min,并经检测孔内空气符合《环境空气质量标准》(GB 3095—2012)规定的三级标准浓度限值。人工开挖或砌筑作业期间,应持续通风。现场应至少备用 1 套设备。

c.在含有毒有害气体的地区,地下空间内作业应至少每 2 h 检测一次有毒有害气体及含氧量,保持通风,同时应配备不少于 5 套且满足施救需要的隔绝式压缩氧自救器等应急救援器材。

d.在地下空间内实施爆破时,应待孔内炮烟、粉尘消散后或经通风,使炮烟、粉尘全部排除后,再入孔作业。

8.1.3　路堑、基坑和沟槽开挖

①开挖之前,应按施工组织设计对结构物、既有管线、排水设施实施迁移或加固。施工中,应经常检查、维护加固部位,保持设施的安全运行。对在施工范围内可不迁移的地下管线等地下设施,应确定其地下位置和分布范围,设置警示标志,并采取保护措施。

②路堑开挖过程中,应设专人对作业面及施工影响范围内岩土体的稳定性进行监测和巡查,监测人员的位置应在落石、滑坡体危险区域之外。发现异常应立即停工,撤离机具和

人员,并及时采取安全措施。图8.1所示为挖掘机被边坡上滚下来的岩石压住。

③开挖结构物基坑时,应根据土质、水文和开挖深度等选择安全的边坡坡度或支撑防护。当基坑开挖深度较大或边坡稳定性差时,应分段、跳槽开挖。在施工过程中,应观察或按规定监测作业面周围岩土体的稳定性,发现问题及时采取相应的处理措施。在坑槽边临时堆放弃土或材料时,应控制弃土或材料与坑槽边缘的距离及堆放高度,不得影响基坑边坡的稳定。机械在基坑周围作业和行驶不得影响施工安全。

④机械挖掘时,应避开既有结构物和管线,严禁碰撞。严禁在距既有直埋缆线2 m范围内和距各类管道1 m范围内采用大型机械开挖作业。在既有结构物和管线附近作业时,宜有专人现场监护。

⑤开挖中,遇文物、爆炸物、不明物和原设计图纸与管理单位未标注的地下管线、构筑物时,必须立即停止施工,保护现场,向上级报告,并和有关管理单位联系,研究处理措施。经妥善处理,确认安全并形成文件后,方可恢复施工。

⑥爆破作业应符合下列规定:

a.从事爆破工作的爆破员、安全员、保管员应按有关规定经过专业机构培训,并取得相应的从业资格。

b.爆破(图8.2)作业和爆破器材的采购、运输、储存和使用应按《民用爆炸物品安全管理条例》《爆破安全规程》(GB 6722—2014)及《小型民用爆炸物品储存库安全规范》(GA 838—2009)的有关规定执行。

图8.1　挖掘机被岩石压住

图8.2　石方爆破

c.对岩石边坡坡率为1∶0.1~1∶0.75的路堑,必须采用光面爆破。城市、风景名胜区及重要工程设施附近的路堑爆破应采用控制爆破技术。

⑦沟槽开挖深度超过2 m时,其边缘上面作业应按高处作业要求进行安全防护并设置警告标志。开挖沟槽位于现场通道或居民区附近时,应设置安全护栏,夜间应设置警示灯。

8.1.4　路堤和路床填筑

①路堤施工应先做好临时防水、排水系统。路基基底、坡脚及影响路基稳定的范围内不得积水浸泡。傍山修筑路堤时,应防止地表水、地下水渗入路堤结构各部位。

②使用振动压路机碾压路基前,应对附近地上和地下结构物、管线可能造成的振动影响进行分析,确认安全。

③填土地段与架空线路之间的安全距离应符合《施工现场临时用电安全技术规范》(JGJ

46—2005)的有关规定。

④路基下存在管线时,管顶以上 0.5 m 范围内不得用压路机碾压。采用重型压实机械压实或有重车在回填土上行驶时,管道顶部以上应铺设一定厚度的压实填土。填土最小厚度应根据机械和车辆的质量与管道的设计承载力等情况,经计算确定。

⑤填方作业区边缘应设明显的警示标志。图 8.3 所示为压路机在碾压路堤边缘时,存在滚下边坡的安全隐患。

图 8.3　压路机滑移到路堤边坡上

8.1.5　支护结构施工

①在边坡上或基坑内作业之前,应首先检查边坡或坑壁的稳定状况。对影响施工安全的危岩、危石、松动土石块应予清除,或采取必要的防护措施。

②作业高度超过 1.2 m 时,应设置脚手架。脚手架应通过专业设计,必须进行强度、刚度及稳定性等方面的验算,并符合《公路工程施工安全技术规范》(JTG F90—2015)的相关规定。高的脚手架平台应采用锚杆锚固在岩壁上。脚手架搭建经验收合格后,方可使用。施工过程中,应经常检查脚手架,发现松动、变形或沉陷应及时加固。

图 8.4　高边坡脚手架搭设

③挡土墙高度超过 2 m 时,应按《公路工程施工安全技术规范》(JTG F90—2015)高处作业要求进行安全防护。

④砌筑作业时,脚手架下不得有人作业或停留,不得重叠作业(图 8.4)。不得采用顺坡滚落或抛掷传递的方式运送材料。

⑤用提升架运送石料时,应有专人指挥和操作,严禁超负荷运行。严禁使用提升架载人。临时起吊设备的制作、安装必须符合国家相关规定。

⑥预制构件安装前,应根据现场条件制订详细的吊装方案,所有起重设备必须符合国家关于特种设备的安全管理规定。

⑦喷浆作业应按自上而下顺序施做。喷浆作业时应密切注意压力表变化,出现异常时,必须停机、断电、停风,并及时排除故障。作业区内严禁在喷浆嘴前方站人。处理堵管时,作业人员应紧握喷嘴,防止管道甩动伤人。管道有压力时不得拆卸管接头。

⑧锚杆和锚索钻孔施工,吹孔时作业人员应站在孔的侧边,以防吹出泥水、砂土伤人。

⑨张拉作业区域应设为警戒区。张拉作业平台应稳固,张拉设备必须安装牢固。张拉过程中操作人员不得离岗,千斤顶旁严禁站人。

8.1.6 公路工程施工安全事故等级划分与报告的规定

根据《生产安全事故报告和调查处理条例》(中华人民共和国国务院第 493 号令),公路工程施工安全事故报告的规定如下(节选):

第三条 根据生产安全事故(以下简称事故)造成的人员伤亡或者直接经济损失,事故一般分为以下等级:

(一)特别重大事故,是指造成 30 人以上死亡,或者 100 人以上重伤(包括急性工业中毒,下同),或者 1 亿元以上直接经济损失的事故;

(二)重大事故,是指造成 10 人以上 30 人以下死亡,或者 50 人以上 100 人以下重伤,或者 5 000 万元以上 1 亿元以下直接经济损失的事故;

(三)较大事故,是指造成 3 人以上 10 人以下死亡,或者 10 人以上 50 人以下重伤,或者 1 000 万元以上 5 000 万元以下直接经济损失的事故;

(四)一般事故,是指造成 3 人以下死亡,或者 10 人以下重伤,或者 1 000 万元以下直接经济损失的事故。

国务院安全生产监督管理部门可以会同国务院有关部门,制定事故等级划分的补充性规定。

本条第一款所称的"以上"包括本数,所称的"以下"不包括本数。

第九条 事故发生后,事故现场有关人员应当立即向本单位负责人报告;单位负责人接到报告后,应当于 1 小时内向事故发生地县级以上人民政府安全生产监督管理部门和负有安全生产监督管理职责的有关部门报告。

情况紧急时,事故现场有关人员可以直接向事故发生地县级以上人民政府安全生产监督管理部门和负有安全生产监督管理职责的有关部门报告。

第十条 安全生产监督管理部门和负有安全生产监督管理职责的有关部门接到事故报告后,应当依照下列规定上报事故情况,并通知公安机关、劳动保障行政部门、工会和人民检察院:

(一)特别重大事故、重大事故逐级上报至国务院安全生产监督管理部门和负有安全生产监督管理职责的有关部门;

(二)较大事故逐级上报至省、自治区、直辖市人民政府安全生产监督管理部门和负有安全生产监督管理职责的有关部门;

(三)一般事故上报至设区的市级人民政府安全生产监督管理部门和负有安全生产监督管理职责的有关部门。

安全生产监督管理部门和负有安全生产监督管理职责的有关部门依照前款规定上报事故情况,应当同时报告本级人民政府。国务院安全生产监督管理部门和负有安全生产监督管理职责的有关部门以及省级人民政府接到发生特别重大事故、重大事故的报告后,应当立即报告国务院。

必要时,安全生产监督管理部门和负有安全生产监督管理职责的有关部门可以越级上报事故情况。

第十一条 安全生产监督管理部门和负有安全生产监督管理职责的有关部门逐级上报

事故情况,每级上报的时间不得超过 2 小时。

第十二条 报告事故应当包括下列内容:

(一)事故发生单位概况;

(二)事故发生的时间、地点以及事故现场情况;

(三)事故的简要经过;

(四)事故已经造成或者可能造成的伤亡人数(包括下落不明的人数)和初步估计的直接经济损失;

(五)已经采取的措施;

(六)其他应当报告的情况。

第十三条 事故报告后出现新情况的,应当及时补报。

自事故发生之日起 30 日内,事故造成的伤亡人数发生变化的,应当及时补报。道路交通事故、火灾事故自发生之日起 7 日内,事故造成的伤亡人数发生变化的,应当及时补报。

第十四条 事故发生单位负责人接到事故报告后,应当立即启动事故相应应急预案,或者采取有效措施,组织抢救,防止事故扩大,减少人员伤亡和财产损失。

第十五条 事故发生地有关地方人民政府、安全生产监督管理部门和负有安全生产监督管理职责的有关部门接到事故报告后,其负责人应当立即赶赴事故现场,组织事故救援。

第十六条 事故发生后,有关单位和人员应当妥善保护事故现场以及相关证据,任何单位和个人不得破坏事故现场、毁灭相关证据。因抢救人员、防止事故扩大以及疏通交通等原因,需要移动事故现场物件的,应当做出标志,绘制现场简图并做出书面记录,妥善保存现场重要痕迹、物证。

第十七条 事故发生地公安机关根据事故的情况,对涉嫌犯罪的,应当依法立案侦查,采取强制措施和侦查措施。犯罪嫌疑人逃匿的,公安机关应当迅速追捕归案。

第十八条 安全生产监督管理部门和负有安全生产监督管理职责的有关部门应当建立值班制度,并向社会公布值班电话,受理事故报告和举报。

任务 8.2　环境保护

在建设工程项目实施过程中,必须考虑施工方案对环境与可持续发展的影响,尊重自然、顺应自然、保护自然。

8.2.1　环境保护一般规定

①路基施工应遵守国家土地管理、水土保持、环境保护、生态保护、资源利用、能源利用、循环经济的有关法律法规,合理利用资源和能源,控制污染,保护环境。

②工程开工前,应对施工现场的地形、地质、水文、气象、生态环境条件以及既有结构物状况进行调查,根据国家有关建设项目环境保护管理的规定以及节约资源、节约能源、减少排放等相关法规和技术标准,结合工程特点、设计要求和施工环境,编制并实施工程施工环境保护措施与节能减排技术方案。

③公路路基施工组织设计,应结合工程实际按环境保护设计的各项要求,针对施工中可

能造成的环境破坏和不利影响制订具体防治措施和方案,并实施。

④路基施工中,应重视对农田水利和环境的保护,节约土地,少占耕地,临时占用土地应及时做好复垦工作。

⑤自然保护区、森林、草原、湿地及风景名胜区的路基施工方案,应有利于生态和生态恢复。

⑥施工机械设备选型应符合环保规定,首选低噪声、低振动、低排放的节能环保型机械设备。在使用中应定期保养、维护,减少油料跑、冒、滴、漏对环境的影响。

8.2.2 生态保护与生态恢复

①路基施工前应对沿线生态环境进行调查,评价施工对生态环境可能造成的影响。

②路堤填筑、路堑开挖及取弃土,均应根据路基施工进度有计划地进行表土剥离,并进行保存。表土最小剥离厚度应根据国家现行环境保护标准相关规定确定。表土堆存高度应不超过2 m,必要时应采取设置排水沟等相应保护措施,防止水土流失。

③施工前,应根据环境保护标准相关规定采取相应措施对位于路基范围内的珍稀植物进行保护。

④公路通过林地时,应注意保护用地范围以内的林木,并严格控制林木的砍伐数量,严禁砍伐道路用地范围之外不影响行车安全的林木。

⑤公路经过草原和草甸时,应注意保护腐殖土和地表植被,限制路侧取土。取土场和弃土场宜选择在植被生长差的地方,集中设置。

⑥公路经过湿地时,施工废料暂时放置在湿地之外,施工结束后应及时处理。

⑦在草、木密集的地区施工时,应遵守护林防火规定。

⑧在国家或地方重点保护野生动物出没路段进行路基施工时,应设置预告、禁止鸣笛等标志,并应根据野生动物的种类、习性及迁徙季节、路线和活动规律,合理安排施工计划,为动物横向过路设置必要的通道。

⑨生态恢复应符合下列规定:

a.取弃土工程结束后,取弃土场应及时进行必要的回填、整平、压实,地面坡度一般应小于5°,并利用储存的表土进行复垦。施工结束后应对开挖面恢复植被。

b.公路施工结束后,应对施工临时占地、施工营地、临时道路、设备及材料堆放场地等进行有计划的复垦。复垦后,应尽量保持原有地貌和景观。原属性为农田的应复耕。

c.项目区的裸露地,适应种植林草的应恢复植被。

8.2.3 水资源保护与废弃物污染控制

①在施工及生活区域应设置相应的场地堆放生产及生活废弃物,并定期处理。污水处理产生的污泥,应运至指定堆放场地。

②生产污水和生活污水不得随意排放。施工过程中,各种排水沟渠的水流不得直接排放到饮用水源、农田、鱼塘中。

③在岩溶水发育地段,路基修筑不应切断岩溶(地下和地表)水的径流通道,不得造成阻水、滞水或农田缺水。

④严禁采用有害物质超标的工业废渣作为路基填料。

8.2.4　空气污染控制

①路基施工过程中应采取措施控制废气排放和扬尘,并应符合国家环境空气质量标准的相关规定。

②路基施工堆料场、拌和站、材料加工厂等宜设于主要风向的下风处的空旷地区,远离居民区和学校。当无法满足上述要求时,应采取必要的环保措施。

③施工便道应采取洒水降尘措施(图 8.5)。在便道与既有道路交会口处应设专人负责清扫和管理。

④粉状材料运输、堆放和使用,应符合下列规定:

图 8.5　洒水车洒水控制扬尘

a.粉状材料运输应采取防止材料散落或扬尘污染措施。干粉状材料宜采用袋装或罐装方式运输。

b.粉煤灰、石灰等材料不应露天堆放。

c.采用粉状材料作为路基填料或对路基填料进行现场改良施工,应避免在大风天作业,并应采取有效措施防止粉尘污染。

⑤不得焚烧生活和生产垃圾。场地清理时,不得焚烧杂草和树木。

8.2.5　噪声和振动控制

①公路施工组织设计应对环境敏感点附近路段施工期间产生强噪声辐射的施工机械作业时间、施工方式等做出规定。施工场界声级应符合《建筑施工场界环境噪声排放标准》(GB 12523—2011)的规定。

②在居民聚集区或噪声敏感区,因特殊需要必须连续作业且在施工过程中场界环境噪声有可能超过排放标准的,应制订环境噪声污染防治措施。

③强振机械设备宜采取消声、隔音、安装减振衬垫等减振降噪技术措施。

④在居民聚居区或其他振动敏感建筑物附近进行强夯、冲击压实施工作业时,应对可能造成危害的建筑物进行监控,并采取振动隔离措施。

⑤爆破作业点距敏感建筑物近时,应采取控制爆破炸药用量和控制开挖进尺数量的措施来减轻振动。

8.2.6　文物保护

①在文物保护区周围进行施工时,应制订相应的保护措施,严禁损毁文物古迹。

②施工中发现文物时,应暂停施工,保护好现场,并立即报告当地文物管理部门研究处理,不得隐瞒不报或私自处理。

小结

施工单位在工程开工前,应进行现场调查,根据施工地段的地形、地质、水文、气象以及环境条件,结合设计文件和施工方案,制订安全保障措施。从事爆破工作的爆破员、安全员、保管员应按有关规定经过专业机构培训,并取得相应的从业资格。施工现场应设置醒目的安全、警示标志和安全防护设施。路基施工应遵守国家土地管理、水土保持、环境保护、生态保护、资源利用、能源利用、循环经济的有关法律法规,合理利用资源和能源,控制污染,保护环境,并做好文物保护工作。

能力训练及习题

一、能力训练

背景材料:2021 年 8 月 25 日 13 时 26 分,某公路施工危险化学品仓库发生特大爆炸事故。爆炸引起大火,1 h 后着火区发生第二次强烈爆炸,造成更大范围的火灾。直到次日凌晨 5 时,才扑灭这场大火。经事故调查,专家组认定仓库违章改做化学危险品仓库以及仓库内化学危险品违章存放是事故的主要原因;仓库 4 号仓内混存的氧化剂和还原剂接触是事故的直接原因。

任务:分组讨论并分析该仓库存在的危险危害因素有哪些? 应采取哪些措施来控制危险危害因素转化为事故?

二、习题

(一)选择题(请把正确的选项填在括号里)

1.(   )须逐级上报至省、自治区、直辖市人民政府安全生产监督管理部门和负有安全生产监督管理职责的有关部门。

A.特别重大事故   B.重大事故   C.较大事故   D.一般事故

2.在含有毒有害气体的地区,地下空间内作业应至少每(   )检测一次有毒有害气体及含氧量,保持通风。

A.1 h   B.2 h   C.3 h   D.4 h

(二)判断题(正确的打"√",错误的打"×")

1.施工中发现文物时可以私自处理。   (   )

2.施工过程中,各种排水沟渠的水流不得直接排放到饮用水源、农田、鱼塘中。   (   )

3.路基施工堆料场、拌和站、材料加工厂等宜设于主要风向的上风处的空旷地区。

(   )

(三)简答题

1.公路工程施工安全事故等级是如何划分的?

2.公路工程施工安全事故报告应包括哪些内容?

3.简述水资源保护与废弃物污染控制要点。

4.简述空气污染控制要点。

5.在文物保护区周围进行施工时,应注意哪些方面?

模块 9　路基整修与验收

【知识目标】了解公路工程交工验收应具备的条件、交工验收的组织;理解交工验收和竣工验收的区别;掌握路基整修的内容和要求,公路工程交工验收的依据、程序、主要工作内容。

【能力目标】能进行项目的质量评定。

【素质目标】具有质量意识、规范意识、法律意识。

千里之堤,溃于蚁穴。施工单位需要严格按照施工规范进行施工。仅仅依靠施工单位的自觉性是不够的,因此需要从制度上规定施工的验收程序,让施工单位、监理单位和建设单位充分履行各自职责,从源头上严格把关。

任务 9.1　路基整修

路基工程完工交接验收前,应对外观质量进行整修,对局部缺陷进行处理。路基表层的整修,应根据质量缺陷的具体情况采用合理的方案与工艺。补填的土层压实厚度应不小于100 mm,压实后表面应平整,不得松散、起皮。整修后的坡面应顺适、美观、牢固,坡度应满足设计要求。防护与支挡工程应检查泄水孔是否有遗漏和是否通畅,结构物是否有变形位移等,如有质量缺陷应进行处理。排水系统的沟、槽表面应整齐,沟底应平整,排水应畅通不渗漏,如有质量缺陷应进行处理。应对临时工程和设施进行合理处置,使之与自然环境协调。

任务 9.2　路基交接验收

①分项工程、分部工程、单位工程完成后,应按有关规定进行中间交接检查验收。

②路基交接验收前应恢复施工段内的导线点、水准点,以及验收中要求和可能需要的其他标志桩。

③路基交接验收前应按《公路路基施工技术规范》(JTG /T 3610—2019)及《公路工程质量检验评定标准　第一册　土建工程》(JTG F80/1—2017)的要求进行自检。自检合格后,编制符合要求的交接资料,申请进行交接验收。

任务 9.3   路基竣(交)工验收

9.3.1   一般规定

①路基竣(交)工验收应按交通运输部有关规定和《公路工程质量检验评定标准　第一册　土建工程》(JTG F80/1—2017)的有关规定执行。

②设计文件和规范要求进行监测的项目,应按要求进行跟踪监测。

9.3.2   《公路工程竣(交)验收办法实施细则》(交公路发〔2010〕65号)节选

①交工验收阶段主要工作是:检查施工合同的执行情况,评价工程质量,对各参建单位工作进行初步评价。竣工验收阶段主要工作是:对工程质量、参建单位和建设项目进行综合评价,并对工程建设项目作出整体性综合评价。

②公路工程竣工验收应具备以下条件:

a.通车试运营2年以上。

b.交工验收提出的工程质量缺陷等遗留问题已全部处理完毕,并经项目法人验收合格。

c.工程决算编制完成,竣工决算已经审计,并经交通运输主管部门或其授权单位认定。

d.竣工文件已完成"公路工程项目文件归档范围"的全部内容。

e.档案、环保等单项验收合格,土地使用手续已办理。

f.各参建单位完成工作总结报告。

g.质量监督机构对工程质量检测鉴定合格,并形成工程质量鉴定报告。

③有关竣工验收的程序、内容等详见《公路工程竣(交)工验收办法实施细则》(交公发〔2010〕65号)。

④交工验收前应恢复施工段内的导线点、水准点,以及验收中要求和可能需要的其他标志桩。

⑤交工验收前应按照《公路路基施工技术规范》(JTG/T 3610—2019)及《公路工程质量检验评定标准　第一册　土建工程》(JTG F80/1—2017)的要求进行自检,自检合格后,编制符合要求的交工资料,申请进行交工验收。

⑥各合同段交工验收工作所需的费用由施工单位承担。整个建设项目竣(交)工验收期间,质量监督机构进行工程质量检测所需的费用由项目法人承担。质量监督机构可委托有相应资质的检测机构承担竣(交)工验收的检测工作。

9.3.3   公路工程竣(交)工验收的依据

①批准的项目建议书、工程可行性研究报告。

②批准的工程初步设计、施工图设计及设计变更文件。

③施工许可。

④招标文件及合同文本。

⑤行政主管部门的有关批复、批示文件。

⑥公路工程技术标准、规范、规程及国家有关部门的相关规定。

9.3.4　公路工程交工验收的条件

公路工程交工验收工作一般按合同段进行,并应具备以下条件:

①合同约定的各项内容已全部完成。各方就合同变更的内容达成书面一致意见。

②施工单位按公路工程质量检验评定标准及相关规定对工程质量进行自检合格。

③监理单位对工程质量评定合格。

④质量监督机构按"公路工程质量鉴定办法"对工程质量进行检测,并出具检测意见。检测意见中需整改的问题已经处理完毕。

⑤竣工文件按公路工程档案管理的有关要求,完成"公路工程项目文件归档范围"第三部分(监理资料)、第四部分(施工资料)、第五部分(科研、新技术资料)(不含缺陷责任期资料)内容的收集、整理及归档工作。

⑥施工单位、监理单位完成本合同段的工作总结报告。

9.3.5　交工验收程序

①施工单位完成合同约定的全部工程内容,且经施工自检和监理检验评定均合格后,提出合同段交工验收申请报监理单位审查。交工验收申请应附自检评定资料和施工总结报告。

②监理单位根据工程实际情况、抽检资料以及对合同段工程质量评定结果,对施工单位交工验收申请及其所附资料进行审查并签署意见。监理单位审查同意后,应同时向项目法人提交独立抽检资料、质量评定资料和监理工作报告。

③项目法人对施工单位的交工验收申请、监理单位的质量评定资料进行核查,必要时可委托有相应资质的检测机构进行重点抽查检测,认为合同段满足交工验收条件时应及时组织交工验收。

④对若干合同段完工时间相近的,项目法人可合并组织交工验收。对分段通车的项目,项目法人可按合同约定分段组织交工验收。

⑤通过交工验收的合同段,项目法人应及时颁发"公路工程交工验收证书"。

⑥各合同段全部验收合格后,项目法人应及时完成"公路工程交工验收报告"。

9.3.6　交工验收的主要工作内容

①检查合同执行情况。

②检查施工自检报告、施工总结报告及施工资料。

③检查监理单位独立抽检资料、监理工作报告及质量评定资料。

④检查工程实体,审查有关资料,包括主要产品的质量抽(检)测报告。

⑤核查工程完工数量是否与批准的设计文件相符,是否与工程计量数量一致。

⑥对合同是否全面执行、工程质量是否合格做出结论。

⑦按合同段分别对设计、监理、施工等单位进行初步评价。

9.3.7 交工验收的组织

各合同段的设计、施工、监理等单位参加交工验收工作,由项目法人负责组织。路基工程作为单独合同段进行交工验收时,应邀请路面施工单位参加。拟交付使用的工程,应邀请运营、养护管理等相关单位参加。交通运输主管部门、公路管理机构、质量监督机构视情况参加交工验收。

9.3.8 工程质量评分

合同段工程质量评分采用所含各单位工程质量评分的加权平均值,即工程各合同段交工验收结束后,由项目法人对整个工程项目进行工程质量评定。工程质量评分采用各合同段工程质量评分的加权平均值,即投资额原则使用结算价,当结算价暂时未确定时,可使用招标合同价,但在评分计算时应统一。

9.3.9 质量等级评定

交工验收工程质量等级评定分为合格和不合格,工程质量评分值大于或等于 75 分的为合格,小于 75 分的为不合格。交工验收不合格的工程应返工整改,直至合格。交工验收提出的工程质量缺陷等遗留问题,由项目法人责成施工单位限期完成整改。对通过交工验收的工程,应及时安排养护管理。

【案例】 背景材料:某大型公路改建项目竣工完成后,竣工验收由批准工程设计文件的地方交通主管部门主持,主要是全面考核建设成果,对建设项目进行综合评价,确定工程质量等级。竣工验收主持单位在收到建设单位申请验收报告后,详细核查了交工验收的工程及竣工文件,发现质量有缺陷,未能完全符合设计要求。

【问题】

(1)公路工程验收分为哪两个阶段?

(2)公路工程竣工验收应具备哪些条件?

(3)在交工验收过程中出现的质量缺陷,应该怎样处理?

【参考答案】

(1)公路工程验收分为交工验收和竣工验收两个阶段。

(2)公路工程竣工验收应具备以下条件:

①通车试运营 2 年以上;

②交工验收提出的工程质量缺陷等遗留问题已全部处理完毕,并经项目法人验收合格;

③工程决算编制完成,竣工决算已经审计,并经交通运输主管部门或其授权单位认定;

④竣工文件已完成"公路工程项目文件归档范围"的全部内容;

⑤档案、环保等单项验收合格,土地使用手续已办理;

⑥各参建单位完成工作总结报告;

⑦质量监督机构对工程质量检测鉴定合格,并形成工程质量鉴定报告。

(3)对于在交工验收过程中出现的质量缺陷,由项目法人责成施工单位限期完成整改。

小结

　　路基工程完工交接验收前,应对外观质量进行整修,对局部缺陷进行处理。路基交接验收前应按《公路路基施工技术规范》(JTG/T 3610—2019)及《公路工程质量检验评定标准　第一册　土建工程》(JTG F80/1—2017)的要求进行自检。自检合格后,编制符合要求的交接资料,申请进行交接验收。路基竣(交)工验收应按交通运输部有关规定和《公路工程质量检验评定标准　第一册　土建工程》(JTG F80/1—2017)的有关规定执行。

能力训练及习题

一、能力训练

　　工程概况:重庆 S307 线潼南县城段绕城改线工程路基宽度为 30 m,双向六车道,设计速度为 60 km/h,属于一级公路。路线总长度 7.654 km,路基土石方量为 122.85 万 m³。施工单位已完成路基施工并进行了路基整修,准备进行路基交工验收。

　　任务:以 4~6 人为 1 组,分组讨论该公路路基交工验收期间,施工单位要做些什么工作。小组人员派代表上台进行分享。

二、习题

(一)选择题(请把正确的选项填在括号里)

1.下列不符合竣工验收的条件的是(　　　)。

A.通车试运营 2 个月 B.交工验收提出的质量缺陷全部处理完毕

C.各参建单位完成工作总结报告 D.工程决算编制完成

2.交工验收由(　　　)组织。

A.设计方 B.施工方 C.监理方 D.项目法人

(二)判断题(正确的打"√",错误的打"×")

1.交工验收前,需先由施工方自检合格,再由监理检验合格,才能进行。(　　　)

2.交工验收等级分为优秀、合格、不合格。(　　　)

3.路基工程完工交接验收前,应对外观质量进行整修,对局部缺陷进行处理。(　　　)

(三)简答题

1.路基整修时要注意哪些方面?

2.路基交工验收应具备哪些条件?

3.简述交工验收的程序。

4.交工验收的主要工作内容有哪些?

5.简述交工验收的组织。

6.简述交工验收工程质量等级评定。

下篇 路面施工

模块 10　路面基础知识

【知识目标】了解不同公路等级所采用的路面形式;理解刚性路面、柔性路面;掌握路面的基本要求、路面结构层次与路面类型。

【能力目标】能正确识读路面工程设计图纸。

【素质目标】具有责任意识、质量意识、规范意识。

任务 10.1　路面的基本要求

10.1.1　具有足够的强度和刚度

路面结构应具有足够的强度,以抵抗车轮荷载引起的各个部位的各种压力,如压应力、拉应力、剪应力等,保证不发生压碎、拉断、剪切等各种破坏。

路基路面整体结构或各个结构层应具有足够的刚度,使得在车轮荷载下不发生过量的变形,保证不发生车辙、沉陷或波浪等各种病害。

这里的强度,应该包括修建路面的原材料(如砂石、水泥)等以及复合材料,如水泥混凝土、沥青混凝土和路面结构的强度。

10.1.2　具有足够的稳定性

路面结构是暴露在大自然之中的构造物,它直接受到高温、低温、水、太阳、空气和风的作用、影响,使其力学性能和技术品质发生变化。这里所说的足够稳定性应包括以下内容与要求:

①具有足够的高温稳定性。夏季高温条件下,沥青路面的材料或结构如没有足够的抗高温能力,则会发生泛油、面层发软,甚至产生车辙、波浪和推挤,使结构使用功能下降;水泥路面则可能拱起、开裂。

②具有足够的低温稳定性。冬季低温时,沥青路面的材料或结构如没有足够的抗低温能力,则会因收缩或变脆而开裂。

③具有足够的水温稳定性。在雨季,由于雨水多,如果路面材料和结构没有足够的抗水能力,则其强度将会下降,甚至出现剥离、松散等破坏,砂石路面将会大量出现坑洞、主集料外露、松散等破坏;在冬春季节,在水温因素的综合作用下,路面将会出现冻胀翻浆,造成严重后果。

④具有足够的大气稳定性。太阳的照射、空气中氧气的氧化作用等都会对路面结构和材料产生作用。如果路面材料和结构没有足够的抵抗大气作用的能力,则沥青材料会出现老化而失去原有技术品质,导致沥青路面开裂、剥落,甚至大面积松散破坏。

10.1.3　具有足够的平整度

不平整的路面表面会增大行车阻力,并使车辆产生附加的振动作用和冲击作用,造成行车颠簸,影响行车速度、行车安全和舒适性,会加剧路面和汽车机件的损坏与轮胎磨耗并增大汽油的消耗。因此,要求路面具有与公路等级相应的平整度。

10.1.4　具有足够的抗滑性能

如果路面没有足够的抗滑能力,在雨天高速行车,或紧急制动或突然起动,或爬坡、转弯时,车轮容易产生空转或打滑,可能引起翻车和人员伤亡事故。现代交通工具速度不断提高,对路面的抗滑能力提出了更高的要求。道路表面应具有足够的抗滑能力,以保证在最不利情况下,车辆能高速安全行驶,而且在外界因素作用下,其抗滑能力不致很快降低。

道路表面的抗滑能力可以通过采用坚硬、耐磨、表面粗糙的粒料组成路面表层来实现,也可以采用一些工艺措施来实现,如水泥混凝土路面表面的拉毛或刻槽等。此外,路表面的积雪、浮冰、污染等也会降低路面的抗滑性能,必须及时予以清除。

10.1.5　具有足够的抗渗透性

对于透水的路面,水分容易渗入路面结构和土基,这些滞留于路面表层和路面结构内部的水分,在大量高速行车荷载反复作用下,自由水产生很大的动水压力并不断冲刷路面,路面会产生剥落、坑槽、唧泥和网裂等水损坏现象。在降水量大的潮湿多雨地区、交通量大、载重车辆多的高等级道路沥青路面,水损坏现象更为严重。

为避免路面水损坏,应尽量采用水稳定性好的路面结构层,并设置路面结构内部排水系统或密实有效的防水层。

10.1.6　具有低噪声、低扬尘性并减少对环境的负面影响

噪声与扬尘会对环境造成污染,影响正常的行车秩序,对行车密度大的高等级道路,这是必须予以足够重视的问题。行车噪声一方面因路面平整度而引起,以及因路面面层材料的刚度大而产生;另一方面与不良的线形设计导致车辆频繁加速、减速和转向有关。

车辆驶经路面表面时,轮胎胎面花纹与不规则路面表面间的相互撞击,会产生轮胎与路表面滚动接触噪声。这种噪声是交通噪声的一部分,也是环境噪声污染的一个来源。随着交通的增长,降低交通噪声对周围居民工作、生活和心理健康的不利影响,已成为各方面日益关注的问题。在路面表面,影响轮胎与路表面滚动噪声产生的主要因素为表面构造及其声阻抗(或声吸收),因而可通过改善路面的表面构造以及采用多孔隙路表面(以提高其声吸收性能)等措施来降低波动噪声的级位。

扬尘主要发生于砂石路面,因车轮后面产生真空吸力将面层细集料吸出而引起。但高等级道路,如不及时清扫路面浮土和灰尘,也会同样导致严重的扬尘。因此,对于行车噪声

和扬尘,应从道路工程的设计、施工、养护和管理等方面统筹考虑,才能保证路面具有尽可能低的扬尘性和尽可能小的噪声。

修建路面需耗费大量的建筑材料(石料、水泥、沥青等),而养护和修复路面往往还需废弃大量的旧路面材料(沥青混合料、水泥混凝土等)。这一方面消耗大量能源,另一方面又会对自然环境产生破坏和污染,因而合理选择、开采和使用路面材料,开发再生技术以充分利用废旧路面材料,是路面工程应予关注和考虑的重要问题,在施工中推进生态优先、节约集约、绿色低碳发展。

任务 10.2　路面结构组成及类型

路面是用各种坚硬材料或混合料分层修筑在路基顶面供车辆行驶的层状结构物,直接经受车辆荷载与自然因素的综合作用。路面的性能应能满足车辆安全、迅速、舒适的行驶要求。路面通常由路面体、路肩、路缘石、中央分隔带、路面排水等组成。路面体在横向又分为行车道、人行道及路缘带。路面按结构层次可分为面层、基层和垫层等主要层次。

路面施工概述

10.2.1　路面结构层及其功能

1) 面层

面层是直接承受行车荷载作用、大气降水和温度变化影响的铺面结构层次,并为车辆提供行驶表面,直接影响行车的舒适性、安全性和经济性,给周围环境带来不同程度的负面影响。路面的使用品质及车辆的行驶质量主要取决于面层。因此,面层应具有足够的结构强度和稳定性、良好的表面特性。面层可由一层或多层组成,其上层可为磨耗层,其下层可为承重层、联结层或整平层。

2) 基层

基层起支承面层的作用,主要承受由面层传下来的行车荷载垂直力的作用,并把它扩散到垫层和土基,故基层应具有足够的强度和刚度。基层受气候因素的影响虽不如面层强烈,但由于仍可能受到地下水和路表水的渗入,其结构还应有足够的水稳性。基层顶面也应平整,具有与面层相同的横坡,以保证面层厚度均匀。基层厚度大时,可分设两层,其上层仍称为基层,下层称为底基层,并选用不同强度或质量要求的材料。

3) 垫层

在路基土质较差、水温状况不良时,或者在路面结构厚度小于最小防冻厚度要求时,应在路基与基层(底基层)之间加设垫层,起排水、隔水、防冻胀和扩散应力等作用。垫层可采用颗粒材料(如砂砾、煤渣等)或无机结合料稳定粗粒土等铺筑。垫层应比基层(底基层)每侧至少宽出 25 cm,或与路基同宽。

10.2.2　路面面层类型

面层因要直接抵御自然因素及行车荷载的不利影响并要满足公路的使用要求,对材料的要求比其他结构层更高。面层不仅应具有足够的强度和刚度,而且应具有足够的稳定性,包括高温稳定性、低温抗裂性、水稳性和大气稳定性,以及足够的抗滑性能和足够的平整度等基本性能。面层是否具备以上基本性能,不仅取决于面层所用的材料,也与施工工艺及施工质量密不可分。路面材料按其性状可分为沥青混合料类材料(包括沥青混凝土、沥青碎石、沥青表面处治等)、水泥混凝土类材料(包括普通混凝土、钢筋混凝土、连续配筋混凝土、钢纤维混凝土、预应力混凝土、碾压混凝土等)以及散粒料类材料等。

1)按面层所用材料不同

按面层所用材料的不同,可将路面分为沥青路面、水泥混凝土路面、粒料路面、块料路面等。

(1)沥青路面

沥青路面是由沥青混合料面层和基层(间或有垫层)所组成的路面结构。其中,沥青混合料是由沥青与适当比例的集料和填料(矿粉)经拌制而成的混合料总称。

沥青路面具有以下优点:

①较好的力学强度,能承受车辆等施加到路面上的各种荷载。

②良好的弹性和塑性变形能力,能承受相当的应变而不易破坏。

③路面整体性较好,平整、无接缝。

④与汽车轮胎的附着力较好,可保证行车安全。

⑤有较好的减振性,可使汽车快速行驶、平稳且低噪声。

⑥施工期短,维修工作比较简单。

⑦不扬尘,且容易清扫和冲洗。

另外,沥青路面可再生利用,因而应用广泛,成为我国高等级公路的重要路面形式。但沥青路面也主要存在易疲劳及高温稳定性差、低温缩裂性等缺点,这些还有待改进,改进沥青路面工程特性的研究工作也在不断探索中。需要指出的是,虽然沥青路面因使用沥青而使混合料的强度和稳定性都有显著提高,但其抗弯强度较低,因此对路面的基础要求较高,其应具有足够的强度及稳定性。路面的稳定性在很大程度上取决于土基和基层的特性,尤其在低温或高温环境下以及湿度较大的路段。

(2)水泥混凝土路面

水泥混凝土路面是由水泥混凝土面层和其他材料基层所组成的路面结构,也称刚性路面,是一种得到广泛使用的路面类别。与其他路面材料相比,水泥混凝土路面具有以下优点:

①强度高、刚性大。水泥混凝土路面面板具有很高的力学强度,在车辆荷载的作用下产生的变形微小,板内产生的最大应力低于水泥混凝土的极限应力,所以车辆荷载理论上对混凝土面板的伤害很少;另一方面,由于板的刚性大,汽车荷载产生的应力传到基层上时强度已经变得很小,路基内部所受到的单位应力则更小。水泥路面对基层和路基的要求比沥青路面低很多。

②稳定性好。水泥是水硬性材料,在与集料加水后化合,凝结成刚性很大的整体性材料,具有非常好的力学稳定性、水稳性及热稳性。其能通行包括履带式车辆在内的各种运输工具,且不易出现沥青路面的老化现象,不利自然环境因素对其力学性能的影响相对较弱。

③耐久性好。由于路面材料的强度高、整体性和稳定性良好,因此经久耐用。理论上使用年限很长,一般为20~40年。

此外,水泥混凝土路面理论上对路面基础的要求较沥青路面宽松;路面能见度良好,有利于夜间行车以及养护费用较少等。

水泥混凝土路面也存在一些明显的缺点:

①水泥和水的用量大。这对水泥供应紧张和缺水地区的施工会带来一定的困难。

②行车舒适性差。路面有接缝,容易跳车且处理不当容易导致路面破坏;路面刚度大加剧了行车的振动,行车噪声大等影响行车的舒适性。

③施工期长、交通开放晚。由于水泥混凝土强度增长慢,混凝土路面完工后,客观上需要对其进行较长时间养护,因而交通开放较晚。

④路面修复困难。路面破坏后,其裂缝或破坏区域都比较大,修补范围也较大,工作面开凿不易。修补后也存在混凝土养护时间长等问题。

经过长时间的工程实践,人们对面层材料的认识不断加深,水泥混凝土路面尽管具有独特的优点,但其同样明显的缺点影响了它的使用范围,有逐渐淡出高等级公路建设的趋势。

(3)粒料路面

粒料路面是指用碎石、砾石、砂砾、矿渣、碎砖等颗粒材料,以土或灰土为结合料铺筑的路面。可按碎石嵌挤原理或最佳级配原理进行修筑。碎石、砾石材料的强度较高,可用于修筑中级路面的面层或高级、次高级路面的基层;碎砖等强度较低的材料,只能用于修筑路面的垫层或交通量小的中级和低级路面的基层和面层。

(4)块料路面

块料路面是指用块状石料、水泥混凝土块、缸砖等块料经人工铺砌而成的路面。块料下须设置整平层,块料路面结构简单,能承受较大荷载,造价低廉,便于修复,且可做成不同色彩,因此,在公园、广场、停车场、堆场、人行道及街区道路得到较广泛应用。

通常,路面面层类型的选用和公路等级存在着如下相关关系:

①沥青混凝土:适于高速公路、一级公路、二级公路、三级公路及四级公路。

②水泥混凝土:适于高速公路、一级公路、二级公路、三级公路及四级公路。

③沥青碎石、沥青表面处治:适于三级公路及四级公路。

④砂石路面:适于四级公路。

2)按力学性质和设计方法不同

路面类型一般都按面层所用的材料划分,但在工程设计中,主要从路面结构在行车荷载作用下的力学特性和设计方法出发,将路面划分为柔性路面、半柔性路面、刚性路面和半刚性路面4类。

(1)柔性路面

柔性路面的结构刚度较小,抗弯拉强度较低,在车辆荷载作用下有较大的弯沉变形。路基路面结构主要靠抗压强度和抗剪强度承受车辆荷载的作用。柔性路面主要包括用有机结合料或一定塑性细粒土稳定各种集料基层、热拌沥青碎石基层或乳化沥青碎石混合料、不加任何结合料的各种集料基层和泥灰结碎石等柔性基层和各类沥青面层。

(2)半柔性路面

半柔性路面是在碾压成型后的大空隙沥青混合料中灌注具有高流动性的特种水泥基灌浆材料而形成的一种刚柔相济的复合路面材料。半柔性路面是一种刚柔相济的新型路面,兼具沥青路面柔性好、抗裂能力强、无接缝和水泥混凝土路面刚性大、承载能力强、抗车辙性能好的优点,其弯沉值仅为普通沥青路面的 1/5~1/2,抗车辙能力是普通沥青路面的 10 倍以上,同时还具有良好的抗水、耐油、耐酸等功能以及可着色性好的特点,既可用于旧路面的车辙病害维修,也可用于新建路面,且由于使用寿命长,减少维修频次,使得全生命周期的社会效益和经济效益显著。半柔性路面属于密实-骨架嵌挤型结构,是刚性水泥砂浆与柔性沥青混合料骨架的复合体,水泥砂浆填充在沥青混合料内部的孔隙中,极大提高了高温条件下沥青混合料的抗推移变形能力。

（3）刚性路面

刚性路面主要指用水泥混凝土作面层或基层的路面结构。水泥混凝土强度高,与其他筑路材料比较,其抗弯拉强度高,且有较高的弹性模量,故呈现出较大的刚性,因而具有较强的应力扩散能力。在车辆荷载作用下,水泥混凝土结构层处于板体工作状态,变形极小,传递给基础的单位压力比柔性路面小很多。

（4）半刚性路面

用无机结合料稳定集料或稳定土类,且有一定厚度的基层结构称为半刚性基层（也称整体性基层）。它前期具有柔性路面的力学性质,后期强度和刚度均有较大的发展。其最终的强度和刚度仍较刚性路面低。由于这种材料的刚性处于柔性路面和刚性路面之间,因此把这种基层和铺筑其上的沥青面层称为半刚性路面。

小结

路面应具有足够的强度和刚度、足够的稳定性、足够的平整度、足够的抗滑性能、足够的抗渗透性,具有低噪声、低扬尘性并减少对环境的负面影响。路面通常由路面体、路肩、路缘石、中央分隔带、路面排水等组成。路面按结构层次可分为面层、基层和垫层等主要层次。按面层所用材料的不同,可将路面分为沥青路面、水泥混凝土路面、粒料路面、块料路面等。从路面结构在行车荷载作用下的力学特性和设计方法出发,将路面划分为柔性路面、刚性路面和半刚性路面。

能力训练及习题

一、能力训练

以 4~6 人为 1 组,分组讨论沥青混凝土路面和水泥混凝土路面各有何优缺点。小组人员派代表进行分享。

二、习题

（一）选择题（请把正确的选项填在括号里）

1.下列哪项不属于路面的基本要求（　　　）。

A.足够的强度和刚度　　　　　　　　　　B.足够的耐久性

C.足够的平整度　　　　　　　　　　　　D.具有足够的抗滑性能

2.沥青路面的优点有(　　　)。

A.强度高、刚性大　　　　　　　　　　　　B.稳定性好

C.施工期短,维修工作比较简单　　　　　　D.耐久性好

(二)判断题(正确的打"√",错误的打"×")

1.基层起支承面层的作用,主要承受由面层传下来的行车荷载垂直力的作用,并把它扩散到垫层和土基,故基层应具有足够的强度和刚度。　　　　　　　　　　　　　(　　　)

2.沥青混凝土路面适用于各级公路。　　　　　　　　　　　　　　　　　(　　　)

(三)简答题

1.什么是路面? 路面的基本要求有哪些?

2.路面一般可分为哪几个结构层次? 各个层次的主要作用是什么?

3.什么是刚性路面? 什么是柔性路面?

4.路面面层类型的选用和公路等级存在着什么相关关系?

模块 11　施工准备

【知识目标】了解沥青混合料拌和站设置的基本要求、水泥混凝土搅拌站设置的基本要求、路面施工安全与环境保护措施;理解公路中线放样、路面边线放样、路面结构层厚度放样;掌握路面施工准备工作的主要内容、沥青路面试验路段铺筑的目的、水泥混凝土路面试验路段铺筑的目的。

【能力目标】能完成面层施工及参与施工准备工作的能力。

【素质目标】具有爱岗敬业精神、安全意识及环保意识。

任务 11.1　施工准备工作

路面施工准备工作是做好路面工程施工的前提条件。路面施工准备工作是施工组织管理人员在具备了施工管理基础知识,熟悉路面工程设计图纸、招投标文件和施工技术的情况下,综合运用施工技术、施工管理组织学知识,依据工程项目所在地区的自然条件、工程情况,以及劳动力、原材料、主要机械与设备等供应情况和路面施工质量要求等,编制路面实施性施工组织设计(或施工方案),做好路面施工前的一切准备工作。

路面施工准备工作的主要内容包括组织准备、技术准备、施工现场准备、物资准备等。

11.1.1　组织准备

路面工程开工前的组织准备工作的主要内容是建立路面施工组织机构、建立路面施工班组、编制路面施工管理规划、确定路面施工目标。

1)建立施工组织机构

施工组织机构是指为完成施工任务而成立的负责现场施工与管理工作的项目经理部(项目部),包括职能部门及生产、环保、安全、质量等基层操作体系。

施工企业取得施工任务后,首先应组建工程项目部,确定项目领导班子。项目部在项目经理领导下开展工作。为了充分发挥项目部在项目管理中的主导作用,应贯彻"少而精"的原则合理设置机构,做到规章制度完备、岗位职责具体、目标任务明确、各项措施到位、运行功能齐全。

结合工程项目的规模、复杂程度和专业特点,根据项目管理组织机构设置原则,选用适当的组织机构形式,组建目的明确、精干高效、技术配备精良、设备先进齐全、生产快速高效的施工组织管理机构,建立项目分工责任制,完善工程质量分级管理体系,明确各自的责任、权限和义务等。

项目部应在遵守企业规章制度的前提下,根据项目管理需要,制订施工过程中必要的组织与技术管理规章制度。

项目部各人员要热爱本职工作,不计较个人得失,优质高效地完成分派的任务,保持项目部整洁,使项目部充满生机与活力,大家齐心协力,团结奋斗,力争顺利完成各项预期目标。

2) 确定路面施工班组

施工班组是直接参与施工的基层生产组织,应选择经验丰富、责任心强、工作认真负责、可靠的施工班组。一般根据需要由班组人员分工兼任记工、领料、保管、质量检查、安全检查等工作。班组的人数及工作性质,应根据工程需要及管理需要确定。

施工班组的建立有两种形式:一种是按工艺专业化原则建立,如木工班、钢筋班、混凝土班等;另一种是按施工专业化原则建立,如路面基层班、路面面层班等。

施工班组的合理组织和劳动力合理安排,是保证施工连续性、紧凑性、协调性和经济性的前提。

3) 编制路面施工管理规划

路面施工管理规划是对项目施工管理的组织、内容、方法、步骤、重点工作进行预测和决策,是具体安排的纲领性文件。

路面施工管理规划的主要内容有:

①进行工程项目分解,形成施工对象分解体系,以便确定阶段性控制目标,从局部到整体地进行施工活动和进行施工管理。

②建立路面施工管理工作体系,绘制路面施工管理工作体系图和路面施工管理工作信息流程图。

③编制施工管理规划,确定管理要点,形成文件,有利于执行。

4) 确定路面施工目标

路面施工目标有阶段性目标和最终目标。路面施工目标也可分为质量目标、安全目标、工期目标、成本目标等。在劳动组织准备阶段确定路面施工目标,是为了保证工程项目在施工阶段进行全过程控制。

根据确定的路面施工目标,结合路面工程施工进度计划、劳动力的调配情况,合理地组织安排施工环节和施工过程,严格劳动纪律,严把工程质量关,实施奖惩制度,最大限度地创造最佳效益。

11.1.2　技术准备

路面施工前的技术准备工作包括设计文件熟悉和核对、补充资料调查、实施性施工组织设计和施工预算编制、路面施工测量放样、原材料试验与混合料配合比设计、路面施工技术交底等。对于高速公路和一级公路或采用新技术、新工艺及新材料的其他等级公路的路面施工,除做好上述准备工作外,还应在路面大规模施工前铺筑试验路段,为路面正式施工提供技术依据。

1)设计文件熟悉和核对

设计文件是工程施工最重要的依据之一,施工前要组织技术人员领会设计文件的意图,熟悉设计文件中的各项技术指标,认真分析技术经济的合理性和施工的可行性。对设计文件中有疑问、错误或设计不妥之处,应及时与建设单位(业主)、设计单位和监理工程师联系,共同进行调查分析,选择合理的解决方案。

对路面工程设计文件和路面设计图纸进行现场核对的主要内容是:

①各项路面施工计划的布置和安排是否符合路面施工技术规范的要求。

②路面工程设计图纸、技术资料是否齐全,有无错误和相互矛盾之处。

③路面工程设计文件所依据的水文、气象、地质、岩土等资料是否准确、可靠、齐全。

④整个工程设计内容和技术条件,弄清设计规模、各分项工程的结构特点和形式。

⑤设计文件中路面结构是否合理,质量要求和集料级配范围是否合理。

⑥核对路线中线、主要控制点、转角点、水准点、三角点、基线等是否准确无误。

⑦路面施工方法、料场分布、运输工具、道路条件等是否符合工程现场实际情况。

现场核对时,如发现设计有错误或不合理之处,应提出修改意见报上级主管部门审批,待核准批复后进行现场测量及设计单位修改设计、补充图纸等工作。

2)补充资料调查

进行现场补充资料的调查,是为优化和修改设计、编制实施性施工组织计划、因地制宜地布置施工场地等收集资料。调查的内容主要有:

①工程所在地的地形、地质、水文、气候等自然条件;

②路面自采加工材料料场分布情况、储量、供应量与运距等情况;

③路面地方性生产材料供应情况;

④施工期间可供利用的房屋数量;

⑤当地劳动力资源、工业生产加工能力、运输条件和运输工具,施工场地的水源、水质、电源、通信,生活物资供应状况,以及当地民俗风情、生活习惯等。

3)实施性施工组织设计和施工预算编制

编制路面实施性施工组织设计和施工预算,是路面施工前非常重要的技术准备工作。施工单位应根据设计文件中的施工组织计划和建设单位在承包合同中的具体要求,结合工程项目路面的特点、施工具体条件、路面工程量、施工难易程度以及路面施工设备、人员、材料供应情况和路面工期要求,编制具体、切实可行的实施性施工组织设计,并报监理工程师和业主批准。

4)路面施工测量放样

路面开工前应做好施工测量放样工作,内容包括导线、中线、水准点复测,检查与补测纵横断面,校对和增加水准点,分别放样各结构层宽度、厚度、高程等。

路面施工测量放样在本模块 11.2 节中详细介绍。

5)原材料试验和混合料配合比设计

对于拟选择的自采加工材料料场、地方性生产材料供应料场和外购材料,按照有关规定选取代表性的试样,进行原材料各项技术性能指标试验,在此基础上进行路面混合料配合比设计试验,确定混合料的施工配合比。原材料试验和混合料配合比设计结束后,应及时向监理工程师提交报告,经监理工程师审核批准后方可采购和使用。

6) 路面施工技术交底

技术交底即把设计对施工的要求、施工方案及措施转达给施工人员,这是落实技术责任制的前提。进行技术交底的目的是保证严格按照路面施工图、实施性施工组织设计、施工操作规程、安全生产规程、工程施工及验收规范和其他相关技术规范进行施工。

采用新技术、新结构、新材料、新工艺等的路面工程,应先由路面总工程师向施工队技术员交底,施工队向作业班组技术员交底,然后作业班组技术员向具体操作人员进行交底。一般路面工程由施工队的单位工程技术负责人向班组长和工人交底。

路面施工技术交底内容包括:

①路面设计图纸交底,即主要是设计图纸上必须特别注意的问题,如尺寸、轴线、高程、预留孔和预埋件的位置、规格和数量等。

②原材料交底,即使用材料的品种、规格和质量要求等。

③路面施工工艺交底,即采用的施工方法、操作工艺和其他工种的配合等。

④路面施工规范、技术标准交底,即采用的施工规范、质量评定标准和有关要求。

⑤技术措施交底,即保证质量、安全生产、降低成本、文明施工和工程产品保护等技术措施要求。

⑥样板交底。凡采用新技术、新工艺、新材料的工程和技术复杂的工程,应在正式施工前,做出样板或实际样品,经有关多方核查研究同意后,方可正式施工。

⑦路面设计变更情况交底。

11.1.3　施工现场准备

1) 临时设施

在路面工程正式开工前,充分建造好相应的临时设施,如工棚、仓库、供水、供电、通信设施等。

（1）加工场地

加工场(站、厂)的建筑面积,通常参照有关资料或根据施工单位的经验确定,也可按有关公式计算。大型沥青混凝土或水泥混凝土搅拌设备的场地面积,根据设备说明书的要求确定。

上述建筑场地的结构形式应根据当地条件和使用期限而定。使用年限短的采用简易结构,如油毡或草屋面的竹木结构;使用年限较长的则可采用瓦屋面的砖木结构或活动房屋等。

（2）临时仓库

工地临时仓库分为转运仓库、中心仓库和现场仓库等。临时仓库组织是确定材料储备量和仓库面积、选择仓库位置和进行仓库设计等。

建筑材料的储备量既要保证工程连续施工的需要,也要避免材料积压而增大仓库面积。供应不易保证、运输条件差、受季节影响大的材料可增大储存量。常用材料的储备量宜通过运输组织确定。

对不经常使用和储备期长的材料,可按年度需用量的某一百分比储备。

一般的仓库面积可按有关公式计算,特殊材料(如爆炸品、易燃或易腐蚀品)的仓库面积,按有关安全要求确定。

仓库除满足总面积要求外,还要正确确定仓库的平面尺寸,即仓库的长度和宽度。仓库的长度应满足装卸要求,宽度要考虑材料的存放方式、使用方便和仓库的结构形式。

(3)行政、生活用临时房屋

此类临时房屋的建筑面积取决于工地的人数,包括施工人员和家属人数。

编制施工组织设计时,应尽量利用工地附近的现有建筑物,或提前修建能利用的永久房屋,如道班房、加油站等,不足部分修建临时建筑。

临时建筑应按节约、适用、装拆方便的原则设计,其结构形式按当地气候、材料来源和工期长短确定,通常有帐篷、活动房屋和就地取材的简易工棚等。

(4)临时供水、供电、供热

工地临时供水、供电、供热应解决确定用量、选择供应来源、设计管线网络等问题。如供应来源由工地自行解决,还需要确定相应的设备。

确定用量时,应考虑施工生产、生活和特殊用途(如消防、抗洪)的需用量。选择供应来源时,首先考虑当地已有的水源、电源。若当地没有或供应量不足时,才需自行设计解决。

在沿线河流上取水时,要取样化验,检查水质是否符合工程或生活上使用的要求。路线附近可利用的水源要与就近掘井取水作经济比较确定。在有自来水设施的地区施工,饮用水使用自来水,工程及其他用水如无合适天然水源可利用时,也可使用自来水,但要与供水单位订立供水协议。

施工和生活用电最好利用当地电源,要了解供电单位能否满足工地用电的要求,并与供电单位订立供电及安装输电线路和设施的协议。当供电单位经常定期停电、供电量满足不了施工需要或根本就没有可利用的电源时,应自备电源。

2)土基检查

不论是路堤、路堑还是原有路面,铺筑路面结构层之前,必须进行检查验收,其压实度、弯沉值、高程、平整度等技术指标达到规定的要求后,才可进行路面施工。如发现路基土过干、表层松散,则应适当洒水、碾压;如路基土过湿,发生"弹簧"现象,应采取挖开晾晒、换土、掺石灰或水泥等措施进行处理。

3)施工现场交通管制

为了确保路面施工安全有序,对施工现场范围内的公路两端和必经的交叉路口、部分设施设备等设置施工标志,进行施工现场交通管制。应对附近人群进行施工安全宣传。

11.1.4　物资准备

路面施工要消耗大量的人力、材料和机具,正式开工前应进行所需材料的购买、采集、加工、调运和储备等工作,同时要检修或购置及安装一些路面施工机械、机具,做好施工人员的生活、后勤保障准备工作。材料和施工机械、机具的准备工作是路面施工组织计划的重要组成部分。

1)材料准备

当地采购或开采加工的材料(如砂、石等),必须对其产地、品质、数量、运输和价格做详细的调查分析。需要临时开采加工的材料,要了解可否发包给当地生产供应部门,并与自行组织生产作经济比较。特别要注意在设计文件提供的材料产地以外,能否找到材料品质符合要求、运距更近的产地。

自采材料和外运材料,经检验和选择,按需要的规格和数量运到现场,堆放位置应根据实施性施工组织计划进行合理安排。

路面工程材料运输,可利用当地已有的运输力量,必须了解当地可利用的运输工具的类型、数量、运输能力和运价。如果当地运输力量不能满足要求或经比较不经济时,可自行组织运输。

2)施工机械、机具准备

应按照施工合同规定,配备足够的施工机械、设备及器具,并保证均处于良好的技术状态及满足施工的需要,并应有相匹配的维修措施。

根据路面实施性施工组织计划,一次或分批配齐足够的施工机械和相关工具。

有些不常使用的机械设备可以采用租赁方式,施工单位只要向租赁者按合同规定定期交付一定的租赁费便可取得设备的使用权,从而减少或根本就不需要购买那些不常使用的设备。在租赁设备调查中,首先要了解出租设备的型号、功能、数量等能否满足施工要求,同时还要将租赁与自购进行经济比较,以便择优选用。如选择租赁设备,要签订租赁合同。机械设备的放置,应考虑施工要求。

3)安全防护准备

应严格执行《公路工程施工安全技术规范》(JTG F90—2015)的规定要求,加强安全生产管理,落实安全生产责任,提高作业人员的安全意识,准备好各种安全防护设施和劳动防护用品,正确使用安全防护用品。

项目部办公区、员工生活区、施工现场、拌和场地等,应先确定危险源,并制订相应的防范措施及应急预案。项目部所有员工和施工人员(包括合同工、农民工)及在建工程均应选择合适的保险种类进行投保。

安全防护措施应是施工组织设计的重要组成部分,同时,这些措施必须有效、可靠并落实。

任务 11.2　路面施工测量放样

路面施工测量放样是在路基施工完成后,放出各结构层施工的中线和边线,并把每层施工的松铺挂线(或摊铺机导引绳挂线)高度和压实厚度相应的挂线高程位置放样出来。

路面施工前,应根据路线导线点或控制点恢复中线,钉设中心桩和边线桩。一般直线段桩距为 20~25 m,曲线段为 10~15 m,并在两侧路肩边缘外 0.3~0.5 m 处设置指示桩。此外,还应测量原有路基顶面的断面高程,在两侧的指示桩上标记路面基层(底基层)的顶面高程位置线。

路面施工中要充分考虑路面层次的特点,做到"层层放样、层层抄平",即每施工一层都要进行放线和高程测量,从底基层、基层直至面层。

11.2.1 中线放样

1)低精度公路中线放样

对于二、三、四级公路,其中线放样可采用传统的方法,使用经纬仪、钢尺(或皮尺)等仪器工具。其施工放样的基本步骤如下:

①恢复交点和转点。根据原设计资料,对路线各交点和转点逐一查找或恢复。

②直线段中桩放样。根据交点、转点用经纬仪、钢尺或皮尺按规定桩距钉设中线桩。

③曲线段中桩放样。首先根据设计的曲线要素放样各曲线主点桩,然后按切线支距法、偏角法或弦线支距法等详细放样曲线上各桩。

2)高精度公路中线放样

高速公路和一级公路中线放样应采用自由测站法放线,以恢复主要控制桩。

自由测站法放线的基本思路:原设计单位在路线附近设置了一系列控制点,这些控制点的连线称为"自由导线",并利用全站仪测定其导线边长、角度等。当各项观测误差和闭合差都符合相应的限差规定时进行平差计算,直至求出这些控制点的坐标。中线放样时以"自由导线"为基础,再根据中线点的角度、距离或坐标确定中桩位置。

"自由测站法"中线施工放样示意如图 11.1 所示。全站仪架在"自由导线"点 C_i 上,棱镜架在相邻的"自由导线"点 C_{i-1} 或 C_{i+1} 上,然后指挥拟定中线桩上的点 M 或点 K 的棱镜移动,直至满足桩点定位要求,最后用木桩标点。其放线方法有角度距离法放线和坐标法放线两种。

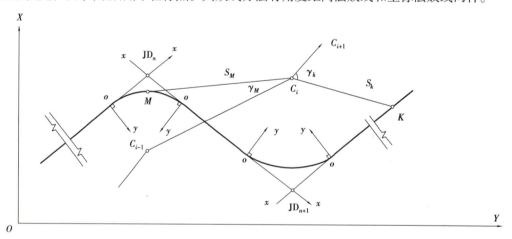

图 11.1 全站仪或 GPS 自由测站法施工放样中线

(1)角度距离法放线

角度距离法放线确定图中 M 点时,将全站仪置于 C_i 点,利用计算好的夹角 γ_M 和距离 S_M 确定 M 点位。角度距离法放样的关键是计算 M 点位的夹角 γ_M 和距离 S_M。其放样步骤如下:

①将全站仪架设在"自由导线"点上,瞄准后导线或前导线点,然后读数归零。

②按照有关公式计算待放桩点与安置仪器点(连线)和后导线或前导线点与置仪点(连线)之间的夹角 γ,以及待放桩点与安置仪器点之间的距离 S。

③转动全站仪照准部使水平角的读数等于 γ,并使距离等于 S,指挥持棱镜人员挪动棱镜正好在该点位置即为待放桩点。

(2)坐标法放线

全站仪坐标法进行中线放样测量时,控制导线点和待测点的坐标应已知,且通视条件良好。坐标法放样步骤如下:

①架设全站仪于"自由导线"点 C_i 上,后视 C_{i+1} 点。

②从路线"导线坐标表"中查取置仪点 C_i 的坐标 (X_i,Y_i,Z_i) 和后视点 C_{i+1} 的坐标 $(X_{i+1},Y_{i+1},Z_{i+1})$,输入全站仪,并将测站数据(仪器高、后视方位角等)输入。

③从路线"逐桩坐标表"中查取待放桩点 K 的坐标,并输入全站仪。

④松开水平制动,转动照准部使水平角为 $0°00'00''$。

⑤在 C_i 到 K 的方向上安置反射棱镜并测距,直到面板显示的距离值为 0.000 m 时为止。

在第③步输入 K 点的坐标后,仪器在计算夹角的同时,也计算出了 C_i 到 K 点的距离 S 并自动存储起来。测距时将量测到的距离 d 自动与 S 进行比较,面板显示其差值 $\Delta S = d - S$。当 $\Delta S > 0$ 时,应向 C_i 方向移动反射棱镜 ΔS;当 $\Delta S < 0$ 时,应远离 C_i 方向移动反射棱镜 ΔS;当 $\Delta S = 0$ 时,即为 K 点的准确位置。

⑥在中桩位置定出后,随即测出该桩的地面或路基顶面高程(Z 坐标)。

重复上述③—⑥步,测设其他中桩位置。

11.2.2　路面边线放样

传统的路面边线放样使用经纬仪、钢尺等仪器工具。其施工放样的基本步骤如下:

①根据道路中心线的放样结果,用经纬仪等找出横断面方向(中心线垂直方向)。

②用钢尺沿中心线垂直方向分别水平量取半个路面结构层宽度($B/2$,以 m 表示),即为路面结构层边缘位置(可钉设边线桩或撒石灰线)。

③在两侧路面结构层边缘外 0.3~0.5 m 处设置指示桩。

重复上述①—③步,测设其他边桩和指示桩位置。

测量时,钢尺要保持水平,不得将尺紧贴地面量取,也不得使用皮尺。测量的精度:对高速公路、一级公路,精确至 0.005 m;对于其他等级公路,精确至 0.01 m。

路面边线放样也可使用全站仪按角度距离法或坐标法进行。

11.2.3　路面结构层厚度放样

路面结构层厚度施工时,其厚度控制分为松铺厚度控制和压实厚度控制两项。对于预先埋设路缘石或安装模板铺筑施工的路段,可在路缘石或模板上用明显标记标出路面结构层边缘的松铺厚度和设计高度;对于无路缘石的路段,可在两侧指示桩上用明显标记标出路面结构层边缘的松铺厚度(或松铺挂线)和设计高度;对于用摊铺机摊铺的结构层,路面结构层的松铺厚度用摊铺机导引绳挂线标示。

采用培槽法(培路肩)施工时,路面结构层厚度施工放样的基本步骤如下:

①根据道路设计高程的纵断面位置和设计高程,以及施工结构层设计的宽度、厚度、横坡度,计算各待放样桩号处施工结构层边缘的设计高程。

②根据试验确定的结构层松铺系数和设计厚度计算松铺厚度(或松铺层边缘的高程)。

③将水准仪(精密水准仪)或全站仪架设在路面平顺处调平,以路线附近的水准点高程作为基准。

④以仪器高和结构层边缘的设计标高(或松铺层边缘的高程)反算测定位置的塔尺读数。

⑤将塔尺竖立在路缘石或模板或边缘指示桩的测定位置处,水准仪(精密水准仪)或全站仪前视塔尺,上下移动塔尺,当水准仪的读数与反算的塔尺读数一致时,在塔尺的底面位置画标记线,即为结构层边缘的顶面位置(或松铺层边缘的顶面位置)。

⑥连续测定全部测点,并与水准点闭合。采用挖槽法(挖路槽)施工时,可在结构层两侧的边缘桩或指示桩处挖一个小坑,在小坑中钉桩,使桩顶高程符合路槽底的边缘高程,以指导路槽的开挖。

任务 11.3　路面混合料拌和厂(场、站)设置

11.3.1　沥青混合料拌和厂(场、站)设置

沥青混合料拌和厂(场、站)设置的基本要求如下:

①沥青混合料拌和厂(场、站)必须符合国家环境保护、消防、安全等有关规定。沥青混合料拌和厂(场、站)应选在远离居民区、村庄并处于主风向下方向的位置。

②拌和厂(场、站)与工地施工现场距离应确保沥青混合料的温度下降不超过混合料的最低摊铺温度要求,且不致因颠簸造成混合料的离析,影响混合料的质量。厂址离工地越近越好,最远不宜超过40 km,有条件时应选在有7 m宽路面的交通干线公路附近。

③拌和厂(场、站)宜设在摊铺路段的中间位置。拌和厂内部布置应满足原材料储运、沥青及集料、矿粉加热与输送、供电等使用要求,并尽量紧凑,减少占地。

④砂石料场应建在交通运输方便、排水通畅的位置,其底部宜做硬化处理。各种集料应分隔储存,并设标识牌,严禁混杂。粗、细集料场宜设防雨、防污顶棚。

⑤拌和厂(场、站)应保证充足的电力供应。电力总容量应满足全部施工用电设备、夜间施工照明及生活用电的需要。供电设施必须安全可靠,并有相应的安全预控措施。

⑥应确保摊铺机械、运输车辆及发电机等动力设备的燃料供应。离加油站较远的工地宜设置油料储备库,但必须符合相关安全规定要求。

⑦原材料与混合料运输车辆不应相互干扰。厂内应具有完备的排水设施,厂内道路应做硬化处理,严禁泥土污染集料。

⑧对于沥青混凝土搅拌设备,应根据工程量和工期选择其生产能力和移动方式。高速公路及一、二级公路沥青混凝土面层的施工,应选用拌和能力较大的搅拌设备,以使其单位产品所消耗的人工、燃料和易损配件等费用较低,故应选用生产量在100 t/h以上的沥青混

凝土搅拌设备。

⑨场地形状宜为矩形,场内各项设施(包括拌和设备、办公区、生活区等)的布置应协调。设备的主体应布置在中央位置,办公楼、宿舍、实验室等房舍应位于工厂进口处,并沿路边建造,砂石料堆场或储仓的设置应便于向搅拌设备供料,又便于车辆从外面运进和卸下砂石料。砂石料的储量以不少于 3~5 d 工作需要为宜,矿料仓、沥青库和燃料罐等设施的布置也应以便于向主设备供送所需材料为准。配电间或发电机房应安置在较偏僻而又安全的地方,称量矿料及成品料的地方应设置于车辆的出口处。

沥青混合料拌和站如图 11.2 所示。

图 11.2　沥青混合料拌和站

11.3.2　水泥混凝土搅拌厂(场、站)设置

水泥混凝土搅拌厂(场、站)设置的基本要求如下:

①水泥混凝土搅拌厂(场、站)宜设置在摊铺路段的中间位置。搅拌厂内部布置应满足原材料储运、混凝土运输、供水、供电、钢筋加工等使用要求,并尽量紧凑,减少占地。

②搅拌厂(场、站)应保障搅拌、清洗、养护用水的供应,并保证水质。供水量不足时,搅拌厂(场、站)应设置与日搅拌量相适应的蓄水池。

③搅拌厂(场、站)应保证充足的电力供应。电力总容量应满足全部施工用电设备、夜间施工照明及生活用电的需要。供电设施必须安全可靠,并有相应的安全预控措施。

④应确保摊铺机械、运输车辆及发电机等动力设备的燃料供应。离加油站较远的工地宜设置油料储备库,但必须符合相关安全规定要求。

⑤水泥、粉煤灰储存和供应要求如下:

a.每台搅拌楼应至少配备两个水泥罐仓,如掺粉煤灰还应至少配备 1 个粉煤灰罐仓。当水泥的日用量很大,需要两家以上的水泥厂供应水泥时,不同厂家的水泥应清仓再灌,并分罐存放。严禁粉煤灰与水泥混装。

b.应确保施工期间的水泥和粉煤灰供应。供应不足或运距较远时,应储备和使用包装水泥或袋装粉煤灰,并准备水泥仓库、拆包及输送入罐设备。水泥仓库应覆盖或设置顶篷防雨,并应设置在地势较高处,严禁水泥、粉煤灰受潮或浸水。

⑥砂石料储备要求如下:

a.施工前,宜储备正常施工 10~15 d 的砂石料。

b.砂石料场应建在排水通畅的位置,其底部应做硬化处理。不同规格的砂石料之间应有隔离设施,并设标识牌,严禁混杂。

c.在低温天、雨天、大风天及日照强烈的条件下,应在砂石料堆上部架设顶篷或覆盖,覆盖砂石料数量不宜少于正常施工一周的用量。

⑦原材料与混凝土运输车辆不应相互干扰。搅拌楼下宜采用厚度不小于 200 mm 的混凝土铺装层,并应设置污水排放管沟、积水坑或清洗搅拌楼的废水处理回收设备。

水泥混凝土搅拌站如图 11.3 所示。

图 11.3　水泥混凝土搅拌站

任务 11.4　铺筑试验路段

高速公路和一级公路、特殊地区公路或采用新技术、新工艺、新材料、新设备的路面工程,在正式施工前,应采用不同的施工方案和施工方法铺筑试验路段并进行相关试验分析,从中选出最佳施工方案和施工方法,以指导大面积路面施工。所铺筑的试验路段应具有代表性,施工所用原材料、机械和工艺过程要与以后全面施工时相同。通过试验路段铺筑可确定路面各结构层适宜的松铺厚度、最佳机械配置、相应的碾压遍数和施工组织方法等。

11.4.1　沥青路面试验路段铺筑

高速公路和一级公路的沥青路面,在施工前应铺筑试验段,其他等级公路在缺乏施工经验或初次使用重大设备时,也应铺筑试验段。当同一施工单位在材料、机械设备及施工方法与其他工程完全相同时,也可利用其他工程的结果,不再铺筑新的试验路段。试验路段的长度应根据试验目的确定,通常宜为 100~200 m,并宜选在正线上铺筑。

热拌热铺沥青混合料路面试验段铺筑分试拌及试铺两个阶段,应包括下列试验内容:

①检验各种施工机械的类型、数量及组合方式是否匹配。

②通过试拌确定拌和机的操作工艺,考察计算机打印装置的可信度。

③验证沥青混合料生产配合比设计,提出生产用的标准配合比和最佳沥青用量。

④通过试铺确定透层油或黏层油的喷洒方式和效果。

⑤确定沥青混合料的摊铺、压实工艺及松铺系数等。

⑥建立用钻孔取芯法与无破损法(如核子密度仪法)检测路面密度的对比关系。核子密度仪无破损检测在碾压成型后热态测定,取13个测点的平均值为1组数据,一个试验段的不得少于3组。钻孔取芯法在第2天或第3天以后测定,钻孔数不少于12个。

⑦确定沥青混合料的标准密度和压实度的标准检测方法。

⑧检测试验段的渗水系数。

试验段铺筑应由有关各方共同参加,及时商定有关事项,明确试验结论。铺筑结束后,施工单位应就各项试验内容提出完整的试验路施工、检测报告,取得业主或监理的批复。

11.4.2   水泥混凝土路面试验路段铺筑

①二级及二级以上公路水泥混凝土面层施工前,应制订试验路段的施工方案和质量检测计划,并应铺筑试验路段。其他等级公路施工前宜铺筑试验路段。试验路段长度不应短于100 m,高速公路、一级公路宜在主线路面以外进行试铺。

②试验路段铺筑应达到下列目的:

a.确定拌和楼的拌和参数、实际生产能力和配料精度。

b.检验混凝土的施工性能、技术参数和实测强度。

c.检验铺筑机械、工艺参数及与拌和能力匹配情况。

d.检验施工组织方式、质量控制水平和人员配备。

③拌和楼应通过动、静态标定检验合格后方可试拌。试拌应确定下列内容:

a.每座拌和楼的生产能力、施工配合比的配料精度,以及全部拌和楼(机)的总产量。

b.计算机拌和程序及粗细集料含水率的反馈控制系统满足要求。

c.合理投料顺序和时间、纯拌和与总拌和时间。

d.拌合物坍落度、VC 值、含气量等工艺参数。

e.检验混凝土试件弯拉强度是否满足要求。

④用于试验段的拌和楼(机)试拌合格后,方可进行试验路段铺筑。

⑤试验路段铺筑时,应确定下列内容:

a.主要铺筑设备的工艺性能、质量指标和生产能力满足要求;辅助设备的配备合理、适用;模板架设固定方式或基准线设置方式能够保证高程和厚度控制要求。

b.实测试验路段的松铺系数、摊铺速度、振捣时间与频率、滚压遍数、碾压遍数、压实度、拉杆与传力杆置入精度、抗滑构造深度、摩擦系数、接缝顺直度等。

c.验证施工各工艺环节操作要领,确定各关键岗位的作业指导书。

d.检验施工组织形式和人员编制。

e.通信联络、生产调度指挥及应急管理系统满足施工组织要求。

⑥试验路段铺筑后,应按《公路水泥混凝土路面施工技术细则》(JTG/T F30—2014)中面层质量检验项目、技术要求和检查方法进行全面质量评定,并应符合下列规定:

a.应提交试验路段的检查结果总结报告,报告中应包括试铺路段所采用的工艺参数、检验结果、存在的问题及改进措施,对正式施工时拟采用的施工参数提出明确的指导书。

b.水泥混凝土路面试验路段应经过建设单位组织的对各项施工质量指标的复检和验收,合格并经批准后,方可进行正式铺筑施工。

c.符合《公路水泥混凝土路面施工技术细则》(JTG/T F30—2014)各项质量技术要求的施工工艺、流程和参数应固化为标准化的施工工艺模式,并贯穿施工全过程。

d.试验路段质量检验评定不合格,或未能达到预期目标时,应重新铺筑试验路段。

任务 11.5　路面施工安全与环境保护措施

路面施工前,施工单位应对全体员工进行安全生产教育,树立质量第一、安全第一的思想,建立健全安全生产管理制度,制订安全生产操作规程。工地应有领导分管安全生产工作,班组要有负责安全生产的人员,并制订具体的安全生产手册,经常检查执行情况。

路面施工现场必须做好交通安全工作。交通繁忙的路口应设立标志,并设专人指挥。夜间施工时,路口及基准线桩附近应设置警示灯或反光标志,专人管理灯光照明。

作为工程技术人员,要对工程建设全过程中可能出现的安全隐患进行辨识,提高自己的安全意识,具备社会责任心与担当。

11.5.1　沥青路面施工安全要点

1)稳定土拌和机作业安全要点

①应根据不同的拌和材料,选用合适的拌和齿,并对机械及各相关的配件等进行检查。

②拌和机作业时,应先将转子提起离开地面空转,然后再慢慢下降至拌和深度。

③在拌和过程中,不能急转弯或原地转向,严禁使用倒挡进行拌和作业。

④拌和机在行走和作业过程中,必须采用低速,保持匀速。

⑤停车时应拉上制动器,将转子置于地面。

厂拌法生产稳定类混合料时,施工安全要点可参照沥青混合料拌和作业。

2)沥青混合料拌和作业安全要点

①沥青混合料拌和站的各种机电(包括使用微电脑控制进料)设备,在运转前均需由机工、电工、电脑操作人员进行仔细检查。

②机组投入运转后,各部门、各岗位人员都要随时监视各部位运转情况,不得擅离岗位。

③严禁非作业人员靠近各种运转机械。

④运转过程中,如发现有异常情况,应报机长,并及时排除故障。

⑤搅拌机运行中,不得使用工具伸入滚筒内掏挖或清理。需要清理时,必须停机。如需人员进入搅拌鼓内工作时,鼓外要有人监护。

⑥料斗升起时,严禁有人在斗下工作或通过。检查料斗时,应将保险链挂好。

3)沥青混合料摊铺作业安全要点

①摊铺机驾驶台及作业现场要视野开阔,清除一切有碍工作的障碍物。作业时无关人员不得在驾驶台上停留。驾驶员不得擅离岗位。

②运料车向摊铺机卸料时,应协调动作,同步进行,防止互撞。

③换挡必须在摊铺机完全停止后进行,严禁强行挂挡和在坡道上换挡或空挡滑行。

④熨平板预热时,应控制热量,防止因局部过热而变形。加热过程中,必须设专人看管。

⑤驾驶应力求平稳,不得急剧转向。

⑥用柴油清洗摊铺机时,不得接近明火。

⑦作业中应设立施工标志。

⑧沥青混合料运输车辆状况良好,使用前应对紧急制动、自卸系统进行检查,车斗密封,后挡板牢靠。

11.5.2　水泥混凝土路面施工安全要点

施工前,施工单位应对员工进行安全生产教育,树立安全第一的思想,落实安全生产责任制度。

1)人工摊铺作业安全要点

①装卸钢模板时,必须逐片轻抬轻放,不得随意抛掷。堆砌时,钢模板应规则有序并稳妥。

②固定模板时,插钉或长圆头钉等不得乱放,以免伤人,完工后应收拾干净。注意保护好电力线,不得割伤保护层,应经常注意检查。

③摊铺操作时,特别是多人同时操作摊铺时,因工作面小,锄、锹等均为长把工具,必须相互关照,注意安全。

④如采用木模板,拆模后的模板应堆放整齐,并做到及时取钉,堆放稳妥。

2)机械摊铺作业安全要点

①轨道式摊铺机作业安全要点如下:

a.作业中,各操作人员和辅助人员必须统一听从调度指挥,注意安全。

b.布料机与振平机组间应保持5~8 m的距离,以免相撞。

c.不允许将刮板置于运动方向垂直的位置,不允许借助整机的惯性冲击料堆。

d.在坡道、弯道作业时,要注意防止摊铺机脱轨。

②滑模式摊铺机作业安全要点如下:

a.调整机器的高度时,工作踏板、扶梯等处禁止站人。

b.严禁驾驶员在摊铺作业时离开驾驶台。无关人员不得上下或停留在驾驶台及工作踏板上。

c.下坡时,禁止快速行驶和空挡滑行,牵引制动装置必须置于制动状态。

d.摊铺机应避免急剧转向,防止工作装置与预置钢筋、邻边路面、路缘石等相碰撞。

e.禁止用摊铺机牵引其他机械。

f.夜间施工时,滑模摊铺机上应有足够照明和警示标志。

g.滑模摊铺机停放在通车道路上时,周围应设置明显的安全标志,夜间应用红灯示警。

11.5.3　路面施工环境保护

生态环境保护是功在当代、利在千秋的事业。我们要清醒认识保护生态环境、治理环境污染的紧迫性和艰巨性,清醒认识加强生态文明建设的重要性和必要性,以对人民群众、对子孙后代高度负责的态度和责任,真正下决心把环境污染治理好,把生态环境建设好,努力走向社会主义生态文明新时代,为人民创造良好的生产生活环境。

保护和改善施工现场环境,要进行综合治理,全员参与,将环境保护与文明施工现场管理一起检查、考核、奖罚。加强对施工现场粉尘、噪声、废气、污水等监测和监控工作,根据监控结果,进行妥善而有效的处理。

①路面混合料拌和厂(场、站)应尽量远离村镇居民区并位于居民区的下风处。位于居民区附近的拌和厂(场、站)应配套防尘、防噪声、防污水等设施。

②拌和厂(场、站)和施工现场应设置雨、污水排放管沟、积水坑或清洗拌和楼的废水处理回收设备。

③袋装水泥、石灰、粉煤灰等易飞扬的细颗粒散体材料,应库内存放;粉煤灰露天存放时应洒水浸湿,不得出现扬尘现象。

④装卸水泥、石灰、粉煤灰、土等细颗粒散体材料时,应尽量避免在大风天气下进行。运输上述材料及路面混合料时,应采用加盖措施,防止沿途遗撒、扬尘。

⑤施工现场的垃圾、渣土应及时清理出现场,并应按照当地环保等部门的有关要求运至规定地点堆放。

⑥施工现场道路应注意防尘,需要时应及时洒水,并冲洗清扫干净。

⑦采取有效措施使进、出场车辆不带泥沙,挖土装车废弃时不超装,车辆行驶不猛拐弯、紧急制动,以防止出现洒土等现象。

⑧禁止在施工现场焚烧油毡、橡胶、塑料等,以防其产生有毒气体对作业人员和居民区产生不利影响。

⑨居民区附近路段的施工应尽量避免夜间作业。

小结

路面施工准备工作是做好路面工程施工的前提条件,路面施工准备工作的主要内容包括组织准备、技术准备、施工现场准备、物资准备等。学习了中线放样、路面边线放样、路面结构层厚度放样,在路面施工中要充分考虑路面层次的特点,做到"层层放样、层层找平",即每施工一层都要进行放线和高程测量。学习了沥青混合料拌和站设置的基本要求、水泥混凝土搅拌站设置的基本要求、沥青路面试验路段铺筑、水泥混凝土路面试验路段铺筑、路面施工安全与环境保护相关知识。

能力训练及习题

一、能力训练

背景材料:某高速公路设计车速为120 km/h,路面面层为三层式沥青混凝土结构。施工企业为保证工程施工质量,在施工中做了如下工作:

①选用经试验合格的石料进行备料,严格对下承层进行清扫,并在开工前进行实验段

铺筑；

②沥青混合料的拌和站设置试验层,对沥青混合料及原材料及时进行检验,拌和中严格控制集料加热温度和混合料的出厂温度。

任务:分组讨论沥青混合料铺筑试验段的主要目的是什么? 若出厂的混合料出现白花料,在混合料拌和中可能存在什么问题?

二、习题

(一)选择题(请把正确的选项填在括号里)

1.高速公路和一级公路的沥青路面试验路段的长度应根据试验目的确定,通常宜为(　　)。

A.0.1~2 km　　　　　　B.0.5~1 km　　　　　C.1~2 km　　　　　D.3~5 km

2.建立路面施工组织机构、建立路面施工班组、编制路面施工管理规划、确定路面施工目标是属于(　　)。

A.技术准备　　　　　B.组织准备　　　　　C.施工现场准备　　D.物资准备

(二)判断题(正确的打"√",错误的打"×")

1.在细集料的堆放场地应搭设防雨棚,防止细集料受到污染。　　　　　　　　(　　)

2.路面结构层厚度施工时,其厚度控制分为松铺厚度控制和压实厚度控制两项。

(　　)

3.施工现场可以选择适当地点焚烧油毡、橡胶、塑料等废弃材料。　　　　(　　)

(三)简答题

1.建立路面施工组织机构与路面施工班组有哪些要求?

2.路面施工前的技术准备工作包括哪些?

3.路面施工技术交底内容包括哪些?

4.热拌热铺沥青混合料路面试验段铺筑分试拌及试铺两个阶段,应包括哪些试验内容?

5.简述水泥混凝土路面试验路段铺筑的目的。

模块 12　路面垫层施工

【知识目标】了解细粒土、石灰土和石灰煤渣土的概念;理解垫层的使用特点及对常用材料的要求;掌握垫层的作用和结构类型、垫层的施工要点。

【能力目标】能根据具体项目设计图纸,合理组织路面垫层施工。

【素质目标】培养热爱劳动、甘做铺路石的奉献精神。

任务 12.1　路面垫层的作用和类型

12.1.1　垫层的作用

垫层是基层或底基层与路基之间的结构层次,主要起扩散荷载应力、改善路基水温状况和整平路基的作用。

垫层往往是为蓄水、排水、隔热、防冻等设置的,所以通常设在路基处于潮湿或过湿以及有翻浆的地段。在地下水位较高的地区铺设的能起隔水作用的垫层称为隔离层,在冰冻较深地区铺设的能起防冻作用的垫层称为防冻层。此外,垫层还能扩散由基层传下来的应力,以减小土基的应力和变形,而且它也能阻止路基土挤入基层中,从而保证基层的结构性能。铺设垫层,可对局部不平整的路基顶面进行调整,使垫层顶面的平整度符合设计要求。

12.1.2　垫层的结构类型

垫层根据选用的材料不同,可分为透水性垫层和稳定性垫层两大类。

透水性垫层是由松散的颗粒材料(如砂、砾石、碎石、炉渣、片石等)构成。其对材料的要求不高,但水稳性、隔热性和吸水性一定要好。

稳定性垫层由整体性材料(如石灰土或石灰煤渣土等)构成。并不是所有的公路都设计有垫层,有些公路有垫层,有些公路没有垫层,设计单位根据公路所在地段的地质、地形、水文情况、气候条件等因素综合分析后确定是否设置垫层。

用石灰稳定细粒土得到的强度符合要求的混合料,称为石灰土。用石灰、煤渣和土得到的强度符合要求的混合料,称为石灰煤渣土。

细粒土:颗粒的最大粒径小于9.5 mm,且其中粒径小于2.36 mm的颗粒含量不少于90%(如塑性指数不同的各种黏性土、粉性土、砂性土、砂和石屑等)。

路面工程中,常用的垫层有石灰土或石灰煤渣土、砂垫层、砂石垫层、碎石垫层(图12.1)、手摆片石垫层(图12.2)等形式。下面主要介绍石灰土、砂垫层、砂石垫层、手摆片石垫层的使用特点、材料要求、施工要点。

图 12.1　已施工完毕的碎石垫层

图 12.2　手摆片石垫层

12.1.3　垫层使用特点

1)石灰土或石灰煤渣土

这类垫层成型后,强度高,有良好的水稳性和冻稳性。石灰煤渣土具有较强的保温性能,可以减少翻浆和冻胀的危害。

2)砂垫层、砂石垫层

这类垫层有较大的空隙,能切断毛细水的上升,冻融时又能蓄水、排水,可减少路面的冻胀和沉陷。

3)手摆片石垫层

这类垫层有较大的空隙,能切断毛细水的上升,可减少路面的冻胀和沉陷,改善路基水温状况。

12.1.4　常用材料的要求

垫层所用材料应符合设计图纸和相关规范要求。

1)石灰土

①石灰。石灰技术要求应符合表 12.1 和表 12.2 的规定。应尽量缩短石灰的存放时间。石灰在野外堆放时间较长时,应覆盖防潮。

表 12.1　生石灰技术要求

指标	钙质生石灰			镁质生石灰			试验方法
	I	II	III	I	II	III	
有效氧化钙加氧化镁含量(%)	≥85	≥80	≥70	≥80	≥75	≥65	T 0813
未消化残渣含量(%)	≤7	≤11	≤17	≤10	≤14	≤20	T 0815
钙镁石灰的分类界限,氧化镁含量(%)	≤5			>5			T 0812

使用等外石灰、贝壳石灰、珊瑚石灰等,应进行试验,如混合料的强度符合设计要求,即可使用。

表 12.2　消石灰技术要求

指标		钙质消石灰			镁质消石灰			试验方法
		Ⅰ	Ⅱ	Ⅲ	Ⅰ	Ⅱ	Ⅲ	
有效氧化钙加氧化镁含量(%)		≥65	≥60	≥55	≥60	≥55	≥50	T 0813
含水率(%)		≤4	≤4	≤4	≤4	≤4	≤4	T 0801
细度	0.60 mm 方孔筛的筛余(%)	0	≤1	≤1	0	≤1	≤1	T 0814
	0.15 mm 方孔筛的筛余(%)	≤13	≤20	—	≤13	≤20	—	T 0814
钙镁石灰的分类界限,氧化镁含量(%)		≤4			>4			T 0812

对于高速公路和一级公路,宜采用磨细生石灰粉。

②土料。作为填料和胶结材料,土料的颗粒粒径不得大于 50 mm,其中细颗粒(<0.005 mm)的含量宜多些,一般采用塑性指数大于 4 的黏性土。

③水。凡饮用水(含牲畜饮用水)均可用于石灰土施工。

④石灰剂量。石灰剂量以石灰质量占全部粗细土颗粒干质量的百分率表示,即石灰剂量=石灰质量/干土质量。

石灰土中的石灰剂量应通过试验确定,并应满足设计图纸的要求。

2)砂垫层、砂石垫层

砂的质量和规格必须符合设计要求和规范规定。砂垫层的材料宜采用中砂、粗砂,不含草根、垃圾等杂质。

砂石垫层应选用天然级配材料,颗粒级配应良好;级配砂石材料中不得含有有机杂物,碎石或卵石最大粒径不得大于层厚的 2/3,且不宜大于 50 mm;铺设时不应有粗细颗粒离析现象。

3)手摆片石

片石材料要求使用不易风化的石料,石料的强度不应小于 30 MPa,片石厚度不小于 15 cm。嵌缝用的碎石、石屑等应符合设计和相关规范的要求。

任务 12.2　垫层施工要点

各类垫层的施工应符合设计和相关规范的要求。

12.2.1　石灰土垫层施工

石灰土垫层的技术要求、施工方法和质量管理应符合《公路路面基层施工技术细则》（JTG/T F20—2015）对同类材料的相关规定（详见模块 13）。

12.2.2　砂垫层、砂石垫层施工

①检验砂石料的质量，有无杂质，粒径是否符合要求，含水率是否在控制的范围内，级配是否符合要求。

②路基上的杂物、浮土清理干净，路基检查验收合格后，方能在上面进行垫层施工。一般先修筑试验路段，制订标准施工方法后，严格按照试验段所确定的参数进行大面积施工。

③铺筑砂石应分层摊铺，松铺厚度应通过试验段确定，一般每层为 150～200 mm。每层摊铺后，随之整平。

④砂石垫层施工时，应适当控制含水率，应在碾压前根据其干湿程度和气候条件，适当洒水以保持砂石的最佳含水率，一般为 8%～12%。

⑤每层的碾压遍数等参数应通过试验段确定。采用压路机往复碾压应不少于 4 遍，轮距搭接不小于 50 cm，边缘和转角应用人工或蛙式打夯机补夯密实。

⑥砂石垫层分段施工时接搓处应做成斜坡，每层接搓处的水平距离应错开 0.5～1.0 m，并应充分压实。

⑦施工时应分层找平，碾压密实。下层合格后，方可进行上层施工。

12.2.3　手摆片石施工

1）施工工艺流程

施工工艺流程为：施工准备→石料装运→人工手摆→嵌缝整平→碾压→片石垫层成型。

2）施工要点

①下承层检查：下承层应平整、坚实。路基检查验收合格后，方能在上面进行手摆片石施工。

②测量放样：在验收合格的路基上恢复中线和左右侧边桩线，并测得各桩点的高程，根据设计手摆片石垫层的厚度，挂线施工。

③石料装运至施工现场后，人工手摆片石，先摆大一点的片石，原则上大面朝下放平，尖端朝上，底部靠紧，不得倾斜及相互架空，片石之间的间隙用小的片石嵌紧，片石垫层表面有明显空洞、空隙的地方用碎石、石渣、石屑人工嵌缝，保证表面平整，无明显空洞、空隙。人工摆完后用压路机碾压。

④碾压时严格控制片石垫层的压实遍数，压实遍数通过试验段确定。按先慢后快、先轻后重、先稳后振、先低后高、轮迹重叠 1/2，前后相邻两区段的纵向接头处重叠 1.0～1.5 m，直线由边到中，曲线由内侧到外侧，纵向进退式进行。碾压后实测顶面高程、平整度。手摆片石垫层的厚度、宽度、平整度等指标应符合设计要求。

手摆片石垫层施工,需要人工手摆,劳动强度较大,必须有热爱劳动、不怕苦、不怕累的精神才能完成。公路施工完成后,垫层看不见,但垫层的作用不容小觑。垫层默默无闻、甘做铺路石的奉献精神值得我们学习。

小结

垫层是基层或底基层与路基之间的结构层次,主要起扩散荷载应力和改善路基水温状况的作用。垫层根据选用的材料不同,可分为透水性垫层和稳定性垫层两大类。用石灰稳定细粒土得到的强度符合要求的混合料,称为石灰土。用石灰、煤渣和土得到的强度符合要求的混合料,称为石灰煤渣土。垫层所用材料以及各类垫层的施工应符合设计和相关规范的要求。

能力训练及习题

一、能力训练

工程概况:重庆巴南区某四级公路工程全长 21 km,双车道公路,路面面层采用 C30 水泥混凝土路面,路面基层采用 5% 水泥稳定级配碎石基层,在 K3+100～K3+650 处设计有 20 cm 厚手摆片石垫层,附近石材丰富,可自行开采或采购。

任务:以 4~6 人为 1 组,分组讨论该公路的手摆片石垫层的施工工艺和施工注意事项,小组人员派代表进行分享。

二、习题

(一)填空题(请把正确的答案填在括号里)

1.垫层根据选用的材料不同,可分为(　　　　　)垫层和(　　　　　)垫层两大类。

2.用石灰稳定细粒土得到的强度符合要求的混合料,称为(　　　　　)。

(二)判断题(正确的打"√",错误的打"×")

1.手摆片石垫层碾压时应先快后慢、先轻后重、先稳后振、先低后高、轮迹重叠1/2。
(　　)

2.石灰剂量以石灰质量占全部粗细土颗粒干质量的百分率表示,即石灰剂量=石灰质量/干土质量。(　　)

3.砂垫层、砂石垫层有较大的空隙,能切断毛细水的上升,冻融时又能蓄水、排水,可减少路面的冻胀和沉陷。(　　)

(三)简答题

1.垫层的作用是什么?

2.垫层根据选用的材料不同,可分为哪两大类?

3.手摆片石垫层对材料有何要求?

4.简述手摆片石施工的工艺流程和施工要点。

模块 13 路面基层(底基层)施工

【知识目标】了解基层(底基层)原材料的要求、水泥稳定材料、石灰稳定材料、综合稳定材料的概念;理解混合料的组成设计、填隙碎石施工技术要求;掌握基层(底基层)混合料生产、摊铺及碾压、养生、交通管制、层间处理,施工质量标准与控制。

【能力目标】能根据具体项目设计图纸,编制路面基层施工方案。

【素质目标】培养工匠精神、团结协作精神。

任务 13.1 原材料要求

路面基层
施工概述

13.1.1 一般规定及术语

①在原材料试验评定中,应随机选取具有足够数量的样本进行材料试验。

②工业废弃物作为筑路材料使用前应进行环境评价,并满足国家相关规定。

③水泥稳定材料:以水泥为结合料,通过加水与被稳定材料共同拌和形成的混合料,包括水泥稳定级配碎石、水泥稳定级配砾石、水泥稳定石屑、水泥稳定土、水泥稳定砂等。

④石灰稳定材料:以石灰为结合料,通过加水与被稳定材料共同拌和形成的混合料,包括石灰碎石土、石灰土等。

⑤综合稳定材料:以两种或两种以上材料为结合料,通过加水与被稳定材料共同拌和形成的混合料,包括水泥石灰稳定材料、水泥粉煤灰稳定材料、石灰粉煤灰稳定材料等。

⑥工业废渣稳定材料:以石灰或水泥为结合料,以煤渣、钢渣、矿渣等工业废渣为主要被稳定材料,通过加水拌和形成的混合料。

⑦容许延迟时间:在满足强度标准的前提下,水泥稳定材料拌和后至碾压成型之前所容许的最大时间间隔。

13.1.2 水泥及添加剂

①水泥强度等级为 32.5 或 42.5,且满足普通硅酸盐水泥等均可使用。

②所用水泥初凝时间应大于 3 h,终凝时间应大于 6 h 且小于 10 h。

③在水泥稳定材料中掺加缓凝剂或早强剂时,应对混合料进行试验验证。

13.1.3 石灰

①石灰技术要求应符合模块 12 表 12.1 和表 12.2 的规定。

②高速公路和一级公路用石灰应不低于Ⅱ级技术要求,二级公路用石灰应不低于Ⅲ级技术要求,二级以下公路宜不低于Ⅲ级技术要求。

③高速公路和一级公路的基层,宜采用磨细消石灰。

④二级以下公路使用等外石灰时,有效氧化钙含量应在 20% 以上,且混合料强度应满足要求。

13.1.4 粉煤灰等工业废渣

①干排或湿排的硅铝粉煤灰和高钙粉煤灰等均可用作基层或底基层的结合料。粉煤灰技术要求应符合表 13.1 的规定,粉煤灰如图 13.1 所示。

表 13.1　粉煤灰技术要求

检测项目	技术要求	试验方法
SiO_2、Al_2O_3 和 Fe_2O_3 总含量(%)	>70	T 0816
烧失量(%)	≤20	T 0817
比表面积(cm^2/g)	>2 500	T 0820
0.3 mm 筛孔通过率(%)	≥90	T 0818
0.075 mm 筛孔通过率(%)	≥70	T 0818
湿粉煤灰含水率(%)	≤35	T 0801

②各等级公路的底基层、二级及二级以下公路的基层使用的粉煤灰,通过率指标不满足表 13.1 要求时,应进行混合料强度试验,达到相关要求的强度指标时,方可使用。

③煤矸石、煤渣、高炉矿渣、钢渣及其他冶金矿渣等工业废渣可用于修筑基层或底基层,使用前应崩解稳定,且宜通过不同龄期条件下的强度和模量试验以及温度收缩和干湿收缩试验等评价混合料性能。煤矸石如图 13.2 所示。

图 13.1　粉煤灰

图 13.2　煤矸石

④水泥稳定煤矸石不宜用于高速公路和一级公路。

⑤工业废渣类作为集料使用时,公称最大粒径应不大于 31.5 mm,颗粒组成宜有一定级配,且不宜含杂质。

13.1.5　水

①符合《生活饮用水卫生标准》(GB 5749—2022)的饮用水可直接作为基层、底基层材料拌和与养护用水。

②拌和使用的非饮用水应进行水质检验,技术要求应符合表 13.2 的规定。

③养护用水可不检验不溶物含量,其他指标应符合表 13.2 的规定。

表 13.2　非饮用水技术要求

项次	项目	技术要求	试验方法
1	pH 值	≥4.5	JGJ 63
2	Cl^- 含量(mg/L)	≤3 500	
3	SO_4^{2-} 含量(mg/L)	≤2 700	
4	碱含量(mg/L)	≤1 500	
5	可溶物含量(mg/L)	≤10 000	
6	不溶物含量(mg/L)	≤5 000	
7	其他杂质	不应有漂浮的油脂和泡沫及明显的颜色和异味	

13.1.6　粗集料

①用作被稳定材料的粗集料宜采用各种硬质岩石或砾石加工成的碎石,也可直接采用天然砾石。粗集料应符合表 13.3 中Ⅰ类规定,用作级配碎石的粗集料应符合表 13.3 中Ⅱ类的规定。

表 13.3　粗集料技术要求

指标	层位	高速公路和一级公路				二级及二级以下公路		试验方法
		极重、特重交通		重、中、轻交通				
		Ⅰ类	Ⅱ类	Ⅰ类	Ⅱ类	Ⅰ类	Ⅱ类	
压碎值(%)	基层	≤22[a]	≤22	≤26	≤26	≤35	≤30	T 0316
	底基层	≤30	≤26	≤30	≤26	≤40	≤35	
针片状颗粒含量(%)	基层	≤18	≤18	≤22	≤18	—	≤20	T 0312
	底基层	—	≤20	—	≤20	—	≤20	
0.075 mm 以下粉尘含量(%)	基层	≤1.2	≤1.2	≤2	≤2	—	—	T 0310
	底基层	—	—	—	—	—	—	
软石含量(%)	基层	≤3	≤3	≤5	≤5	—	—	T 0320
	底基层	—	—	—	—	—	—	

注:a.对花岗岩石料,压碎值可放宽至 25%。

②基层、底基层的粗集料规格要求宜符合表 13.4 的规定。

表 13.4　粗集料规格要求

规格名称	工程粒径(mm)	通过下列筛孔(mm)的质量百分率(%)									公称粒径(mm)
		53	37.5	31.5	26.5	19	13.2	9.5	4.75	2.36	
G1	20~40	100	90~100	—	—	0~10	0~5	—	—	—	19~37.5
G2	20~30		100	90~100		0~10	0~5		—	—	19~31.5
G3	20~25	—	—	100	90~100	0~10	0~5	—	—	—	19~26.5
G4	15~25	—	—	100	90~100	—	0~10	0~5	—	—	13.2~26.5
G5	15~20	—	—		100	90~100	0~10	0~5	—	—	13.2~19
G6	10~30	—	100	90~100	—	—	0~10	0~5			9.5~31.5
G7	10~25	—	—	100	90~100	—	0~10	0~5			9.5~26.5
G8	10~20	—	—		100	90~100	—	0~10	0~5	—	9.5~19
G9	10~15	—	—	—		100	90~100	0~10	0~5	—	9.5~13.2
G10	5~15	—	—	—		100	90~100	40~70	0~10	0~5	4.75~13.2
G11	5~10	—	—	—	—		100	90~100	0~10	0~5	4.75~9.5

③高速公路和一级公路极重、特重交通荷载等级基层的 4.75 mm 以上粗集料应采用单一粒径的规格料。

④作为高速公路、一级公路底基层和二级及二级以下公路基层、底基层被稳定材料的天然砾石材料宜满足表 13.3 的要求,且应级配稳定、塑性指数不大于 9。

⑤应选择适当的碎石加工工艺,用于破碎的原石粒径应为破碎后碎石公称最大粒径的 3 倍以上。高速公路基层用碎石,应采用反击破碎的加工工艺。

⑥碎石加工中,根据筛网放置的倾斜角度和工程经验,应选择合理的筛孔尺寸。粒径尺寸与筛孔尺寸对应关系宜符合表 13.5 的规定。根据破碎方式和石质的不同,可适当调整筛孔尺寸,调整范围宜为 1~2 mm。

表 13.5　粒径尺寸与筛孔尺寸对照表

粒径尺寸(mm)	4.75	9.5	13.2	16	19	26.5	31.5	37.5
筛孔尺寸(mm)	5.5	11	15	18	22	31	36	43

⑦用作级配碎石或砾石的粗集料应采用具有一定级配的硬质石料,且不应含有黏土块、有机物等。

⑧级配碎石或砾石用作基层时,高速公路和一级公路公称最大粒径应不大于 26.5 mm,二级及二级以下公路公称最大粒径应不大于 31.5 mm;用作底基层时,公称最大粒径应不大于 37.5 mm。

13.1.7　细集料

①细集料应洁净、干燥、无风化、无杂质,且有适当的颗粒级配。

②高速公路和一级公路用细集料技术要求应符合表 13.6 的规定。

表 13.6　细集料技术要求

项目	水泥稳定[a]	石灰稳定	石灰粉煤灰综合稳定	水泥粉煤灰综合稳定	试验方法
颗粒分析	满足级配的要求			—	T 0302/0303/0327
塑性指数[b]	≤17	适宜范围 15~20	适宜范围 12~20	—	T 0118
有机质含量(%)	<2	≤10	≤10	<2	T 0313/0336
硫酸盐含量(%)	≤0.25	≤0.8	—	≤0.25	T 0341

注:a.水泥稳定包含水泥石灰综合稳定。

b.应测定 0.075 mm 以下材料的塑性指数。

③细集料规格要求应符合表 13.7 的规定。

表 13.7　细集料规格要求

规格名称	工程粒径(mm)	通过下列筛孔(mm)的质量百分率(%)								公称粒径(mm)
		9.5	4.75	2.36	1.18	0.6	0.3	0.15	0.075	
XG1	3~5	100	90~100	0~15	0~5	—	—	—	—	2.36~4.75
XG2	0~3	—	100	90~100	—	—	—	—	0~15	0~2.36
XG3	0~5	100	90~100	—	—	—	—	—	0~20	0~4.75

④对 0~3 mm 和 0~5 mm 的细集料,应分别严格控制大于 2.36 mm 和 4.75 mm 颗粒含量。对 3~5 mm 的细集料,应严格控制小于 2.36 mm 的颗粒含量。

⑤对高速公路和一级公路,细集料中小于 0.075 mm 的颗粒含量应不大于 15%;对二级及二级以下公路,细集料中小于 0.075 mm 的颗粒含量应不大于 20%。

⑥级配碎石或砾石中的细集料可使用细筛余料,或专门轧制的细碎石集料。

⑦天然砾石或粗砂作为细集料时,其颗粒尺寸应满足工程需要,且级配稳定,超尺寸颗粒含量超过《公路路面基层施工技术细则》(JTG/T F20—2015)或实际工程的规定时应筛除。

13.1.8　材料分档与掺配

①材料分档应符合表 13.8 的规定。

表 13.8　材料分档要求

层位	高速公路和一级公路		二级及二级以下公路
	极重、特重交通	重、中、轻交通	
基层	≥5	≥4	≥3 或 4[a]
底基层	≥4	≥3 或 4[a]	≥3

注:a.对一般工程可选择不少于 3 档备料,对极重、特重交通荷载等级或且强度要求较高时,为了保证级配的稳定,宜选择不少于 4 档备料。

②公称最大粒径为 19 mm、26.5 mm 和 31.5 mm 的无机结合料稳定碎石或砾石的备料规格宜符合表 13.9 的规定。

表 13.9 不同粒径混合料的备料规格

公称最大粒径(mm)	类型	一档	二档	三档	四档	五档	六档
19	三档备料	XG3	G11	G8	—	—	—
	四档备料Ⅰ	XG2	XG1	G11	G8	—	—
	四档备料Ⅱ	XG3	G11	G9	G5	—	—
	四档备料Ⅲ[a]	XG3(1)	XG3(2)	G11	G8	—	—
	五档备料Ⅰ	XG2	XG1	G11	G9	G5	—
	五档备料Ⅱ[a]	XG3(1)	XG3(2)	G11	G9	G5	—
26.5	四档备料	XG3	G11	G8	G3	—	—
	五档备料Ⅰ	XG3	G11	G9	G5	G3	—
	五档备料Ⅱ	XG2	XG1	G11	G8	G3	—
	五档备料Ⅲ[a]	XG3(1)	XG3(2)	G11	G8	G3	—
	六档备料Ⅰ	XG2	XG1	G11	G9	G5	G3
	六档备料Ⅱ[a]	XG3(1)	XG3(2)	G11	G9	G5	G3
31.5	四档备料	XG3	G11	G8	G2	—	—
	五档备料Ⅰ	XG3	G11	G9	G5	G2	—
	五档备料Ⅱ	XG3	G11	G9	G4	G2	—
	五档备料Ⅲ[a]	XG3(1)	XG3(2)	G11	G8	G2	—
	六档备料Ⅰ	XG2	XG1	G11	G9	G5	G2
	六档备料Ⅱ[a]	XG3(1)	XG3(2)	G11	G9	G5	G2

注:a.表中 XG3(1) 和 XG3(2) 为两种不同级配规格的 0~5 mm 的细集料。

③用于二级及二级以上公路基层和底基层的级配碎石或砾石,应由不少于 4 种规格的材料掺配而成。

④天然材料用于高速公路和一级公路的基层时,应筛分成表 13.4 中规定的规格,并按表 13.9 中的备料规格进行掺配。天然材料的规格不满足设计级配的要求时,可掺配一定比例的碎石或轧碎砾石。

⑤级配碎石或砾石类材料中宜掺加石屑、粗砂等材料。

⑥级配碎石或砾石细集料的塑性指数应不大于 12,不满足要求时,可加石灰、无塑性的砂或石屑掺配处理。

任务 13.2 混合料组成设计

路面基层(底基层)的混合料组成设计,是保证基层(底基层)路用性能的前提,是控制基层(底基层)施工质量的重要依据。

13.2.1　一般规定

①混合料组成设计应按设计要求,选择技术经济合理的混合料类型和配合比。

②应根据公路等级、交通荷载等级、结构形式、材料类型等因素确定材料技术要求。

③无机结合料稳定材料组成设计应包括原材料检验、混合料的目标配合比设计、混合料的生产配合比设计和施工参数确定4部分。

无机结合料稳定材料组成设计流程见图13.3所示。

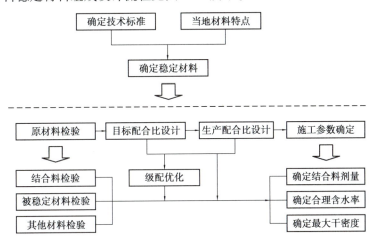

图 13.3　无机结合料稳定材料组成设计流程

④原材料检验应包括结合料、被稳定材料及其他相关材料的试验。所有检测指标均应满足相关设计标准或技术文件的要求。

⑤目标配合比设计应包括下列技术内容:

a.选择级配范围。

b.确定结合料类型及掺配比例。

c.验证混合料相关的设计及施工技术指标。

⑥生产配合比设计应包括下列技术内容:

a.确定料仓供料比例。

b.确定水泥稳定材料的容许延迟时间。

c.确定结合料剂量的标定曲线。

d.确定混合料的最佳含水率、最大干密度。

⑦施工参数确定应包括下列技术内容:

a.确定施工中结合料的剂量。

b.确定施工合理含水率及最大干密度。

c.验证混合料强度技术指标。

⑧确定无机结合料稳定材料最大干密度指标时,宜采用重型击实方法,也可采用振动压实方法。

⑨应根据当地材料的特点和混合料设计要求,通过配合比设计选择最优的工程级配。

⑩用于基层的无机结合料稳定材料,强度满足要求时,尚宜检验其抗冲刷和抗裂性能。

⑪在施工过程中,材料品质或规格发生变化、结合料品种发生变化时,应重新进行材料组成设计。

13.2.2　强度要求

①无机结合料稳定材料应满足设计及《公路路面基层施工技术细则》(JTG/T F20—2015)规定的强度要求。

②应采用 7d 龄期无侧限抗压强度作为无机结合料稳定材料施工质量控制的主要指标。

③高速公路和一级公路应验证所用材料的 7 d 龄期无侧限抗压强度与 90 d 或 180 d 龄期弯拉强度的关系。

④水泥稳定材料的 7 d 龄期无侧限抗压强度标准 R_d 应符合表 13.10 的规定。

表 13.10　水泥稳定材料的 7d 龄期无侧限抗压强度标准 R_d　　　　单位:MPa

结构层	公路等级	极重、特重交通	重交通	中、轻交通
基层	高速公路和一级公路	5.0~7.0	4.0~6.0	3.0~5.0
	二级及二级以下公路	4.0~6.0	3.0~5.0	2.0~4.0
底基层	高速公路和一级公路	3.0~5.0	2.5~4.5	2.0~4.0
	二级及二级以下公路	2.5~4.5	2.0~4.0	1.0~3.0

注:①公路等级高或交通荷载等级高或结构安全性要求高时,推荐取上限强度标准。

②表中强度标准指的是 7 d 龄期无侧限抗压强度的代表值。

⑤碾压贫混凝土应符合下列规定:

a.7 d 龄期无侧限抗压强度应不低于 7 MPa,且宜不高于 10 MPa。

b.水泥剂量宜不大于 13%。

c.需要提高材料强度时,应优化混合料级配,并验证混合料收缩性能、弯拉强度和模量等指标。

⑥石灰粉煤灰稳定材料的 7 d 龄期无侧限抗压强度标准 R_d 应符合表 13.11 的规定,其他工业废渣稳定材料宜参照此标准。

表 13.11　石灰粉煤灰稳定材料的 7 d 龄期无侧限抗压强度标准 R_d　　　　单位:MPa

结构层	公路等级	极重、特重交通	重交通	中、轻交通
基层	高速公路和一级公路	≥1.1	≥1.0	≥0.9
	二级及二级以下公路	≥0.9	≥0.8	≥0.7
底基层	高速公路和一级公路	≥0.8	≥0.7	≥0.6
	二级及二级以下公路	≥0.7	≥0.6	≥0.5

注:石灰粉煤灰稳定材料强度不满足表 13.11 的要求时,可外加混合料质量 1%~2% 的水泥。

⑦水泥粉煤灰稳定材料的 7 d 龄期无侧限抗压强度标准 R_d 应符合表 13.12 的规定。

表 13.12 水泥粉煤灰稳定材料的 7 d 龄期无侧限抗压强度标准 R_d 单位:MPa

结构层	公路等级	极重、特重交通	重交通	中、轻交通
基层	高速公路和一级公路	4.0~5.0	3.5~4.5	3.0~4.0
	二级及二级以下公路	3.5~4.5	3.0~4.0	2.5~3.5
底基层	高速公路和一级公路	2.5~3.5	2.0~3.0	1.5~2.5
	二级及二级以下公路	2.0~3.0	1.5~2.5	1.0~2.0

⑧石灰稳定材料的 7 d 龄期无侧限抗压强度标准 R_d 应符合表 13.13 的规定。

表 13.13 石灰稳定材料的 7 d 龄期无侧限抗压强度标准 R_d 单位:MPa

结构层	高速公路和一级公路	二级及二级以下公路
基层	—	≥0.8[a]
底基层	≥0.8	0.5~0.7[b]

注:石灰土强度达不到表 13.13 规定的抗压强度标准时,可添加部分水泥,或改用另一种土。塑性指数过小的土,不宜用石灰稳定,宜改用水泥稳定。

a.在低塑性材料(塑性指数小于7)地区,石灰稳定砾石土和碎石土的 7 d 龄期无侧限抗压强度应大于 0.5 MPa(100 g 平衡锥测液限)。

b.低限用于塑性指数小于 7 的黏性土,且低限值宜仅用于二级以下公路。高限用于塑性指数大于 7 的黏性土。

⑨水泥稳定类材料强度要求较高时,宜采取控制原材料技术指标和优化级配设计等措施,不宜单纯通过增加水泥剂量来提高材料强度。

⑩石灰稳定砾石土或碎石土材料可仅对其中公称最大粒径小于 4.75 mm 的石灰土进行 7 d 龄期无侧限抗压强度验证,且无侧限抗压强度应不小于 0.8 MPa。

13.2.3 强度试验及计算

无侧限抗压强度试件制作 无侧限抗压强度试验

①强度试验时,应按现场压实度标准采用静压法成型试件。

现以石灰稳定材料为例:按工地预定达到的压实度,分别计算不同石灰剂量的试件应达到的干密度。试件不应按击实试验所得的最大干密度制作,而应该按与规定的现场压实度相应的干密度制作。如石灰土的最大干密度为 1.68 g/cm³,现场要求的压实度为 96%,则试件的干密度为 1.68×0.96＝1.61(g/cm³)。

②强度试验试件的径高比应为 1:1。无机结合料稳定细粒材料的试件直径应为 100 mm,无机结合料稳定中、粗粒材料的试件直径应为 150 mm。无侧限抗压试模如图 13.4 所示,无侧限抗压强度试验如图 13.5 所示。

③强度试验时,平行试验的最小试件数量应符合表 13.14 的规定。试验结果的变异系数大于表中规定值时,应重做试验或增加试件数量。

图 13.4 无侧限抗压试模

图 13.5 无侧限抗压强度试验

表 13.14 平行试验的最少试件数量

材料类型	变异系数要求		
	<10%	10%～15%	15%～20%
细粒材料[a]	6	9	—
中粒材料[b]	6	9	13
粗粒材料[c]	—	9	13

注:a.公称最大粒径小于 16 mm 的材料。

b.公称最大粒径不小于 16 mm,且小于 26.5 mm 的材料。

c.公称最大粒径不小于 26.5 mm 的材料。

试验与检测
数字修约

④根据试验结果,应按式(13.1)计算强度代表值。

$$R_d^0 = \bar{R} \cdot (1 - Z_\alpha C_v) \tag{13.1}$$

式中 Z_α——标准正态分布表中随保证率或置信度 α 而变的系数,高速公路和一级公路应取保证率 95%,即 $Z_\alpha = 1.645$;二级及二级以下公路应取保证率 90%,即 $Z_\alpha = 1.282$;

$\bar{R}$——一组试验的强度平均值;

C_v——一组试验的强度变异系数。

⑤强度数据处理时,宜按 3 倍标准差的标准剔除异常数值,且同一组试验样本异常值剔除应不多于 2 个。

⑥强度代表值 R_d^0 应不小于强度标准值 R_d,见式(13.2)。当 $R_d^0 < R_d$ 时,应重新进行配合比试验。

$$R_d^0 \geqslant R_d \tag{13.2}$$

13.2.4 无机结合料的计算和比例

①水泥稳定材料的水泥质量应以水泥质量占全部干燥被稳定材料质量的百分率表示。

②石灰稳定材料的石灰质量应以石灰质量占全部干燥被稳定材料质量的百分率表示。

③石灰工业废渣混合料应采用质量配合比计算,以石灰∶工业废渣∶被稳定材料的质量比表示。

④水泥粉煤灰稳定材料应采用质量配合比计算,以水泥∶粉煤灰∶被稳定材料的质量比表示。

⑤水泥、石灰综合稳定时,水泥用量占结合料总量不小于30%时,应按水泥稳定材料的技术要求进行组成设计,水泥和石灰的比例宜取60∶40、50∶50或40∶60。水泥用量占结合料总量小于30%时,应按石灰稳定材料设计。

13.2.5　混合料推荐级配及技术要求

①采用水泥稳定材料时,被稳定材料的液限应不大于40%,塑性指数应不大于17。塑性指数大于17时,宜采用石灰稳定或用水泥和石灰综合稳定。

②采用水泥稳定材料,被稳定材料中含有一定量的碎石或砾石,且粒径小于0.6 mm的颗粒含量在30%以下时,塑性指数可大于17,且土的均匀系数应大于5。其级配可采用表13.15中推荐的级配范围,并应符合下列规定:

a.用于高速公路和一级公路的底基层时,被稳定材料的公称最大粒径应不大于31.5 mm,级配宜符合表13.15中C-A-1或C-A-2的规定。被稳定材料中不宜含有黏性土或粉性土。

b.用于二级公路的基层时,级配宜符合表13.15中C-A-1的规定,被稳定材料中不宜含有黏性土或粉性土。

c.用于二级以下公路的基层时,级配宜符合表13.15中C-A-3的规定,被稳定材料的公称最大粒径应不大于37.5 mm。

d.用于二级及二级以下公路的底基层时,级配宜符合表13.15中C-A-4的规定,被稳定材料的公称最大粒径应不大于37.5 mm。

表 13.15　水泥稳定材料的推荐级配范围

筛孔尺寸 (mm)	高速公路和一级公路的底基层或二级公路的基层(%)	高速公路和一级公路的底基层(%)	二级以下公路的基层(%)	二级及二级以下公路的底基层(%)
	C-A-1	C-A-2	C-A-3	C-A-4
53	—	—	100	100
37.5	100	100	90~100	—
31.5	90~100	—	—	—
26.5	—	—	66~100	—
19	67~90	—	54~100	—
9.5	45~68	—	39~100	—
4.75	29~50	50~100	28~84	50~100
2.36	18~38	—	20~70	—
1.18	—	—	14~57	—
0.6	8~22	17~100	8~47	17~100
0.075	0~7	0~30	0~30	0~50

注:表中水泥稳定材料不包括水泥稳定级配碎石或砾石。

③采用水泥稳定材料,被稳定材料为粒径较均匀的砂时,宜在砂中添加适量塑性指数小于10的黏性土、石灰土或粉煤灰,加入比例应通过击实试验确定。添加粉煤灰的比例宜为20%~40%。

④水泥稳定级配碎石或砾石的级配可采用表13.16中推荐的级配范围,并宜符合下列规定:

a.用于高速公路和一级公路时,级配宜符合表13.16中C-B-1、C-B-2的规定。混合料密实时,也可采用C-B-3级配。C-B-1级配宜用于基层和底基层,C-B-2级配宜用于基层。

b.用于二级及二级以下公路时,级配宜符合表13.16中C-C-1、C-C-2、C-C-3的规定。C-C-1级配宜用于基层和底基层,C-C-2和C-C-3级配宜用于基层,C-B-3级配宜用于极重、特重交通荷载等级下的基层。

c.被稳定材料的液限宜不大于28%。

d.用于高速公路和一级公路时,被稳定材料的塑性指数宜不大于5;用于二级及二级以下公路时,宜不大于7。

表13.16 水泥稳定级配碎石或砾石的推荐级配范围

筛孔尺寸（mm）	高速公路和一级公路（%）			二级及二级以下公路（%）		
	C-B-1	C-B-2	C-B-3	C-C-1	C-C-2	C-C-3
37.5	—	—	—	100	—	—
31.5	—	—	100	90~100	100	—
26.5	100	—	—	81~94	90~100	100
19	82~86	100	68~86	67~83	73~87	90~100
16	73~79	88~93	—	61~78	65~82	79~92
13.2	65~72	76~86	—	54~73	58~75	67~83
9.5	53~62	59~72	38~58	45~64	47~66	52~71
4.75	35~45	35~45	22~32	30~50	30~50	30~50
2.36	22~31	22~31	16~28	19~36	19~36	19~36
1.18	13~22	13~22	—	12~26	12~26	12~26
0.6	8~15	8~15	8~15	8~19	8~19	8~19
0.3	5~10	5~10	—	5~14	5~14	5~14
0.15	3~7	3~7	—	3~10	3~10	3~10
0.075	2~5	2~5	0~3	2~7	2~7	2~7

⑤石灰粉煤灰稳定材料可采用表13.17中推荐的级配范围,并应符合下列规定:

a.用于高速公路和一级公路基层时,石灰粉煤灰总质量宜占15%,应不大于20%,被稳定材料公称最大粒径应不大于26.5 mm,级配宜符合表13.17中LF-A-2L和LF-A-2S的规定。

b.用于高速公路和一级公路底基层时,各档被稳定材料总质量宜不小于80%,级配宜符合表13.17中LF-A-1L和LF-A-1S的规定。对极重、特重交通荷载等级,级配宜符合表13.17

中 LF-A-2L 和 LF-A-2S 的规定。

c.用于二级及二级以下公路基层时,被稳定材料的公称最大粒径应不大于 31.5mm,其总质量宜不小于 80%,且符合表 13.17 中 LF-B-2L 和 LF-B-2S 的规定。

d.用于二级及二级以下公路底基层时,各档被稳定材料总质量宜不小于 70%,且符合表 13.17 中 LF-B-1L 和 LF-B-1S 的规定。对极重、特重交通荷载等级,可选择符合表 13.17 中 LF-B-2L 和 LF-B-2S 的规定。

表 13.17　石灰粉煤灰稳定级配碎石或砾石的推荐级配范围

筛孔尺寸 (mm)	高速公路和一级公路(%)				二级及二级以下公路(%)			
	稳定碎石		稳定砾石		稳定碎石		稳定砾石	
	LF-A-1S	LF-A-2S	LF-A-1L	LF-A-2L	LF-B-1S	LF-B-2S	LF-B-1L	LF-B-2L
37.5	—	—	—	—	100	—	100	—
31.5	100	—	100	—	90~100	100	90~100	100
26.5	91~95	100	93~96	100	81~94	90~100	84~95	90~100
19	76~85	82~89	81~88	86~91	67~83	73~87	72~87	77~91
16	69~80	73~84	75~84	79~87	61~78	65~82	67~83	71~86
13.2	62~75	65~78	69~79	72~82	54~73	58~75	62~79	65~81
9.5	51~65	53~67	60~71	62~73	45~64	47~66	54~72	55~74
4.75	35~45	35~45	45~55	45~55	30~50	30~50	40~60	40~60
2.36	22~31	22~31	27~39	27~39	19~36	19~36	24~44	24~44
1.18	13~22	13~22	16~28	16~28	12~26	12~26	15~33	15~33
0.6	8~15	8~15	10~20	10~20	8~19	8~19	9~25	9~25
0.3	5~10	5~10	6~14	6~14	—	—	—	—
0.15	3~7	3~7	3~10	3~10	—	—	—	—
0.075	2~5	2~5	2~7	2~7	2~7	2~7	2~10	2~10

⑥水泥粉煤灰稳定材料可采用表 13.18 中推荐的级配范围,并应符合下列规定:

a.用于高速公路和一级公路基层时,水泥粉煤灰总质量宜为 12%,应不大于 18%,各档被稳定材料总质量宜不小于 85%,其公称最大粒径应不大于 26.5 mm,级配宜符合表 13.18 中 CF-A-2L 和 CF-A-2S 的规定。

b.用于高速公路和一级公路底基层时,各档被稳定材料总质量宜不小于 80%,级配宜符合表 13.18 中 CF-A-1L 和 CF-A-1S 的规定。对极重、特重交通荷载等级,级配宜符合表 13.18 中 CF-A-2L 和 CF-A-2S 的规定。

c.用于二级及二级以下公路基层时,被稳定材料的公称最大粒径应不大于 31.5 mm,其总质量宜不小于 80%,级配宜符合表 13.18 中 CF-B-2L 和 CF-B-2S 的规定。

d.用于二级及二级以下公路底基层时,各档被稳定材料总质量宜不小于 75%,级配宜符合表 13.18 中 CF-B-1L 和 CF-B-1S 的规定。对极重、特重交通荷载等级,级配宜符合表 13.18 中 CF-B-2L 和 CF-B-2S 的规定。

表13.18 水泥粉煤灰稳定级配碎石或砾石的推荐级配范围

筛孔尺寸（mm）	高速公路和一级公路（%）				二级及二级以下公路（%）			
	稳定碎石		稳定砾石		稳定碎石		稳定砾石	
	CF-A-1S	CF-A-2S	CF-A-1L	CF-A-2L	CF-B-1S	CF-B-2S	CF-B-1L	CF-B-2L
37.5	—	—	—	—	100	—	100	—
31.5	100	—	100	—	90~100	100	90~100	100
26.5	90~95	100	91~95	100	80~93	90~100	81~94	90~100
19	72~84	79~88	76~85	82~89	64~81	70~86	67~83	73~87
16	65~79	70~82	69~80	73~84	57~75	62~79	61~78	65~82
13.2	57~72	61~76	62~75	65~78	50~69	54~72	54~73	58~75
9.5	47~62	49~64	51~65	53~67	40~60	42~62	45~64	47~66
4.75	30~40	30~40	35~45	35~45	25~45	25~45	30~50	30~50
2.36	19~28	19~28	22~33	22~33	16~31	16~31	19~36	19~36
1.18	12~20	12~20	13~24	13~24	11~22	11~22	12~26	12~26
0.6	8~14	8~14	8~18	8~18	7~15	7~15	8~19	8~19
0.3	5~10	5~10	5~13	5~13	—	—	—	—
0.15	3~7	3~7	3~10	3~10	—	—	—	—
0.075	2~5	2~5	2~7	2~7	2~5	2~5	2~7	2~7

⑦级配碎石或砾石的级配范围宜符合下列规定：

a.用于高速公路和一级公路基层时，级配宜符合表13.19中级配G-A-4或G-A-5的规定。

b.用于高速公路和一级公路底基层时，级配宜符合表13.19中级配G-A-3或G-A-4的规定。

c.用于二级及二级以下公路的基层、底基层时，级配可符合表13.19中级配G-A-1或G-A-2的规定。

表13.19 级配碎石或砾石的推荐级配范围

筛孔尺寸（mm）	G-A-1（%）	G-A-2（%）	G-A-3（%）	G-A-4（%）	G-A-5（%）
37.5	100	—	—	—	—
31.5	90~100	100	100	—	—
26.5	80~93	90~100	90~95	100	100
19	64~81	70~86	72~84	79~88	95~100
16	57~75	62~79	65~79	70~82	82~89
13.2	50~69	54~72	57~72	61~76	70~79
9.5	40~60	42~62	47~62	49~64	53~63

筛孔尺寸（mm）	G-A-1(%)	G-A-2(%)	G-A-3(%)	G-A-4(%)	G-A-5(%)
4.75	25~45	25~45	30~40	30~40	30~40
2.36	16~31	16~31	19~28	19~28	19~28
1.18	11~22	11~22	12~20	12~20	12~20
0.6	7~15	7~15	8~14	8~14	8~14
0.3	—	—	5~10	5~10	5~10
0.15	—	—	3~7	3~7	3~7
0.075ª	2~5	2~5	2~5	2~5	2~5

注:a.对无塑性的混合料,小于0.075 mm 的颗粒含量宜接近高限。

⑧二级及二级以下公路底基层采用未筛分碎石、砾石时,宜采用表 13.20 中推荐的级配范围。

表 13.20　未筛分碎石、砾石的推荐级配范围

筛孔尺寸(mm)	G-B-1(%)	G-B-2(%)
53	100	—
37.5	85~100	100
31.5	69~88	83~100
19.0	40~65	54~84
9.5	19~43	29~59
4.75	10~30	17~45
2.36	8~25	11~35
0.6	6~18	6~21
0.075	0~10	0~10

⑨用于底基层的天然砾石、砾石土宜采用表 13.21 中推荐的级配范围。

表 13.21　天然砾石、砾石土的推荐级配范围

筛孔尺寸(mm)	53	37.5	9.5	4.75	0.6	0.075
通过质量百分率(%)	100	80~100	40~100	25~85	8~45	0~15

⑩级配碎石或砾石、未筛分碎石、天然砾石和砾石土等材料应符合下列规定:

a.液限宜不大于 28%。

b.在潮湿多雨地区塑性指数宜小于 6,其他地区宜小于 9。

13.2.6 无机结合料稳定材料目标配合比设计技术要求

①应根据当地材料的特点,通过原材料性能的试验评定,选择适宜的结合料类型,确定混合料配合比设计的技术标准。

②在目标配合比设计中,应选择不少于5个结合料质量,分别确定各剂量条件下混合料的最佳含水率和最大干密度。

③应根据试验确定的最佳含水率、最大干密度及压实度要求成型标准试件,验证不同结合料质量条件下混合料的技术性能,确定满足设计要求的最佳质量。

④水泥稳定材料配合比试验推荐水泥试验剂量可采用表13.22中的推荐值。

表 13.22 水泥稳定材料配合比试验推荐水泥试验剂量表

被稳定材料	条件		推荐试验剂量(%)
有级配的碎石或砾石	基层	$R_d \geqslant 5.0$ MPa	5、6、7、8、9
		$R_d < 5.0$ MPa	3、4、5、6、7
土、砂、石屑等		塑性指数<12	5、7、9、11、13
		塑性指数≥12	8、10、12、14、16
有级配的碎石或砾石	底基层	—	3、4、5、6、7
土、砂、石屑等		塑性指数<12	4、5、6、7、8
		塑性指数≥12	6、8、10、12、14
碾压贫混凝土	基层	—	7、8.5、10、11.5、13

⑤对水泥稳定材料,水泥的最小剂量应符合表13.23的规定。材料组成设计所得水泥剂量小于表13.23中的最小剂量时,应按表13.23采用最小剂量。

表 13.23 水泥的最小剂量

被稳定材料类型	拌和方法	
	路拌法	集中厂拌法
中、粗粒材料	4	3
细粒材料	5	4

水泥剂量测定（EDTA滴定法）

⑥对无机结合料稳定级配碎石或砾石材料,应根据当地材料特点和技术要求,优化设计混合料级配,确定目标级配曲线和合理的变化范围。

⑦在目标级配曲线优化选择过程中,应选择不少于4条级配曲线。试验级配曲线可按《公路路面基层施工技术细则》(JTG/T F20—2015)推荐的级配范围和以往工程经验等方法构造。

⑧在配合比设计试验中,应将各档石料筛分成单一粒径的规格逐档配料,并按相关的试验规程操作,保证每组试验的样本量。

⑨选定目标级配曲线后,应对各档材料进行筛分,确定其平均筛分曲线及相应的变异系数,并按2倍标准差计算出各档材料筛分级配的波动范围。

⑩应按下列步骤合成目标级配曲线并进行性能验证:

a.按确定的目标级配,根据各档材料的平均筛分曲线,确定其使用比例,得到混合料的合成级配。

b.根据合成级配进行混合料重型击实试验和 7 d 龄期无侧限抗压强度试验,验证混合料性能。

⑪应根据已确定的各档材料使用比例和各档材料级配的波动范围,计算实际生产中混合料的级配波动范围,并应针对这个波动范围的上、下限验证性能。

13.2.7　无机结合料稳定材料生产配合比设计技术要求

①根据目标配合比确定的各档材料比例,应对拌和设备进行调试和标定,确定合理的生产参数。

②拌和设备的调试和标定应包括料斗称量精度的标定、结合料剂量的标定和拌和设备加水量的控制等内容,并应符合下列规定:

a.绘制不少于 5 个点的结合料剂量标定曲线。

b.按各档材料的比例关系,设定相应的称量装置,调整拌和设备各个料仓的进料速度。

c.按设定好的施工参数进行第一阶段试生产,验证生产级配。不满足要求时,应进一步调整施工参数。

③对水泥稳定、水泥粉煤灰稳定材料,应分别进行不同成型时间条件下的混合料强度试验,绘制相应的延迟时间曲线,并根据设计要求确定容许延迟时间。

④应在第一阶段试生产试验的基础上进行第二阶段试验。分别按不同结合料剂量和含水率进行混合料试拌,并取样、试验。试验应符合下列规定:

a.通过混合料中实际含水率的测定,确定施工过程中水流量计的设定范围。

b.通过混合料中实际结合料剂量的测定,确定施工过程中结合料掺加的相关技术参数。

c.通过击实试验,确定结合料剂量变化、含水率变化对混合料最大干密度的影响。

d.通过抗压强度试验,确定材料的实际强度水平和拌和工艺的变异水平。

⑤混合料生产参数的确定应包括结合料剂量、含水率和最大干密度等指标,并应符合下列规定:

a.对水泥稳定材料,工地实际采用的水泥剂量宜比室内试验确定的剂量多 0.5~1.0 个百分点。采用集中厂拌法施工时,宜增加 0.5 个百分点;采用路拌法施工时,宜增加 1 个百分点。

b.以配合比设计的结果为依据,综合考虑施工过程的气候条件,对水泥稳定材料,含水率可增加 0.5~1.5 个百分点;对其他稳定材料,可增加 1~2 个百分点。

c.最大干密度应以最终合成级配击实试验的结果为标准。

13.2.8　级配碎石配合比设计技术要求

①用于不同公路等级、交通荷载等级和结构层位的级配碎石,CBR 强度标准应满足表 13.24 的要求。

表 13.24　级配碎石材料的 CBR 强度标准

结构层	公路等级	极重、特重交通	重交通	中、轻交通
基层	高速公路和一级公路	≥200	≥180	≥160
	二级及二级以下公路	≥160	≥140	≥120
底基层	高速公路和一级公路	≥120	≥100	≥80
	二级及二级以下公路	≥100	≥80	≥60

②应以实际工程使用的材料为对象,根据推荐的级配范围和以往工程经验等方法,构造 3~4 条试验级配曲线,通过配合比试验,优化级配。

③混合料配合比应采用重型击实或振动成型试验方法,确定最佳含水率和最大干密度。

④应按试验确定的级配和最佳含水率,以及现场施工的压实标准成型标准试件,进行 CBR 强度试验和模量试验。

⑤应选择 CBR 强度最高的级配作为工程使用的目标级配,并确定相应的最佳含水率。

⑥选定目标级配曲线后,应针对各档材料进行筛分,确定各档材料的平均筛分曲线以及相应的变异系数,并按 2 倍标准差计算各档材料筛分级配的波动范围。

⑦应按下列步骤合成目标级配曲线并验证性能:

a.按确定的目标级配,根据各档材料的平均筛分曲线,确定其使用比例,得到混合料的合成级配。

b.根据合成级配进行混合料的 CBR 或模量试验,验证混合料性能。

⑧应根据已确定的各档材料使用比例和各档材料级配的波动范围,计算实际生产中混合料的级配波动范围,并应针对这个波动范围的上、下限验证性能。

⑨应根据目标配合比确定的各档材料比例,调试和标定拌和设备,确保生产出的混合料满足目标级配的要求。

⑩拌和设备的调试和标定应包括料斗称量精度的标定、设备加水量的控制等内容,并应符合下列规定:

a.按各档材料的比例关系,设定相应的称量装置,调整拌和设备各个料仓的进料速度。

b.按设定好的施工参数进行第一阶段试生产,验证生产级配。不满足要求时,应进一步调整施工参数。

⑪应在第一阶段试生产试验的基础上进行第二阶段试验。按不同含水率试拌混合料,并取样、试验。试验应符合下列规定:

a.通过混合料中实际含水率的测定,确定施工过程中水流量计的设定范围。

b.通过击实试验,确定含水率变化对混合料最大干密度的影响。

c.通过 CBR 试验,确定材料的实际强度水平和拌和工艺的变异水平。

⑫混合料生产含水率应依据配合比设计结果确定,可根据施工因素和气候条件增加 0.5~1.5 个百分点。

任务 13.3　混合料生产、摊铺及碾压

13.3.1　一般规定

①根据公路等级的不同,宜按表 13.25 选择基层、底基层材料施工工艺。对于边角部位施工,混合料拌和方式应与主线相同,可采用推土机摊铺、平地机整平的人工方式摊铺,并与主线同步碾压成型。

表 13.25　施工工艺选择表

材料类型	公路等级	结构层位	拌和工艺		摊铺工艺	
			推荐	可选择	推荐	可选择
无机结合料稳定中、粗粒材料	二级及二级以上	基层	集中厂拌	—	摊铺机摊铺	—
无机结合料稳定细粒材料		底基层		—		推土机摊铺,平地机整平
水泥稳定材料	二级以下	基层和底基层		—		—
其他各种无机结合料稳定材料				人工路拌		推土机摊铺,平地机整平
级配碎石	二级及二级以上	基层和底基层		—		—
	二级以下			人工路拌		推土机摊铺,平地机整平

②稳定材料层宽 11~12 m 时,每一流水作业段长度以 500 m 为宜;稳定材料层宽大于 12 m 时,作业段宜相应缩短。宜综合考虑下列因素,合理确定每日施工作业段长度:

a.施工机械和运输车辆的生产效率和数量;

b.施工人员数量及操作熟练程度;

c.施工季节和气候条件;

d.水泥的初凝时间和延迟时间;

e.减少施工接缝的数量。

水泥稳定土
类基层施工

③对水泥稳定材料或水泥粉煤灰稳定材料,宜在 2 h 之内完成碾压成型,应取混合料的初凝时间与容许延迟时间较短的时间作为施工控制时间。

④石灰稳定材料或石灰粉煤灰稳定材料层宜在当天碾压完成,最长不应超过 4 d。

⑤无机结合料稳定材料在过分潮湿路段上施工时应采取措施,降低潮湿程度、消除积水。

⑥无机结合料稳定材料结构层施工应选择适宜的气候环境,针对当地气候变化制订相应的处置预案,并应符合下列规定:

a.宜在气温较高的季节组织施工。无机结合料稳定材料施工期的日最低气温应在 5 ℃以上,在有冰冻的地区,应在第一次重冰冻到来的 15~30 d 之前完成施工。

b.宜避免在雨期施工,且不应在雨天施工。

⑦应将室内重型击实试验法确定的干密度作为压实度评价的标准密度。

⑧无机结合料稳定材料的基层压实标准应符合表 13.26 的规定。

表 13.26　基层材料压实标准

公路等级		水泥稳定材料	石灰粉煤灰稳定材料	水泥粉煤灰稳定材料	石灰稳定材料
高速公路和一级公路		≥98%	≥98%	≥98%	—
二级及二级以下公路	稳定中、粗粒材料	≥97%	≥97%	≥97%	≥97%
	稳定细粒材料	≥95%	≥95%	≥95%	≥95%

⑨无机结合料稳定材料的底基层压实标准应符合表 13.27 的规定。

表 13.27　底基层材料压实标准

公路等级		水泥稳定材料	石灰粉煤灰稳定材料	水泥粉煤灰稳定材料	石灰稳定材料
高速公路和一级公路	稳定中、粗粒材料	≥97%	≥97%	≥97%	≥97%
	稳定细粒材料	≥95%	≥95%	≥95%	≥95%
二级及二级以下公路	稳定中、粗粒材料	≥95%	≥95%	≥95%	≥95%
	稳定细粒材料	≥93%	≥93%	≥93%	≥93%

⑩对级配碎石材料,基层压实度应不小于 99%,底基层压实度应不小于 97%。

⑪高速公路和一级公路在极重、特重交通荷载等级下,基层和底基层的压实标准可提高 1~2 个百分点。

13.3.2　混合料集中厂拌与运输

①混合料的拌和能力与混合料摊铺能力应相匹配。

②拌和厂应安置在地势相对较高的位置,并做好排水设施。

③拌和厂场地应平整并具有足够的承载能力。高速公路和一级公路的拌和厂场地应采用混凝土硬化,强度标准应不小于 C15,厚度应不小于 200 mm。

图 13.6　集中厂拌稳定材料拌和设备

④工程所需的原材料严禁混杂,应分档隔仓堆放,并有明显的标志。

⑤细集料、水泥、石灰、粉煤灰等原材料应有覆盖。对高速公路和一级公路,上述材料严禁露天堆放,应放置于专门搭建的防雨棚或库房内。

⑥对高速公路和一级公路,应采用专用稳定材料拌和设备拌制混合料,如图 13.6 所示。稳定细粒材料集中拌和时,土块应粉碎,

混合料拌和与运输

最大尺寸应不大于 15 mm。

⑦无机结合料稳定中、粗粒材料的拌和生产设备应满足下列要求:

a.对高速公路和一级公路,混合料拌和设备的产量宜大于 500 t/h。

b.拌和设备的料仓数目应与规定的备料档数相匹配,宜较规定的备料档数增加 1 个。

c.各个料仓之间的挡板高度应不小于 1 m。

d.高速公路的基层施工时,每个料斗与料仓下面应安装称量精度达到±0.5% 的电子秤。

⑧装水泥的料仓应密闭、干燥,同时内部应装有破拱装置。对高速公路,水泥料仓应配备计重装置,不宜通过电机转速计量水泥的添加量。

⑨气温高于 30 ℃时,水泥进入拌缸温度宜不高于 50 ℃;高于 50 ℃时,应采取降温措施;气温低于 15 ℃时,水泥进入拌缸温度应不低于 10 ℃。

⑩加水量的计量应采用流量计的方式。对高速公路和一级公路,水的流量数值应在中央控制室的控制板面上显示。

⑪正式拌制混合料前,应先调试所用的设备,使混合料的级配组成和含水率都达到配合比设计的规定要求。原材料的颗粒组成发生变化时,应重新调试设备。

⑫在稳定中、粗粒材料生产过程中,应按配合比设计确定的材料规格、数量拌和。

⑬高速公路基层的混合料拌和时,宜采用两次拌和生产工艺,也可采用间歇式拌和生产工艺,拌和时间应不少于 15 s。

⑭在拌和过程中,应实时监测各个料仓的生产计量。对高速公路和一级公路,应每10 min打印各档料仓的使用量。某档材料的实际掺加量与设计要求值相差超过 10% 时,应立即停机检查原因,正常后方可继续生产。

⑮天气炎热或运距较远时,无机结合料稳定材料拌和宜适当增加含水率。对稳定中、粗粒材料,混合料的含水率可高于最佳含水率 0.5~1 个百分点;对稳定细粒材料,含水率可高于最佳含水率 1~2 个百分点。

⑯对高速公路和一级公路,应从拌和厂取料,每隔 2 h 测定一次含水率,每隔 4 h 测定一次结合料的剂量,并做好记录。

⑰应根据工程量的大小和运距的长短,配备足够数量的混合料运输车。

⑱混合料运输车装料前应清理干净车厢,不得存有杂物。

⑲混合料运输车装好料后,应用篷布将箱体覆盖严密,直到摊铺机前准备卸料时方可打开。

⑳对高速公路和一级公路,水泥稳定材料从装车到运输至现场,时间宜不超过 1 h,超过2 h 时应作为废料处置。

㉑对无机结合料稳定中、粗粒材料,在装料过程中应采取措施减小混合料的离析。

13.3.3 混合料人工拌和

①混合料人工拌和工艺应包括现场准备、布料和拌和等流程。人工路拌法施工工艺流程如图 13.7 所示。

②下承层表面应平整、坚实,具有规定的路拱。下承层的平整度和压实度应符合《公路路面基层施工技术细则》(JTG/T F20—2015)相关规定。

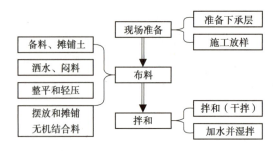

图 13.7 人工路拌法施工的工艺流程

③下承层为路基时,宜用 12~15 t 三轮压路机或等效的碾压机械碾压 3~4 遍,并应符合下列规定:

a.在碾压过程中,发现表层松散时,宜适当洒水。

b.出现"弹簧土"现象时,宜采用挖开晾晒、换土、掺石灰或水泥等措施处理。

④下承层为粒料底基层时,应检测弯沉值。不符合设计要求时,应根据具体情况采取措施,使之达到规定的标准。

⑤下承层为原路面时,应检查其材料是否符合底基层材料的技术要求。不符合要求时,应翻松原路面并采取必要的处理措施。

⑥底基层或原路面上存在低洼和坑洞时,应填补及压实;对搓板和辙槽应刮除;对松散应耙松洒水并重新碾压,达到平整密实。

⑦新完成的底基层或路基,应按相关标准的规定验收,验收合格后方可铺筑上层稳定材料层。

⑧在槽式断面的路段,宜在两侧路肩上每隔 5~10 m 交错开挖泄水沟。

⑨应在底基层或原路面或路基上恢复中线,直线段应每 15~20 m 设一桩,平曲线段应每 10~15 m 设一桩,并应在两侧路肩边缘外设指示桩。

⑩在两侧指示桩上应用明显标记标出稳定材料层边缘的设计高程。

⑪使用原路面或路基上部材料备料时,应符合下列规定:

a.清除原路面上或路基表面的石块等杂物。

b.每隔 10~20 m 挖一小洞,使洞底高程与预定的无机结合料稳定材料层的底面高程相同,并在洞底做一标记,控制翻松及粉碎的深度。

c.用犁、松土机或装有强固齿的平地机或推土机将原路面或路基的上部翻松到预定的深度,土块应粉碎到符合要求。

d.用犁将土向路中心翻松,使预定处治层的边部呈一个垂直面。

e.用专用机械粉碎黏性土。无专用机械时,也可用旋转耕作机、圆盘耙等设备粉碎塑性指数不大的土。

⑫使用料场的材料备料时,应符合下列规定:

a.采集材料前,应将树木、草皮和杂土清除干净。

b.应筛除材料中的超尺寸颗粒。

c.应在预定的深度范围内采集材料,不宜分层采集,不应将不合格的材料与合格的材料一起采集。

d.塑性指数大于 12 的黏性土,可视土质和机械性能确定是否需要过筛。

⑬应按下列方法计算现场拌和时的工程数量:

a.根据各路段无机结合料稳定材料层的宽度、厚度及预定的干密度,计算各路段需要的干燥材料数量。

b.根据料场材料的含水率和所用运料车辆的吨位,计算每车料的堆放距离。

c.根据无机结合料稳定材料层的厚度和预定的干密度及水泥剂量,计算每平方米无机结合料的用量,并确定摆放的纵横间距。

⑭堆料前应用两轮压路机碾压 1~2 遍,整平表面,并在预定堆料的路段上洒水,使其表面湿润,但不宜过分潮湿。

⑮材料装车时,应控制每车料的质量基本相等。

⑯在同一料场供料的路段内,宜由远到近将料按计算的距离卸置于下承层表面的中间或两侧,应严格掌握卸料距离。

⑰材料在下承层上的堆置时间不宜过长。材料运送宜比摊铺工序提前 1~2 d。

⑱路肩用料与稳定材料层用料不同时,应先将两侧路肩培好。路肩料层的压实厚度应与稳定材料层的压实厚度相同。在两侧路肩上,每隔 5~10 m 交错开挖临时泄水沟。

⑲对石灰稳定材料,除应满足 13.3.3 第⑪~⑱条外,还应符合下列规定:

a.分层采集材料时,应将不同层位材料混合装车运送到现场。

b.对塑性指数小于 15 的黏性土,可视土质和机械性能确定是否需要过筛。

c.应选择邻近水源、地势较高且宽敞的场地集中覆盖封存堆放石灰。

d.生石灰块应在使用前 7~10 d 充分消解,消解后的石灰应保持一定的湿度,不得产生扬尘,也不可过湿成团。

e.消石灰宜过粒径 9.5 mm 筛,并尽快使用。

f.材料组成设计与现场实际施工的时间间隔长时,应重新做材料组成设计。

g.被稳定材料宜先摊平并用两轮压路机碾压 1~2 遍,再人工摊铺石灰。

h.按计算的每车石灰的纵横间距,在被稳定材料层上做标记,并画出边线。

i.用刮板将石灰均匀摊开,表面应没有空白位置。

j.应量测石灰的松铺厚度,校核石灰用量。

⑳石灰粉煤灰稳定材料,除应满足 13.3.3 第⑲条外,尚应符合下列规定:

a.粉煤灰在场地集中堆放时,应覆盖,避免雨淋。在堆放过程中粉煤灰凝结成块时,使用前应打碎。

b.运到现场的粉煤灰应含有足够的水分,在干燥和多风季节,应采取措施保持表面湿润。

c.采用石灰粉煤灰时,应先将粉煤灰运到现场。

d.每种材料摊铺均匀后,宜先用两轮压路机碾 1~2 遍,再运送并摊铺下一种材料。

㉑水泥稳定材料应符合下列规定:

a.被稳定材料应在摊铺水泥的前一天摊铺。雨期施工,预计第二天有雨时,不宜提前摊铺材料。

b.摊铺长度应按日进度的需要量控制。

c.摊铺材料过程中,应将土块、超尺寸颗粒及其他杂物拣除。土中有较多土块时,应粉碎。

d.按计算的每袋水泥摆放的纵横间距,在被稳定材料层上做标记,并将当日施工用水泥卸在做标记的地点,并检查有无遗漏和多余。

e.用刮板将水泥均匀摊开,路段表面应没有空白位置,也没有水泥过分集中的区域,每袋水泥的摊铺面积应相等。

㉒混合料松铺系数可采用表 13.28 中的推荐值,或通过试验确定。

表 13.28　混合料松铺系数参考值

混合料类型	材料名称	松铺系数	备注
水泥稳定材料	中、粗粒材料	1.30~1.35	—
	细粒材料	1.53~1.58	现场人工摊铺土和水泥,机械拌和,人工整平
石灰稳定材料	石灰土	1.53~1.58	现场人工摊铺土和石灰,机械拌和,人工整平
		1.65~1.70	路外集中拌和,运到现场人工摊铺
	石灰土砾石	1.52~1.56	路外集中拌和,运到现场人工摊铺
石灰粉煤灰稳定材料	细粒材料	1.5~1.7	—
	中、粗粒材料	1.3~1.5	
	石灰煤渣土	1.6~1.8	人工铺筑
	石灰煤渣稳定材料	1.3~1.5	—
		1.2~1.3	用机械拌和及机械整形
级配碎石		1.40~1.50	人工摊铺混合料
		1.25~1.35	平地机摊铺混合料

㉓应检验松铺土层的厚度,其厚度应满足预定的要求。

㉔人工摊铺的土层整平后,应采用两轮压路机碾压 1~2 遍,使其表面平整,并有一定的压实度。

㉕已整平材料含水率过小时,应在土层上洒水闷料,且应符合下列规定:

a.洒水应均匀。

b.严禁洒水车在洒水段内停留和掉头。

c.采用高效率的路拌机械时,闷料时宜一次将水洒够。

d.采用普通路拌机械时,闷料时所洒水量宜较最佳含水率低 2~3 个百分点。

e.细粒材料应经一夜闷料,中粒和粗粒材料可视其中细粒材料的含量,缩短闷料时间。

f.对综合稳定材料,应先将石灰和土拌和后一起闷料。

g.对水泥稳定材料,应在摊铺水泥前闷料。

㉖级配碎石或砾石施工应符合下列规定:

a.用平地机或其他合适的机具将材料均匀地摊铺在预定的宽度上,表面应平整,并具有规定的路拱。

b.采用不同粒级的碎石和石屑时,宜将大粒径碎石铺在下层,中粒径碎石铺在中层,小粒径碎石铺在上层,洒水使碎石湿润后,再摊铺石屑。

c.对未筛分碎石,摊铺平整后,应在其较潮湿的情况下,将石屑卸置其上,用平地机并辅以人工将石屑均匀摊铺在碎石层上。

d.检查材料层的松铺厚度,必要时,应进行减料或补料工作。

e.同时摊铺路肩用料。

㉗严禁在拌和层底部留有素土夹层,并应符合下列规定:

a.采用专用稳定材料拌和设备拌和时,设专人随时检查拌和深度,并配合拌和设备操作员调整拌和深度。

b.拌和深度应达稳定层底并宜侵入下承层不小于 5~10 mm。

㉘二级以下公路在没有专用拌和设备时,可用农用旋转耕作机与多铧犁或平地机配合拌和,拌和时间不可过长。

㉙石灰稳定材料拌和时应符合下列规定:

a.对石灰稳定碎石或砾石,先将石灰和需添加的黏性土拌和均匀,然后均匀地摊铺在碎石或砾石层上,再一起拌和。

b.对石灰稳定塑性指数大的黏土,宜先加 70%~100% 预定剂量的石灰拌和,闷放 1~2 d,再补足需用的石灰,进行第二次拌和。

㉚对石灰粉煤灰稳定中、粗粒材料,应先将石灰和粉煤灰拌和均匀,然后均匀地摊铺在材料层上,再一起拌和。

㉛拌和过程结束时,应及时检测含水率,含水率宜略大于最佳值。含水率不足时,宜用喷管式洒水车补充洒水。洒水车不应在正拌和以及当天计划拌和的路段上掉头和停留。

㉜洒水后,应及时再次拌和。

㉝混合料拌和均匀后应色泽一致,没有灰条、灰团和花面,以及无明显粗细集料离析现象。

㉞二级以下公路的级配碎石,可采用平地机或多铧犁与缺口圆盘耙相配合拌和,应符合下列规定:

a.用稳定材料拌和设备时,应拌和两遍以上,拌和深度应直到级配碎石层底。

b.用平地机拌和时,宜翻拌 5~6 遍,使石屑均匀分布于碎石料中。平地机拌和的作业长度,每段宜为 300~500 m。

c.用缺口圆盘耙与多铧犁相配合拌和级配碎石时,用多铧犁在前面翻拌,圆盘耙紧跟在后面拌和,共翻耙 4~6 遍,应随时检查调整翻耙的深度。

d.拌和结束时,混合料应色泽一致,没有灰条、灰团和花面,以及无明显粗细集料离析现象。

㉟使用在料场已拌和均匀的级配碎石或砾石混合料,摊铺后有粗细颗粒离析现象时,应用平地机补充拌和。

13.3.4　摊铺机摊铺与碾压

①混合料摊铺应保证足够的厚度,碾压成型后每层的摊铺厚度宜不小于 160 mm,最大

厚度宜不大于 200 mm。图 13.8 所示为水泥稳定级配碎石摊铺与碾压。

混合料摊铺
与碾压

图 13.8　水泥稳定级配碎石摊铺与碾压

②具有足够的摊铺能力和压实功率时,可增加碾压厚度,具体的摊铺厚度应根据试验结果确定。大厚度摊铺施工时,应增加相应的拌和能力。

③应在下承层施工质量检测合格后,开始摊铺上面结构层。采用两层连续摊铺,下层质量出现问题时,上层应同时处理。

④下承层为稳定细粒材料时,宜先将下承层顶面拉毛或采用凸块式压路机碾压,再摊铺上层混合料;下承层为稳定中、粗粒材料时,应先将下承层清理干净,并洒铺水泥净浆,再摊铺上层混合料。

⑤应采用摊铺功率不低于 120 kW 的沥青混凝土摊铺机或稳定材料摊铺机摊铺混合料。

⑥采用两台摊铺机并排摊铺时,两台摊铺机的型号及磨损程度宜相同。在施工期间,两台摊铺机的前后间距宜不大于 10 m,且两个施工段面纵向应有 300~400 mm 的重叠。

⑦无法使用机械摊铺的超宽路段,应采用人工同步摊铺、修整,并同时碾压成型。

⑧摊铺机前宜增设橡胶挡板,橡胶挡板底部距下承层距离宜不大于 100 mm。

⑨在摊铺机后面应设专人消除粗细集料离析现象,及时铲除局部粗集料堆积或离析的部位,并用新拌混合料填补。

⑩对高速公路和一级公路,在摊铺过程中宜设立纵向模板。

⑪二级以下公路没有摊铺机时,可采用摊铺箱摊铺混合料。

⑫水泥稳定材料结构层施工时,应在混合料处于或略大于最佳含水率的状态下碾压。气候炎热干燥时,碾压时的含水率可比最佳含水率增加 0.5~1.5 个百分点。

⑬石灰稳定材料和石灰粉煤灰稳定材料碾压时,应处于最佳含水率或略大于最佳含水率状态,含水率宜增加 1~2 个百分点。

⑭应根据施工情况配备足够的碾压设备,并应符合下列规定:

a.双向四车道高速公路或一级公路的半幅摊铺时,应配备不少于 4 台重型压路机。

b.双向六车道的半幅摊铺时,应配备不少于 5 台重型压路机。

⑮应安排专人负责指挥碾压,严禁漏压和产生轮迹。

⑯采用钢轮压路机初压时,宜采用双钢轮压路机稳压 2~3 遍,再用激振力大于 35 t 的重型振动压路机、18~21 t 三轮压路机或 25 t 以上的轮胎压路机继续碾压密实,最后采用双钢轮压路机碾压,消除轮迹。

⑰采用胶轮压路机初压时,应采用 25 t 以上的重胶轮压路机稳压 1~2 遍,错轮不超过 1/3 的轮迹带宽度,再采用重型振动压路机碾压密实,最后采用双钢轮压路机碾压,消除轮迹。

⑱对稳定细粒材料,在采用上述碾压工艺时,最后的碾压收面可采用凸块式压路机碾压。

⑲在碾压过程中出现软弹现象时,应及时将该路段混合料挖出,重新换填新料碾压。

⑳碾压成型后的表面应平整、无轮迹。

㉑碾压过程中,压路机严禁随意停放,应停放在已碾压完成的路段。

㉒混合料摊铺时,应保持连续。对于水泥稳定材料,因故中断时间大于 2 h 时,应设置横向接缝,并应符合下列规定:

a.人工将末端含水率合适的混合料整齐,紧靠混合料末端放两根方木,方木的高度应与混合料的压实厚度相同,整平紧靠方木的混合料。

b.方木的另一侧用砾石或碎石回填约 3 m 长,其高度应高出方木 2~3 cm,并碾压密实。

c.在重新开始摊铺混合料之前,应将砾石或碎石和方木除去,并将下承层顶面清扫干净。

d.摊铺机应返回到已压实层的末端,重新开始摊铺混合料。

e.如摊铺中断大于 2 h,且未按上述方法处理横向接缝时,应将摊铺机附近及其下面未经压实的混合料铲除,并将已碾压密实且高程和平整度符合要求的末端挖成与路中心线垂直并垂直向下的断面,再摊铺新的混合料。

㉓摊铺时宜避免纵向接缝,分两幅摊铺时,纵向接缝处应加强碾压。存在纵向接缝时,纵缝应垂直相接,严禁斜接,并应符合下列规定:

a.在前一幅摊铺时,宜在靠中间的一侧用方木或钢模板做支撑,方木或钢模板的高度应与稳定材料层的压实厚度相同。

b.应在摊铺另一幅之前拆除支撑。

㉔碾压贫混凝土等强度较高的基层材料成型后,可采用预切缝措施,应符合下列规定:

a.预切缝的间距宜为 8~15 m。

b.宜在养生的 3~5 d 内切缝。

c.切缝深度宜为基层厚度的 1/3~1/2,切缝宽度约 5 mm。

d.切缝后应及时清理缝隙,并用热沥青填满。

13.3.5　人工摊铺与碾压

①混合料拌和均匀后,应及时用平地机初步整形。

②在初平的路段上,应用拖拉机、平地机或轮胎压路机快速碾压一遍。

③整形前,对局部低洼处应采用齿耙将其表层 50 mm 以上的材料耙松,并用新拌的混合料找平,再碾压一遍。

④采用平地机再整形一次,应将高处料直接刮出路外,严禁形成薄层贴补现象。

⑤反复整形,直至满足技术要求,每次整形都应达到规定的坡度和路拱。

⑥人工整形时,应用锹和耙先将混合料摊平,用路拱板整形。用拖拉机初压 1~2 遍后,

应根据实测松铺系数确定纵横断面高程,并设置标记和挂线。

⑦在整形过程中,严禁任何车辆通行,并应保持无明显的粗细集料离析现象。

⑧应根据路宽、压路机的轮宽和轮距的不同,制订碾压方案,使各部分碾压到的次数尽量相同,路面的两侧宜多压2~3遍。

⑨整形后,混合料的含水率满足要求时,应立即对结构层进行全宽碾压。在直线段和不设超高的平曲线段,宜从两侧路肩向路中心碾压,且轮迹应重叠1/2轮宽,后轮应超过两段的接缝处。碾压次数宜为6~8遍。

⑩压路机前两遍的碾压速度宜为1.5~1.7 km/h,以后宜为2.0~2.5 km/h。

⑪采用人工摊铺和整形的稳定材料层,宜先用拖拉机或6~8 t两轮压路机或轮胎压路机碾压1~2遍,再用重型压路机碾压。

⑫严禁压路机在已完成或正在碾压的路段上掉头或紧急制动。

⑬碾压过程中,无机结合料稳定材料的表面应始终保持湿润。水分蒸发过快时,宜及时补洒少量的水,严禁大量洒水。

⑭碾压过程中,出现"弹簧土"、松散、起皮等现象时,应及时翻开重新拌和或用其他方法处理。

⑮碾压结束前,应用平地机终平一次,纵坡、路拱和超高应符合设计要求。终平时,应将局部高出部分刮除并扫出路外;对局部低洼之处,不再找补。

⑯碾压应达到要求的压实度,且没有明显的轮迹。

⑰级配碎石施工,应符合下列规定:

a.用平地机按规定的路拱整平和整形,在整形过程中,应消除粗细集料离析。

b.用拖拉机、平地机或轮胎压路机在已初平的路段上快速碾压一遍,再用平地机整平和整形。

⑱同日施工的两工作段衔接处理应符合下列规定:

a.前一段拌和整形后,留5~8 m不碾压。

b.后一段施工时,在前一段的未压部分再加部分水泥重新拌和,并与后一段一起碾压。

⑲应做好每天最后一段的施工缝,并应符合下列规定:

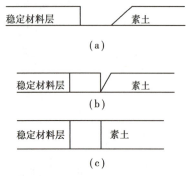

图13.9　横向接缝处理示意图

a.在已碾压完成的无机结合料稳定材料层末端,挖一条横贯铺筑层全宽约300 mm的槽,直至下承层顶面,形成与路的中心线垂直并垂直向下的断面,并放两根与压实厚度等厚、长为全宽一半的方木紧贴垂直面,如图13.9所示。

b.用原挖出的材料回填槽内其余部分。

c.第二天邻接作业段拌和后除去方木,用混合料回填。

d.靠近方木未能拌和的一小段,应人工补充拌和。

e.整平时,接缝处的稳定材料应较已完成断面高出约50 mm。

f.新混合料碾压过程中,应将接缝修整平顺。

⑳施工机械掉头处应符合下列规定:

a.在准备用于掉头的 8~10 m 长的稳定材料层上,覆盖一张厚塑料布或油毡纸,再铺上约 100 mm 厚的土、砂或砾石。

b.整平时,宜用平地机将塑料布或油毡纸上大部分材料除去,再人工除去余下的材料,并收起塑料布或油毡纸。

㉑水泥稳定材料层的施工应避免纵向接缝。分两幅施工时,纵缝应垂直相接,并应符合下列规定:

a.前一幅施工时,在靠中央一侧应用与稳定材料层的压实厚度相同的方木或钢模板作支撑。

b.混合料拌和结束后,靠近支撑的部分,应人工补充拌和,再整形和碾压。

c.应在铺筑后一幅之前拆除支撑。

d.后一幅混合料拌和结束后,靠近前一幅的部分,宜人工补充拌和,再整形和碾压。

㉒对级配碎石施工的接缝处理应符合下列规定:

a.两作业段的衔接处应搭接拌和、整平和碾压。

b.宜避免纵向接缝。在分两幅铺筑时,纵缝应搭接拌和、整平和碾压,搭接宽度宜不小于 300 mm。

任务 13.4 养生、交通管制、层间处理

养生、交通管制、层间处理

13.4.1 一般规定

①无机结合料稳定材料层碾压完成并经压实度检查合格后,应及时养生。

②无机结合料稳定材料的养生期宜不少于 7 d,养生期宜延长至上层结构开始施工的前 2 d。

③养生可采取洒水养生、薄膜覆盖养生、土工布覆盖养生、铺设湿砂养生、草帘覆盖养生、洒铺乳化沥青养生等方式,宜结合工程实际情况选择适宜的方式。

④养生期间应封闭交通,除洒水车和小型通勤车辆外严禁其他车辆通行。

⑤无机结合稳定材料层过冬时应采取必要的保护措施。

⑥根据结构层位的不同和施工工序的要求,应择机进行层间处理。

13.4.2 养生方式

①洒水养生宜作为水泥稳定材料的基本养生方式,并应符合下列规定:

a.每天洒水次数应视气候而定。高温期施工,宜上、下午各洒水 2 次。

b.养生期间,稳定材料层表面应始终保持湿润。

c.对石灰稳定或石灰粉煤灰稳定材料层,应注意表层情况,必要时,可用两轮压路机补充压实。

②薄膜覆盖养生应符合下列规定:

a.混合料摊铺碾压成型后,可覆盖薄膜,薄膜厚度宜不小于 1 mm。

b.薄膜之间应搭接完整,避免漏缝,薄膜覆盖后应用砂土等材料呈网格状堆填,局部薄

膜破损时,应及时更换。

c.养生至上层结构层施工前1~2 d,方可将薄膜掀开。

d.对蒸发量较大的地区或养生时间大于15 d的工程,在养生过程中应适当补水。

③土工布养生应符合下列规定:

a.宜采用透水式土工布全断面覆盖,也可铺设防水土工布。

b.铺设过程中应注意缝之间的搭接,不应留有间隙。

c.铺设土工布后,应注意洒水,每天洒水次数应视气候而定。高温期施工,上、下午宜各洒水一次。

d.养生至上层结构层施工前1~2 d,方可将土工布掀开。

e.在养生过程中,应采取有效措施防止土工布的破损。

④铺设湿砂养生应符合下列规定:

a.砂层厚度宜为70~100 mm。

b.砂铺匀后,宜立即洒水,并在整个养生期间保持砂潮湿,不得用湿黏性土覆盖。

c.养生结束后,应将覆盖物清除干净。

⑤草帘覆盖养生应符合下列规定:

a.全断面铺设草帘。

b.草帘铺设后应注意洒水,每天洒水的次数应视气候而定。高温期施工,上、下午宜各洒水一次,每次洒水应将草帘浸湿。

c.必要时,可采用土工布与草帘双层覆盖养生。

⑥对沥青面层厚度大于20 cm的结构或二级及二级以下公路的无机结合料稳定材料的基层,可采用洒铺乳化沥青方式养生,并应符合下列规定:

a.表面干燥时,宜先喷洒少量水,再喷洒沥青乳液。

b.采用稀释沥青时,宜待表面略干时再喷洒沥青。

c.用乳液养生前,应将基层清扫干净。

d.沥青乳液的沥青用量宜采用0.8~1.0 kg/m²,分两次喷洒。

e.第一次喷洒时,宜采用沥青含量约35%的慢裂沥青乳液,第二次宜喷洒浓度较大的沥青乳液。

f.不能避免施工车辆通行时,应在乳液破乳后撒布粒径为4.75~9.5 mm的小碎石,做成下封层。

13.4.3 交通管制

①正式施工前宜建好施工便道。对高速公路和一级公路,无施工便道,不应施工。

②无机结合料稳定材料养生期间,小型车辆和洒水车的行驶速度应小于40 km/h。

③无机结合料稳定材料养生7 d后,施工需要通行重型货车时,应有专人指挥,按规定的车道行驶,且车速应不大于30 km/h。

④级配碎石、级配砾石基层未做透层沥青或铺设封层前,严禁开放交通。

⑤无法安排施工便道而需要车辆通行时,应符合下列规定:

a.合理安排施工工序,保障7~15 d的养生期。

b.宜在硬路肩或临时停车带的位置划出专门车道,专人指挥车辆通行。

c.无机结合料稳定材料应适当提高早期强度。

d.限定载重车辆的轴载,应不大于 13 t。

13.4.4　无机结合料稳定材料层之间的处理

①在上层结构施工前,应将下层养生用材料彻底清理干净。

②应采用人工、小型清扫车以及洒水冲刷的方式将下层表面的浮浆清理干净。下承层局部存在松散现象时,也应彻底清理干净。

③下承层清理后应封闭交通。上层施工前 1~2 h,宜撒布水泥或洒铺水泥净浆。

④可采用上下结构层连续摊铺施工的方式,每层施工应配备独立的摊铺和碾压设备,不得采用一套设备在上下结构层来回施工。

⑤稳定细粒材料结构层施工时,根据土质情况,最后一道碾压工艺可采用凸块式压路机碾压。

13.4.5　无机结合料稳定材料基层与沥青面层之间的处理

①在沥青面层施工前 1~2 d 内,应清理基层顶面。

②应彻底清除基层顶面养生期间的覆盖物。

③应采用人工清扫、小型清扫车、空压机以及洒水冲刷等方式将基层表面的浮浆清理干净,并应符合下列规定:

a.基层表面达到无浮尘、无松动状态。

b.清理出小坑槽时,不得用原有基层材料找补。

c.清理出较大范围松散时,应重新评定基层质量,必要时宜返工处理。

④在基层表面干燥的状态下,可洒铺透层油。透层油宜采用稀释沥青、煤沥青或乳化沥青,沥青洒铺量宜为 0.3~0.6 kg/m^2。

⑤透层油施工后严禁一切车辆通行,直至上层施工。

⑥下封层或黏层应在透层油挥发、破乳完成后施工,并封闭交通。

⑦对极重、特重交通荷载等级或较薄的沥青面层,基层顶面应采用热洒沥青的方式加强层间结合,并应符合下列规定:

a.根据工程情况,热洒沥青可采用普通沥青、改性沥青或橡胶沥青。对高速公路和一级公路的极重、特重交通荷载等级,或沥青面层厚度小于 150 mm 时,宜选择 SBS 改性沥青或橡胶沥青。

b.普通沥青的洒铺量宜为 1.8~2.2 kg/m^2,SBS 改性沥青宜为 2.0~2.4 kg/m^2,橡胶沥青宜为 2.2~2.6 kg/m^2。

c.沥青洒铺时应均匀,避免漏洒,纵向接缝应重叠 2/3 单一喷口的洒铺范围,横向接缝应齐整,不应重叠。

d.撒布的碎石宜选择洁净、干燥、单一粒径的石灰岩石料,超粒径含量应不大于 10%,粒径范围宜为 13.2~19 mm。

e.碎石撒布前应通过拌和设备加热、除尘、筛分,碎石撒布到路面前的温度应不低于 80 ℃。

f.碎石撒布量宜为满铺面积的 60%~70%,不得重叠。

g.对高速公路和一级公路,不宜采用同步碎石施工设备,应采用分离式的施工设备。

h.沥青洒铺车的容量宜不少于 10 t,1 台沥青洒铺车应配备 2 台碎石撒布车。

13.4.6 基层收缩裂缝的处理

基层在养生过程中出现裂缝,经过弯沉检测,结构层的承载能力满足设计要求时,可继续铺筑上面的沥青面层,也可采取下列措施处理裂缝:在裂缝位置灌缝;在裂缝位置铺设玻璃纤维格栅;洒铺热改性沥青。

任务 13.5 填隙碎石施工技术要求

13.5.1 一般规定

①填隙碎石可采用干法或湿法施工。干旱缺水地区宜采用干法施工。

②单层填隙碎石的压实厚度宜为公称最大粒径的 1.5~2.0 倍。

13.5.2 材料技术要求

①填隙碎石用作基层时,骨料的公称最大粒径应不大于 53 mm;用作底基层时,应不大于 63 mm。

②用作基层时骨料的压碎值应不大于 26%,用作底基层时应不大于 30%。骨料中针片状颗粒和软弱颗粒的含量应不大于 15%。

③骨料可用具有一定强度的各种岩石或漂石轧制,宜采用石灰岩。采用漂石时,其粒径应大于骨料公称最大粒径的 3 倍。

④骨料也可以用稳定的矿渣轧制。矿渣的干密度和质量应均匀,且干密度应不小于 960 kg/m³。

⑤填隙碎石用骨料的颗粒组成应符合表 13.29 的规定。

表 13.29 填隙碎石用骨料的颗粒组成

项次	工程粒径 (mm)	筛孔尺寸(mm)							
		63	53	37.5	31.5	26.5	19	16	9.5
1	30~60	100%	25%~60%	—	0~15%	—	0~5%	—	—
2	25~50	—	100%	—	25%~50%	0~15%	—	0~5%	—
3	20~40	—	—	100%	35%~37%	—	0~15%	—	0~5%

⑥采用表 13.29 中的 1 号骨料时,填隙料的公称最大粒径宜为 9.5 mm,2、3 号骨料的填隙料可采用表 13.30 中的级配。

表 13.30 填隙料的颗粒组成

筛孔尺寸(mm)	9.5	4.75	2.36	0.6	0.075	塑性指数
通过质量百分率(%)	100	85~100	50~70	30~50	0~10	<6

⑦填隙料宜采用石屑,缺乏石屑地区,可添加细砾砂或粗砂等细集料。

13.5.3 施工方法

①填隙碎石施工时,应符合下列规定:

a.填隙料应干燥。

b.宜采用振动压路机碾压。碾压后,表面骨料间的空隙应填满,但表面应看得见骨料,填隙碎石层上为薄沥青面层时,宜使骨料的棱角外露 3~5 mm。

c.碾压后基层的固体体积率宜不小于 85%,底基层的固体体积率宜不小于 83%。

d.填隙碎石基层未洒透层沥青或未铺封层时,不得开放交通。

②填隙碎石施工前,应按第 13.3.3 节中有关规定准备下承层和施工放样。

③应根据各路段基层或底基层的宽度、厚度及松铺系数,计算各段需要的骨料数量,并根据运料车辆的车厢体积,计算每车料的堆放距离。填隙料的用量宜为骨料质量的 30%~40%。

④材料装车时,应控制每车料的数量基本相等。

⑤应由远到近将骨料按计算的距离卸置于下承层上,应严格控制卸料距离。

⑥用平地机或其他合适的机具将骨料均匀地摊铺在预定的范围内,表面应平整,并有规定的路拱。应同时摊铺路肩用料。

⑦应检验松铺材料层的厚度,不满足要求时应减料或补料。

⑧填隙碎石干法施工应符合下列规定:

a.初压宜用两轮压路机碾压 3~4 遍,使骨料稳定就位,初压结束时,表面应平整,并具有规定的路拱和纵坡。

b.填隙料应采用石屑撒布机或类似的设备均匀地撒铺在已压稳的骨料层上,松铺厚度宜为 25~30 mm。必要时,可用人工或机械扫匀。

c.应采用振动压路机慢速碾压,将全部填隙料振入骨料间的空隙中。无振动压路机时,可采用重型振动板。路面两侧宜多压 2~3 遍。

d.再次撒布填隙料,松铺厚度宜为 20~25 mm,应用人工或机械扫匀。

e.同第 c 款,再次振动碾压,局部多余的填隙料应扫除。

f.碾压后,应对局部填隙料不足之处进行人工找补,并用振动压路机继续碾压,直到全部空隙被填满,应将局部多余的填隙料扫除。

g.填隙碎石表面空隙全部填满后,宜再用重型压路机碾压 1~2 遍。碾压过程中,不应有任何蠕动现象。碾压之前,宜在表面洒少量水,洒水量宜不少于 3 kg/m^2。

h.需分层铺筑时,应将已压成的填隙碎石层表面骨料外露 5~10 mm,然后在其上摊铺第二层骨料,并按第 a~g 款要求施工。

⑨填隙碎石湿法施工应按下列要求操作：

a.开始工序应与填隙碎矸法施工第a~g款要求相同。

b.骨料层表面空隙全部填满后,宜立即用洒水车洒水,直到饱和。

c.宜用重型压路机跟在洒水车后碾压。应将湿填隙料及时扫入出现的空隙中,必要时,宜再添加新的填隙料。

d.应洒水碾压至填隙料和水形成粉浆,粉浆应填塞全部空隙,并在压路机轮前形成微波纹状。

e.碾压完成的路段应让水分蒸发一段时间,结构层变干后,应将表面多余的细料以及细料覆盖层扫除干净。

f.需分层铺筑时,宜待结构层变干后,将已压成的填隙碎石层表面的填隙料扫除一些,使表面骨料外露 5~10 mm,然后在其上摊铺第二层骨料。

任务 13.6　碾压贫混凝土基层施工

13.6.1　适用条件

贫混凝土(Lean Concrete,简称LC)是由粗、细级配集料与一定水泥和水拌和而成的一种混凝土。这种混凝土的水泥用量较普通混凝土低,有时也称为经济混凝土(Econcrete)。贫混凝土基层按施工方式不同可分为塑性贫混凝土和碾压贫混凝土基层。前者为常规混凝土施工,而碾压贫混凝土基层是通过压路机对超干硬性混凝土拌合物进行机械压密而形成的一种混凝土基层。

京珠高速公路广州至韶关段扩建工程,由原来的双向四车道加宽扩建成双向六车道,从2005年3月底正式动工,2006年12月完工并顺利通过验收。其中,马坝段43 km为水泥混凝土路面。按设计要求,扩建部分将原来的水泥稳定粒料半刚性基层改为贫混凝土基层,以提高路面整体强度。该扩建工程是我国首次大面积成功使用碾压贫混凝土基层。碾压贫混凝土强度高,施工速度快,可以提早开放交通。此项技术的实施不仅可带来明显的社会、经济效益,而且拓宽了我国高速公路基层的类型。

碾压贫混凝土材料比同水泥用量的塑性贫混凝土材料强度高,成型快,碾压贫混凝土可用于各级公路的路面基层、城市道路的基层以及机场跑道基层,尤其对于重交通等改扩建工程较为适用。

13.6.2　一般规定

①碾压贫混凝土应符合下列规定:

a.7 d 龄期无侧限抗压强度应不低于 7 MPa,且宜不高于 10 MPa。

b.水泥剂量宜不大于 13%。

c.需要提高材料强度时,应优化混合料级配,并验证混合料收缩性能、弯拉强度和模量等指标。

②碾压贫混凝土的级配宜采用表 13.16 中推荐的 C-B-1 和 C-B-2 级配。

③碾压贫混凝土基层配合比试验推荐水泥试验剂量可采用7%、8.5%、10%、11.5%、13%。

13.6.3　施工要点

①碾压贫混凝土基层混合料由于用水量少,为使有限的水分均匀地分散到拌合物内,宜使用间隙强制式拌和楼拌和,并通过试拌确定相应拌和参数,使拌合物满足施工要求。

②摊铺可采用沥青混凝土摊铺机或基层混合料摊铺机,应通过试铺确定松铺系数。摊铺作业应均匀、连续,摊铺过程中不得随意变化速度或停顿。

③两台摊铺机前后紧随摊铺时,两幅摊铺间隔时间应控制在1 h以内。

④碾压段长度宜控制在30~40 m。应紧随摊铺机碾压,碾压宜分初压、复压和终压3个阶段进行。压路机应匀速稳定、连续行进,中间不应停顿、等候和拖延,也不得相互干扰。压路机起步、倒车和转向均应缓慢柔顺,碾压过程中不得中途急停、急拐、紧急起步及快速倒车。碾压密实后的表面应及时喷雾、洒水,并尽早覆盖养生。

⑤碾压贫混凝土基层材料成型后,可采用预切缝措施,应符合下列规定:

a.预切缝的间距宜为8~15 m。

b.宜在养生的3~5 d内切缝。

c.切缝深度宜为基层厚度的1/3~1/2,切缝宽度约5 mm。

d.切缝后应及时清理缝隙,并用热沥青填满。

质量检查
与验收

任务 13.7　施工质量标准与控制

路面基层、底基层施工与质量控制需要施工单位相关技术人员、测量人员、质检人员、设备管理人员等相互配合、团结协作,在各个环节严把质量关,具有精益求精的工匠精神。

质量检测机构应按照有关规定对仪器设备进行正常维护,定期检定与校准。质量检测工作应遵循科学、客观、严谨、公正的原则。检测机构和检测人员应诚实守信,独立开展检测工作,不受任何干扰和影响,保证检测数据客观、公正、准确。

13.7.1　一般规定

①基层、底基层施工质量标准与控制应包括原材料检验、施工参数确定、施工过程中的质量检查验收等方面,并应符合下列规定:

a.按设计和《公路路面基层施工技术细则》(JTG/T F20—2015)的相关要求备料,严把进料质量关。

b.按施工需求合理布置建设场地,选择适宜的拌和、摊铺和碾压机械。

c.按试验段确定的施工参数作为施工过程中质量控制的标准。

d.健全工地试验室能力,试验、检验数据真实、完整、可靠。

e.各道工序完结后,应检查验收;合格后,方可进行下一道工序。

②施工过程中发现质量缺陷时,应加大检测频率;必要时应停工整顿,查找原因。

③施工关键工序宜拍摄照片或录像,作为现场记录保存。

④施工结束后,应清理现场,处理废弃物,恢复耕地或绿化,做到工完场清。

⑤对高速公路和一级公路,应在拌和厂内或距离不超过 1 km 的范围内设有功能完备的试验室。

⑥施工过程中,应配备有相关试验资质的试验操作人员,每个工地试验室的试验操作人员宜不少于 8 人,同时应明确每个质量控制环节上的责任人。

13.7.2 材料检验

①施工前以及施工过程中,原材料或混合料发生变化时,应检验拟采用的材料。

②用作基层和底基层的土,应按表 13.31 所列试验项目和要求检测评定。

表 13.31　基层和底基层用土试验项目和要求

项次	试验项目	目的	频度	试验方法
1	含水率	确定原始含水率	每天使用前测 2 个样品	T 0801/T 0803
2	液限、塑限	求塑性指数,审定是否符合规定	每种土使用前测 2 个样品,使用过程中每 2 000 m³ 测 2 个样品	T 0118/T 0119
3	颗粒分析	确定级配是否符合要求,确定材料配合比	每种土使用前测 2 个样品,使用过程中每 2 000 m³ 测 2 个样品	T 0115
4	有机质和硫酸盐含量	确定土是否适宜于用石灰或水泥稳定材料	对土有怀疑时做此试验	T 0151/T 0153

③用作基层和底基层的碎石、砾石等粗集料,应按表 13.32 所列试验项目和要求检测评定。

表 13.32　基层和底基层用碎石、砾石试验项目和要求

项次	试验项目	目的	频度	试验方法
1	含水率	确定原始含水率	每天使用前测 2 个样品	T 0801/T 0803
2	级配	确定级配是否符合要求,确定材料配合比	每档碎石使用前测 2 个样品,使用过程中每 2 000 m³ 测 2 个样品	T 0303
3	液限、塑限[a]	求塑性指数,审定是否符合规定	每种材料使用前测 2 个样品,使用过程中每 2 000 m³ 测 2 个样品	T 0118/T 0119
4	毛体积相对密度、吸水率	评定粒料质量,计算固体体积率	使用前测 2 个样品,砾石使用过程中每 2 000 m³ 测 2 个样品,碎石种类变化重做 2 个样品	T 0304/T 0308
5	压碎值	评定石料的抗压碎能力是否符合要求		T 0316
6	粉尘含量	评定石料质量		T 0310
7	针片状颗粒含量	评定石料质量		T 0312
8	软石含量	评定石料质量		T 0320

注:a.级配砾石或级配碎石中 0.6mm 以下的细土进行此项试验。

④用作基层和底基层的细集料,应按表 13.33 所列试验项目和要求检测评定。

表 13.33 基层和底基层用细集料试验项目和要求

项次	试验项目	目的	频度	试验方法
1	含水率	确定原始含水率	每天使用前测 2 个样品	T 0801/T 0803
2	级配	确定级配是否符合要求,确定材料配合比	每档材料使用前测 2 个样品,使用过程中每 2 000 m³ 测 2 个样品	T 0327
3	液限、塑限	求塑性指数,审定是否符合规定	每种细集料使用前测 2 个样品,使用过程中每 2 000 m³ 测 2 个样品	T 0118/T 0119
4	毛体积相对密度、吸水率	评定粒料质量,计算固体体积率	使用前测 2 个样品,使用过程中每 2 000 m³ 测 2 个样品	T 0328/T 0352
5	有机质和硫酸盐含量	确定是否适宜于用石灰或水泥稳定材料	有怀疑时做此试验	T 0336/T 0341

⑤用作基层和底基层的水泥,应按表 13.34 所列试验项目和要求检测评定。

表 13.34 基层和底基层用水泥试验项目和要求

试验项目	目的	频度	试验方法
水泥强度等级和初、终凝时间	确定水泥的质量是否适宜应用	做材料组成设计时测 1 个样品,料源或强度等级变化时重测	T 0505/T 0506

⑥用作基层和底基层的粉煤灰,应按表 13.35 所列试验项目和要求检测评定。

表 13.35 基层和底基层用粉煤灰试验项目和要求

项次	试验项目	目的	频度	试验方法
1	含水率	确定原始含水率	每天使用前测 2 个样品	T 0801/T 0803
2	烧失量	确定粉煤灰是否适用	做材料组成设计前测 2 个样品	T 0817
3	细度	确定粉煤灰质量	做材料组成设计前测 2 个样品	T 0818
4	二氧化硅等氧化物含量	确定粉煤灰质量	每天使用前测 2 个样品	T 0816

⑦用作基层和底基层的石灰,应按表 13.36 所列试验项目和要求检测评定。

表 13.36 基层和底基层用石灰试验项目和要求

项次	试验项目	目的	频度	试验方法
1	含水率	确定原始含水率	每天使用前测 2 个样品	T 0801/T 0803
2	有效钙、镁含量	确定石灰质量	做材料组成设计和生产使用时分别测 2 个样品,以后每月测 2 个样品	T 0811/T 0812/T 0813
3	残渣含量	确定石灰质量	做材料组成设计和生产使用时分别测 2 个样品,以后每月测 2 个样品	T 0815

⑧高速公路基层施工时,各档粗集料的超粒径含量应不大于15%,其中主粒径通过率的变异系数应不大于10%。应根据至少连续7 d在料堆不同位置取料的筛分结果确定其变异系数,样本量宜不少于10个。

⑨初步确定使用的基层和底基层混合料,包括非整体性材料,应按表13.37所列试验项目和要求检测评定。

表13.37　基层和底基层混合料试验项目和要求

项次	试验项目	目的	频度	试验方法
1	重型击实试验	确定最佳含水率和最大干密度	材料发生变化时	T 0804
2	承载比(CBR)	确定非整体性材料是否适宜做基层或底基层	材料发生变化时	T 0134
3	抗压强度	整体性材料配合比试验及施工期间质量评定	每次配合比试验	T 0805
4	延迟时间	确定延迟时间对混合料密度和抗压强度的影响,确定施工允许的延迟时间	水泥品种变化时	T 0805
5	绘制EDTA标准曲线	对施工过程中水泥、石灰计量进行有效控制	水泥、石灰品种变化时	T 0809

13.7.3　铺筑试验段

①基层和底基层正式施工前,均应铺筑试验段。铺筑试验段的目的如下:

a.检验计划投入拌和、运输、摊铺、碾压、养生等过程中使用设备的可靠性。

b.检验混合料的组成设计是否符合质量要求,以及各道工序的质量控制措施。

c.确定大面积施工的材料配合比及松铺系数。

d.确定每一作业段的合适长度和合理厚度。

e.提出标准施工方法。

②试验段应设置在生产路段上,长度宜为200~300 m。

③试验段开工前,应符合下列规定:

a.提交完整的目标配合比报告和生产配合比报告。

b.正常施工时所配备的施工机械完全进场,且调试完毕。

c.全部施工人员到位。

④在试验段施工期间,应及时检测下列技术项目:

a.施工所用原材料的全部技术指标。

b.混合料拌和时的结合料剂量,应不少于4个样本。

c.混合料拌和时的含水率,应不少于4个样本。

d.混合料拌和时的级配,应不少于4个样本。

e.不同松铺系数条件下的实际压实厚度,宜设定 2~3 个松铺系数。

f.不同碾压工艺下的混合料压实度,宜设定 2~3 种压实工艺,每种压实工艺的压实度检测样本应不少于 4 个。

g.混合料压实后的含水率,应不少于 6 个样本。

h.对混合料击实试验,测定干密度和含水率应不少于 3 个样本。

i.7 d 龄期无侧限抗压强度试件成型,样本量应符合要求。

⑤养生 7 d 后,无机结合料稳定材料的试验段应及时检测下列技术项目:

a.标准养生试件的 7 d 无侧限抗压强度。

b.水泥稳定材料钻芯取样,评价芯样外观,取芯样本量应不少于 9 个。

c.对完整芯样切割成标准试件,测定强度。

d.按车道,每 10 m 一点测定弯沉指标,并按《公路路面基层施工技术细则》(JTG/T F20—2015)附录 C 计算回弹弯沉值。

e.按车道,每 50 m 一点测定承载比。

⑥对非整体性材料结构层,试验段铺筑完成后应及时进行承载板试验。按车道,每 50 m 一点。

⑦试验段铺筑阶段应对下列关键工序、工艺进行评价:

a.拌和设备各档材料的进料比例、速度及精度。

b.结合料的进料比例和精度。

c.含水率的控制精度。

d.松铺系数合理值。

e.拌和、运输、摊铺和碾压机械的协调和配合。

f.压实机械的选择和组合,压实的顺序、速度和遍数。

g.对人工拌和工艺,应确定合适的拌和设备、方法、深度和遍数。

h.对人工摊铺碾压工艺,应确定适宜的整平和整形机具和方法。

⑧试验段施工后,应及时总结,总结报告应包括下列内容:

a.试验段检测报告。

b.试验段总体效果评价。

c.施工关键参数的推荐值,包括配合比、含水率、松铺系数、碾压工艺等。

d.确定每一作业段的合适长度。

⑨试验段不满足技术要求时,应重新铺设试验段。试验段各项指标合格后,方可正式施工。

13.7.4　施工过程检测

①施工过程中,质量控制应包括外形尺寸检查及内在质量检验两部分。

②外形尺寸检查项目、频度和质量标准应符合表 13.38 的规定。

表 13.38 外形尺寸检查项目、频度和质量标准

工程类别	项目		频度	质量标准	
				高速公路和一级公路	二级及二级以下公路
基层	纵断高程(mm)		二级及二级以下公路每20 m 1点;高速公路和一级公路每20 m 1个断面,每个断面3~5点	−10~+5	−15~+5
	厚度(mm)	均值	每1 500~2 000 m² 6点	≥−8	≥−10
		单个值		≥−10	≥−20
	宽度(mm)		每40 m 1处	>0	>0
	横坡度(%)		每100 m 3处	±0.3	±0.5
	平整度(mm)		每200 m 2处,每处连续10尺(3 m直尺)	≤8	≤12
			连续式平整度仪的标准差(mm)	≤3.0	—
底基层	纵断高程(mm)		二级及二级以下公路每20 m 1点;高速公路和一级公路每20 m 1个断面,每个断面3~5点	−15~+5	−20~+5
	厚度(mm)	均值	每1 500~2 000 m² 6点	≥−10	≥−12
		单个值		≥−25	≥−30
	宽度(mm)		每40 m 1处	>0	>0
	横坡度(%)		每100 m 3处	±0.3	±0.5
	平整度(mm)		每200 m 2处,每处连续10尺(3 m直尺)	≤12	≤15

③施工过程中,内在质量控制应分为原材料质量控制、拌和质量控制、摊铺及碾压质量控制4部分。对集中厂拌、摊铺机摊铺的施工工艺,应按后场与前场划分。

④后场质量控制的项目、内容应符合表13.39的规定,实际检测频率应不低于表中的要求,检测结果应满足《公路路面基层施工技术细则》(JTG/T F20—2015)或具体工程的技术要求。

表 13.39 施工过程中后场质量控制的关键内容

项次	项目	内容	频度
1	原材料抽检	结合料质量	每批次
		粗、细集料品质	异常时,随时试验
		级配、规格	异常时,随时试验
2	混合料抽检	混合料级配	每2 000 m² 1次
		结合料剂量	每2 000 m² 1次
		混合料最大干密度	每个工日
		含水率	每2 000 m² 1次

⑤前场质量控制的项目及内容应符合表 13.40 的规定,实际检测频率应不低于表中的要求,检测结果应满足《公路路面基层施工技术细则》(JTG/T F20—2015)或具体工程的技术要求。

表 13.40　施工过程中前场质量控制的关键内容

项次	项目	内容	频度
1	摊铺目测	是否离析	随时
		粗估含水率状态	随时
2	碾压目测	压实机械是否满足	随时
		碾压组合、次数是否合理	随时
3	压实度检测	含水率	每一作业段检查 6 次以上
		压实度	每一作业段检查 6 次以上
4	强度检测	在前场取样成型试件	每一作业段不少于 9 个
5	钻芯检测	—	每一作业段不少于 9 个
6	弯沉检测	—	每一评定段(不超过 1 km),每车道 40~50 个测点
7	承载比	—	每 2 000 m² 1 次,异常时,随时增加试验

⑥应在现场碾压结束后及时检测压实度。压实度检测中,测定的含水率与规定含水率的绝对误差应不大于±2%;不满足要求时,应分析原因并采取必要的措施。

⑦施工过程的压实度检测,应以每天现场取样的击实结果确定的最大干密度为标准。每天取样的击实试验应符合下列规定:

a.击实试验应不少于 3 次平行试验,且相互之间的最大干密度差值应不大于 0.02 g/cm³,否则,应重新试验,并取平均值作为当天压实度的检测标准。

b.该数值与设计阶段确定的最大干密度差值大于 0.02 g/cm³时,应分析原因,及时处理。

⑧压实度检测应采用整层灌砂试验法,灌砂深度应与现场摊铺厚度一致。

⑨无机结合料稳定材料应钻取芯样检验其整体性,并应符合下列规定:

a.无机结合料稳定细粒材料的芯样直径宜为 100 mm,无机结合料稳定中、粗粒材料的芯样直径应为 150 mm。

b.采用随机取样方式,不得在现场人为挑选位置,否则,评价结果无效。

c.芯样顶面、四周应均匀、致密。

d.芯样的高度应不小于实际摊铺厚度的 90%。

e.取不出完整芯样时,应找出实际路段相应的范围,返工处理。

图 13.10 所示为水泥稳定级配碎石基层钻取的芯样。

⑩无机结合料稳定材料应在下列规定的龄期内取芯:

图 13.10　水泥稳定级配碎石基层钻取的芯样

a.用于基层的水泥稳定中、粗粒材料,龄期 7 d。

b.用于基层的水泥粉煤灰稳定的中、粗粒材料,龄期 10~14 d。

c.用于底基层的水泥稳定材料、水泥粉煤灰稳定材料,龄期 10~14 d。

d.用于基层的石灰粉煤灰稳定材料,龄期 14~20 d。

e.用于底基层的石灰粉煤灰稳定材料,龄期 20~28 d。

⑪设计强度大于 3 MPa 的水泥稳定材料的完整芯样应切割成标准试件,检测强度,并应符合下列规定:

a.标准试件的径高比应为 1:1。

b.记录实际养生龄期。

c.根据实际施工情况确定试件强度的评价标准。

d.同一批次强度试验的变异系数应不大于 15%。

e.样本量宜不少于 9 个。

⑫对高速公路和一级公路的基层、底基层,应在养生 7~10 d 内检测弯沉,不满足要求时,应返工处理。

⑬对高速公路和一级公路,7~10 d 龄期的水泥稳定碎石基层的代表弯沉值宜为:对极重、特重交通荷载等级,应不大于 0.15 mm;对重交通荷载等级,应不大于 0.20 mm;对中等交通荷载等级,应不大于 0.25 mm。

⑭施工过程的混合料质量检测,应在施工现场的摊铺机位置取样,且应分别来自不同的料车。

13.7.5　质量检查

①检查内容应包括工程完工后的外形和质量两方面,外形检查的要求应符合表 13.38 的规定。

②宜以 1 km 长的路段为单位评定路面结构层质量。采用大流水作业法施工时,以每天完成的段落为评定单位。

③应检查施工原始记录,对检查内容初步评定。

④应随机抽样检查,不得带有任何主观性。压实度、厚度、水泥或石灰剂量检测样品和取芯等现场随机取样位置的确定应按相关标准的要求执行。

工程质量检验与评定方法

⑤厚度检查时,厚度平均值的下置信限 $\overline{X}_L$ 应不小于设计厚度减去均值允许误差。厚度平均值的下置信限应按式(13.3)计算。

$$\overline{X}_L = \overline{X} - t_\alpha \frac{S}{\sqrt{n}} \tag{13.3}$$

式中　$\overline{X}_L$——厚度平均值的下置信限;

　　　$\overline{X}$——厚度平均值;

　　　S——厚度标准差;

　　　n——样本数量;

挖坑测试路面基层厚度

　　　t_α——t 分布表中随自由度和保证率(或置信度 α)而变的系数,对高速公路和一级公路应取保证率99%,对二级及二级以下公路可取保证率95%。

⑥各项技术指标质量应符合表 13.41 的规定。

表 13.41　质量合格标准值

工程类别	检查项目	检查数量	标准值	极限低值
无结合料底基层	压实度	6~10 处	96%	92%
	弯沉值	每车道 40~50 个测点	按《公路路面基层施工技术细则》(JTG/T F20—2015)附录 C 所得的弯沉标准值	—
级配碎石(或砾石)	压实度	6~10 处	基层 98%	94%
			底基层 96%	92%
	颗粒组成	2~3	规定级配范围	
	弯沉值	每车道 40~50 个测点	按《公路路面基层施工技术细则》附录 C 所得的弯沉标准值	—
填隙碎石	压实度(固体体积率)	6~10 处	基层 98%	82%
			底基层 96%	80%
	弯沉值	每车道 40~50 个测点	按《公路路面基层施工技术细则》(JTG/T F20—2015)附录 C 所得的弯沉标准值	—
水泥土、石灰土、石灰粉煤灰、石灰粉煤灰土	压实度	6~10 处	93%(95%)	89%(91%)
	水泥或石灰剂量(%)	3~6 处	设计值	水泥 1.0%　石灰 2.0%
水泥稳定材料、石灰稳定材料、石灰粉煤灰稳定材料、水泥粉煤灰稳定材料	压实度	6~10 处	基层 98%(97%)	94%(93%)
			底基层 96%(95%)	92%(91%)
	颗粒组成	2~3	规定级配范围	
	水泥或石灰剂量(%)	3~6 处	设计值	设计值-1.0%

注:以每天完成段落为评定单位时,检查数量可取低值;以 1 km 为评定单位时,检查数量应取高值。

⑦弯沉检查时,应考虑一定保证率的测量值的上波动界限,并按式(13.4)计算。

$$l_r = \bar{l} + Z_\alpha S \tag{13.4}$$

式中　l_r——测量值的上波动界限,即代表弯沉值;

$\bar{l}$——标准车测得的弯沉平均值;

Z_α——与要求保证率有关的系数,高速公路和一级公路可取 $Z_\alpha = 2.0$,二级公路取 $Z_\alpha = 1.645$,二级以下公路取 $Z_\alpha = 1.5$;

S——检测值的标准差。

⑧计算弯沉的平均值和标准差时,可将超出 $\bar{l} \pm 3S$ 的弯沉异常值舍弃。舍弃后,计算的代表弯沉值应不大于相关技术要求。对舍弃的弯沉值过大点,应找出其周围界限,并局部处理。

13.7.6　高速公路水泥稳定级配碎石或砾石质量控制关键环节

高速公路水泥稳定级配碎石或砾石质量控制关键环节宜按以下要求执行:质量控制每个环节均应包括工作内容、责任人、检测频率、记录表格等内容。应根据相应试验检测工作配备足够的技术人员。试验记录表格应规范、实用,可按表格 13.11 至表 13.13 中的编号编排。宜开展深度试验,评定混合料的长龄期性能,使其满足设计要求。

1)施工前

应按图 13.11 所规定的相关内容及要求对原材料、混合料、拌和设备进行检测、试验,确定施工技术参数。可根据当地材料特点增加检测项目。

2)施工期间

①施工期间应按图 13.12 规定的相关内容进行质量控制和检验。

②施工期间应合理安排施工人员作息时间和施工机械的加油、加水,保证施工的连续性。

3)养生结束后

①养生 7 d 结束后应按图 13.13 所规定内容,开展室内、外试验检测。

②对产生的裂缝可做描述性记录,不做评定。裂缝较密时,应说明原因。

4)深度试验

①宜按图 13.14 所规定内容进行深度试验。

②试验龄期可根据技术要求补充 180 d 或 360 d 的试验龄期。

③试验中应有足够的样本量,保证试验结果的可靠性。

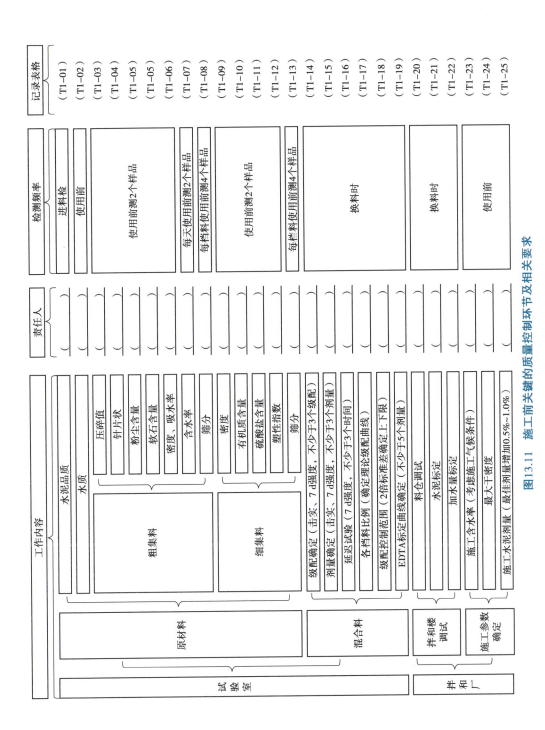

图13.11 施工前关键的质量控制环节及相关要求

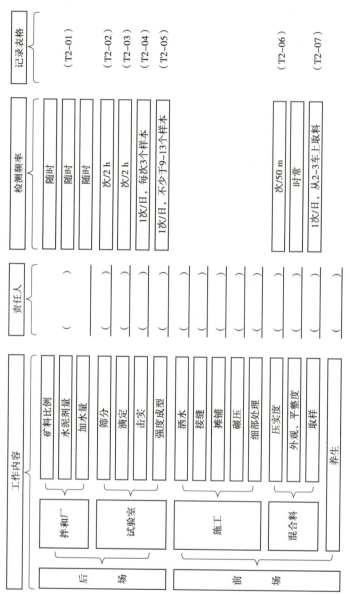

图13.12 施工期间质量控制缓解及相关要求

图 13.13　养生 7 d 结束后的质量控制环节及相关要求

工作内容	责任人	样本数量	记录表格
90 d 抗压强度	（　　　）	不少于9~13个	（T4-01）
90 d 抗压动态模量	（　　　）	不少于9~13个	（T4-02）
90 d 抗压静态模量	（　　　）	不少于9~13个	（T4-03）
90 d 侧面抗压模量	（　　　）	不少于9~13个	（T4-04）
90 d 弯拉强度	（　　　）	不少于9~13个	（T4-05）
90 d 弯拉模量	（　　　）	不少于9~13个	（T4-06）
疲劳特性 应力模式	（　　　）	每个应力不少于6~9个	（T4-07）
疲劳特性 应变模式	（　　　）	每个应变不少于6~9个	（T4-08）
干缩试验	（　　　）	不少于9~13个	（T4-09）
温缩试验	（　　　）	不少于9~13个	（T4-10）
冻融试验	（　　　）	不少于9~13个	（T4-11）

图 13.14　深度试验的内容及相关要求

【案例】　背景材料:某高速公路全长 88 km ,双向 6 车道,路幅宽 33.5 m,设计车速 100 km/h,路面基层为水泥稳定碎石基层。根据工程实际情况及施工单位条件,施工单位采用在中心站用厂拌设备进行集中拌和法施工,并采用专用稳定土集中厂拌机械拌制混合料。其施工工艺有:①施工放样;②准备下承层;③混合料拌和与运输;④布置基准线钢丝;⑤混合料摊铺与碾压;⑥自检验收;⑦质检;⑧养护。施工工艺流程按①→②→③→④→⑤→⑥→⑦→⑧的顺序进行。由于路面较宽,摊铺时,分两幅摊铺,中间设一条纵缝,纵缝采用 45°斜接。碾压时,先用轻型两轮压路机跟在摊铺机后及时进行碾压,后用重型振动压路机继续碾压密实。

【问题】

(1)施工单位的施工工艺流程是否正确？如果不正确,将其改正。

(2)施工过程中存在什么问题？结合该项目的实际情况考虑,最好的摊铺方法是什么？

【参考答案】

(1)不正确。应该按②→①→③→④→⑤→⑦→⑧→⑥的顺序进行施工。

(2)纵缝严禁斜接,纵缝必须垂直相接。路幅较宽,一台摊铺机不够宽时,为了避免形成纵缝,宜采用两台摊铺机一前一后相隔 5~10 m,同步梯队向前摊铺,并同时碾压。

小结

本模块学习了路面基层(底基层)对原材料的要求,以及水泥稳定材料、石灰稳定材料、综合稳定材料、容许延迟时间等概念。无机结合料稳定材料组成设计应包括原材料检验、混合料的目标配合比设计、混合料的生产配合比设计和施工参数确定 4 部分。混合料生产、摊铺及碾压;基层(底基层)的养生、交通管制、层间处理;填隙碎石施工技术要求、施工质量标准与控制。

能力训练及习题

水泥稳定碎石底基层施工方案　水泥稳定碎石基层施工方案

一、能力训练

工程概况:重庆石柱至黔江高速公路起于垫利高速(沪蓉高速)石柱境内的三店,在原三店立交与三店服务区之间与垫利高速相接,设三店枢纽立交,经平桥、三汇、龙潭、马武、三义、连湖、黑溪、石会,终点在册山与渝湘高速公路相接,设册山枢纽立交。采用双向四车道高速公路标准,路基宽度为 25.5 m,设计速度为 80 km/h。由中铁某局集团承建的石黔高速 SQLM2 合同段位于重庆市黔江区境内,跨越三义乡、连湖镇、黑溪镇、石会镇、册山乡,起止里程为 K40+110~K83+064,全长 42.914 km,包含连湖互通、黑溪互通、石会互通、册山枢纽互通、黑溪服务区。

路面结构为:主线 20 cm 水泥稳定碎石底基层、20 cm 水泥稳定碎石下基层、20 cm 水泥稳定碎石上基层、8 cm AC-20C 普通沥青混凝土下面层、6cm AC-20C SBS 改性沥青混凝土中面层、4 cm AC-13C SBS 改性沥青上面层。

任务:学习该项目底基层与基层的施工方案,以 4~6 人为 1 组,分组讨论水泥稳定碎石底基层与基层的区别与联系？小组人员派代表进行分享。

二、习题

(一)选择题(请把正确的选项填在括号里)

1.高速公路基层的混合料拌和时,宜采用两次拌和的生产工艺,也可采用间歇式拌和生产工艺,拌和时间应不少于(　　)。

A.5 s　　　　　　　B.15 s　　　　　　C.300 s　　　　　D.500 s

2.无机结合料稳定材料的养生期宜不少于(　　)。

A.28 d   B.14 d   C.7 d   D.3 d

(二)判断题(正确的打"√",错误的打"×")

1.路面基层混合料摊铺应保证足够的厚度,碾压成型后每层的摊铺厚度宜不小于 160 mm,最大厚度宜不大于 200 mm。   (   )

2.压路机碾压路面基层过程中,严禁随意停放,如果要停放应当将压路机停放在已碾压完成的路段。   (   )

3.水泥稳定级配碎石基层混合料运输车装好料后,应用篷布将箱体覆盖严密,直到摊铺机前准备卸料时方可打开。   (   )

(三)简答题

1.简述规范对粒料类基层(底基层)材料的要求。

2.简述规范对稳定类基层(底基层)材料的要求。

3.简述石灰稳定土路面基层(底基层)混合料组成设计的步骤。

4.简述水泥稳定土集中拌和法施工工艺。

模块 14　沥青类路面面层施工

【知识目标】了解沥青路面类型及分类特点、沥青路面强度构成特点、沥青混合料沥青用量的确定方法；理解冷拌沥青混合料路面、沥青表面处置路面、沥青贯入式路面、其他沥青铺装工程施工；掌握施工准备与施工温度控制，热拌沥青混合料拌和、运输、摊铺、压实成型，沥青面层接缝处理和沥青路面质量检验。

【能力目标】能根据具体项目设计图纸，编制沥青路面面层施工方案。

【素质目标】培养工匠精神、创新精神。

沥青路面
施工概述

沥青路面施工必须有详细的施工组织设计，并保证合理工期。由于在寒冷的气候条件下施工，会严重影响沥青路面的压实质量，从而造成路面早期损坏。一般来说，沥青路面不得在气温低于 10 ℃（高速公路、一级公路和城市快速路、主干路）或 5 ℃（其他等级公路和城市道路），以及雨天、路面潮湿的情况下施工。

沥青面层一般应连续施工，避免与可能污染沥青层的其他工序交叉干扰，以杜绝施工和运输污染。沥青路面的层间污染，导致沥青层形不成整体是沥青路面早期损坏的重要原因。在没有特殊情况下，沥青面层和基层最好在一年内施工完毕。对不能保证连续施工、跨年度施工或层间的铺筑间隔较长时，要特别强化黏层油的作用及洒布质量控制，确保沥青层能成为一个整体，改善路面内部的受力状态，从而延长路面疲劳寿命。

沥青路面施工应有良好的劳动保护，确保安全。沥青拌和厂应具备防火设施，配制和使用液体石油沥青的全过程严禁烟火。使用煤沥青时，应采取措施防止工作人员吸入煤沥青或避免皮肤直接接触煤沥青造成身体伤害。

沥青路面试验检测试验室应通过认证，取得相应的资质，试验人员持证上岗，仪器设备必须检定合格。在有条件的情况下，沥青路面工程应积极采用经试验和实践证明有效的新技术、新材料、新工艺。

任务 14.1　施工准备与施工温度控制

沥青路面施
工准备

铺筑沥青层前，应检查基层或下卧沥青层质量，不符要求的不得铺筑沥青面层。旧沥青路面或下卧层已被污染时，必须清洗或经铣刨处理后方可铺筑沥青混合料。

14.1.1　铺筑试验路段

对高速公路、一级公路和城市快速路、主干路等工程来说，铺筑试验段是不可缺少的步骤。但是铺筑试验段绝不是一种形式，必须达到要求的目标（详见本书模块 11）。

14.1.2　施工温度控制

石油沥青加热及沥青混合料施工温度应根据沥青标号及黏度、气候条件、铺装层厚度确定。普通沥青结合料施工温度宜通过在 135 ℃ 及 175 ℃ 条件下测定的黏度-温度曲线按表 14.1 的规定确定。缺乏黏度-温度曲线数据时,可参照表 14.2 的范围选择,并根据实际情况确定使用高值或低值。表 14.1 中温度不符实际情况时,容许作适当调整。

表 14.1　确定沥青混合料拌和及压实温度的适宜黏度

黏度	适宜于拌和的沥青结合料黏度	适宜于压实的沥青结合料黏度
表观黏度	0.17 Pa·s+0.02 Pa·s	0.28 Pa·s+0.03 Pa·s
运动黏度	170 mm²/s±20 mm²/s	280 mm²/s±30 mm²/s
赛波特黏度	85 s±10 s	140 s±15 s

表 14.2　热拌沥青混合料的施工温度　　　　　　单位:℃

施工工序		石油沥青标号				
		50 号	70 号	90 号	110 号	130 号
沥青加热温度		160~170	155~165	150~160	145~155	140~150
矿料加热温度	间隙式拌和机	集料加热温度比沥青温度高 10~30				
	连续式拌和机	集料加热温度比沥青温度高 5~10				
沥青混合料出料温度		150~170	145~165	140~160	135~155	130~150
混合料储料仓存储温度		储料过程中温度降低不超过 10				
混合料废弃温度		>200	>195	>190	>185	>180
运输到现场温度		≥150	≥145	≥140	≥135	≥130
混合料摊铺温度	正常施工	≥140	≥135	≥130	≥125	≥120
	低温施工	≥160	≥150	≥140	≥135	≥130
开始碾压的混合料内部温度	正常施工	≥135	≥130	≥125	≥120	≥115
	低温施工	≥150	≥145	≥135	≥130	≥125
碾压终了的表面温度	钢轮压路机	≥80	≥70	≥65	≥60	≥55
	轮胎压路机	≥85	≥80	≥75	≥70	≥65
	振动压路机	≥75	≥70	≥60	≥55	≥50
开放交通的路表温度		≤50	≤50	≤50	≤45	≤40

注:①沥青混合料的施工温度采用具有金属探测针的插入式数显温度计测量,表面温度可采用表面接触式温度计测定。当采用红外线温度计测量表面温度时,应进行标定。

②表中未列入的 160 号及 30 号沥青施工温度由试验确定。

SMA 路面应在较高的温度条件下施工,气温或下卧层表面温度低于 10 ℃ 时不得铺筑 SMA 路面。施工温度应根据沥青标号、黏度、改性剂的品种及剂量、气候条件及铺装层厚度确定。通常对非改性沥青混合料应通过沥青混合料在 135 ℃ 及 175 ℃ 条件下测定的黏度-温度曲线按表 14.1 的规定确定。非改性沥青混合料缺乏黏度-温度曲线数据或采用改性沥青混合料时,可按表 14.3 规定的范围选择。但经试验段或施工实践证明表 14.3 中规定温度不符合实际情况时,应作适当调整。沥青较稠、改性剂剂量高、厚度较薄时,选用高值,反之选低值。气温或下卧层温度较低时,施工温度应适当提高。

表 14.3　SMA 路面的正常施工温度范围　　　　　单位:℃

工序	不使用改性沥青	使用改性沥青			测量部位
		SBS 类	SBR 乳类	EVAPE 类	
沥青加热温度	150~160	160~165			沥青加热罐
改性沥青现场制作温度	—	165~170	—	165~170	改性沥青车
改性沥青加热最高温度	—	175		175	改性沥青或储油罐
集料加热温度	180~190	190~200	200~210	185~195	热料提升斗
SMA 混合料出厂温度	155~170	170~185	160~180	165~180	运料车
混合料最高温度(废弃温度)	190	195			运料车
混合料储存温度	拌和出料后降低不超过 10				储存罐及运料车
摊铺温度	≤150	≤160			摊铺机
初压开始温度	≤140	≤150			摊铺层内部
复压开始温度	≤120	≤130			碾压层内部
开放交通时的路表温度	≤50	≤50			路表面

沥青结合料的加热温度或改性沥青的加热温度不得超过 175 ℃。沥青混合料的温度应采用具有金属探测针的插入式数显温度计测量,不得采用玻璃温度计测量。在运料车上测量时,应在车厢侧板下方打一个小孔插入不少于 15 cm 量取。碾压温度可借助于金属改锥在路面上打洞后迅速插入温度计测量得到(必要时应移动位置)。

任务 14.2　沥青混合料拌和

沥青混合料的拌和

沥青混合料必须在沥青拌和厂(场、站)采用拌和机械拌制。拌和厂的设置必须符合国家有关环境保护、消防、安全等规定。拌和厂与工地现场距离应充分考虑交通堵塞的可能,确保混合料的温度下降不超过要求,且不致因颠簸造成混合料离析。拌和厂应具有完备的排水设施。各种集料必须分隔储存,细集料场应设防雨顶棚,料场及场内道路应作硬化处理,严禁泥土污染集料。

沥青混合料可采用间歇式拌和机或连续式拌和机拌制。由于我国目前使用的材料品种较杂,变异性大,再加上拌和厂大都是露天料场,材料含水量受天气影响较大,所以高速公路和一级公路应采用间歇式拌和机拌和。连续式拌和机使用的集料必须稳定不变,一个工程从多处进料、料源或质量不稳定时不得采用连续式拌和机。沥青混合料拌和设备的各种传感器必须定期检定,周期不少于每年一次。冷料供料装置需经标定得出集料供料曲线。拌和机的总拌和能力满足施工进度要求。拌和机除尘设备完好,能达到环保要求。冷料仓的数量满足配合比需要通常不宜少于 5~6 个。具有添加纤维、消石灰等外掺剂的设备。

集料与沥青混合料取样应符合现行试验规程的要求。从沥青混合料运料车上取样时必须设置取样台分几处采集一定深度下的样品。集料进场应在料堆顶部平台卸料,经推土机推平后,铲运机从底部按顺序竖直装料,减小集料离析。

高速公路、一级公路和城市快速路、主干路施工及生产 SMA 沥青混合料用间歇式拌和机必须配备计算机设备,拌和过程中逐盘采集并打印各个传感器测定的材料用量和沥青混合料拌和量、拌和温度等各种参数。每个台班结束时打印出一个台班的统计量,按动态控制与管理的方法进行沥青混合料生产质量及铺筑厚度的总量检验。总量检验的数据有异常波动时,应立即停止生产,分析原因。

沥青混合料的生产温度应符合表 14.2 的要求。烘干集料的残余含水率不得大于 1%。每天开始的几盘集料应提高加热温度,并干拌几锅集料废弃后,再正式加沥青拌和混合料。

拌和机的矿粉仓应配备振动装置,以防止矿粉起拱。添加消石灰、水泥等外掺剂时,应增加粉料仓,也可由专用管线和螺旋升送器直接加入拌和锅,若与矿粉混合使用时应注意二者因密度不同发生离析。拌和机必须有二级除尘装置,经一级除尘部分可直接回收使用,二级除尘部分可进入回收粉仓使用(或废弃)。对因除尘造成的粉料损失,应补充等量的新矿粉。

沥青混合料拌和时间根据具体情况经试拌确定,以沥青均匀裹覆集料为度。间歇式拌和机每盘的生产周期不宜小于 45 s(其中干拌时间不小于 5~10 s)。改性沥青和 SMA 混合料的拌和时间应适当延长。

间歇式拌和机的振动筛规格应与矿料规格相匹配,最大筛孔应略大于混合料的最大粒径,其余筛的设置应考虑混合料的级配稳定,并尽量使热料仓大体均衡,不同级配混合料必须配置不同的筛孔组合。间歇式拌和机应备有保温性能的成品储料仓,储存过程中混合料温降不得大于 10 ℃,且不能有沥青滴漏。普通沥青混凝土的储存时间不得超过 72 h;改件沥青混合料的储存时间不宜超过 24 h;SMA 混合料只限当天使用;OGFC 混合料应随拌随用。

SMA 沥青混合料拌和机应配备专用的纤维稳定剂投料装置,直接将纤维自动加入拌和机的拌和锅或称量斗中。根据纤维品种和形状的不同,可采取不同的添加方式。添加纤维应与拌和机的拌和周期同步进行。松散的絮状纤维应采用风送设备自动打散上料,并在集料投入后立即加入干拌及喷入沥青的同时一次性喷入拌和机内。颗粒纤维应在集料投入后立即加入,经 5~8 s 干拌,再投入矿粉,总干拌时间比普通沥青混合料增加 5~10 s。喷入沥青后的湿拌时间,应根据拌和情况适当增加,通常不得少于 5 s,以保证纤维能充分均匀地分散在混合料中。应在计算拌和能力时充分考虑增加拌和时间、投放矿粉时间加长、废弃回收粉尘等原因而降低拌和机生产率,以保证不影响摊铺速度,造成停顿。

任务 14.3　沥青混合料运输

沥青混合料
的运输

热拌沥青混合料应采用较大吨位的运料车运输,但不得超载运输或急刹车、急弯掉头,使透层、封层造成损伤。运料车的运力应稍有富余,施工过程中摊铺机前方应有运料车等候。高速公路、一级公路和城市快速路、主干路,应待等候的运料车多于 5 辆后开始摊铺。

运料车每次使用前后必须清扫干净,在车厢板上涂一薄层防止沥青黏结的隔离剂或防黏剂,但不得有余液积聚在车厢底部。从拌和机向运料车上装料时,应多次挪动汽车位置,平衡装料,以减少混合料离析。运料车运输混合料应用苫布覆盖保温、防雨、防污染。

运料车进入摊铺现场时,轮胎上不得沾有泥土等可能污染路面的脏物,否则应设水池洗净轮胎后进入工程现场。沥青混合料在摊铺地点凭运料单接收,若混合料不符合施工温度要求或已经结成团块,已遭雨淋,不得铺筑。

摊铺过程中运料车应在摊铺机前 100~300 mm 处停住,空挡等候,由摊铺机推动前进开始缓缓卸料,避免撞击摊铺机。有条件时,运料车可将混合料卸入转运车经二次拌和后向摊铺机连续均匀地供料。运料车每次卸料必须倒净,尤其是对改性沥青或 SMA 混合料。如有剩余,应及时清除,防止硬结。

近年来,一种称为转运机的装置已经越来越多地出现在沥青路面施工中,我国有的地方已经开始使用。它介于运料车与摊铺机之间,运料车将混合料卸在转运车上,转运车一边对混合料进行二次拌和,一边与摊铺机完全同步前进,向摊铺机供料。运料车的混合料不直接卸在摊铺机上,可有效地改善混合料的离析和温度不均的问题。在国外,随着运转车的出现,对摊铺机也在改进,一些摊铺机加设了再次拌和的功能,这些都是为减少离析、提高沥青路面综合质量的重要措施。

SMA 应采用大吨位运料车运输。运料车在开始运输前,应在车厢及底板上涂刷一层油水混合物,使混合料不致与车厢黏结。无论任何情况下,运料车在运输过程中都应加盖苫布,以防止混合料表面降温结成硬壳。运料车在运输途中,不得随意停歇。运料车卸料必须倒净,如发现有剩余的残留物,应及时清除。运料车到达现场后,应严格检查 SMA 混合料的温度,不得低于摊铺温度的要求。

任务 14.4　沥青混合料摊铺

沥青混合料
的摊铺

热拌沥青混合料应采用沥青摊铺机摊铺,在喷洒有黏油层的路面上铺筑改性沥青混合料或 SMA 时,宜使用履带式摊铺机。摊铺机的受料斗应涂刷薄层隔离剂或防黏结剂。

铺筑高速公路、一级公路和城市快速路、主干路沥青混合料时,一台摊铺机的铺筑宽度一般不宜超过 6(双车道)~7.5 m(3 车道以上),可采用两台或更多台数的摊铺机前后错开 10~20 m,呈梯队方式同步摊铺,两幅之间应有 30~60 mm 宽的搭接,并避开车道轮迹带,上、下层的搭接位段宜错开 200 mm 以上。

摊铺机开工前应提前 0.5~1 h 预热熨平板且不低于 100 ℃。铺筑过程中,应选择熨平板的振捣或夯锤压实装置具有适宜的振动频率和振幅,以提高路面的初始压实度。熨平板加宽连接应仔细调节至摊铺的混合料没有明显的离析痕迹。为提高重载路面的压实度,首要的因素是利用摊铺机进行初始压实。这就要求摊铺机的速度要慢,摊铺宽度要窄,这是铺筑重载路面的重要措施。

摊铺机必须缓慢、均匀、连续不间断地摊铺,不得随意变换速度或中途停顿,以提高平整度,减少混合料的离析。摊铺速度应控制在 $2\sim6$ m/min,对改性沥青混合料及 SMA 混合料宜放慢至 $1\sim3$ m/min。当发现混合料出现明显的离析、波浪、裂缝、拖痕时,应分析原因,予以消除。提高铺筑时的平整度,首先要做到摊铺时的两个不要:不要停下摊铺机、不要碰撞摊铺机。

平整度是沥青路面的重要指标之一。每铺筑一层能使平整度减小标准差 $0.2\sim0.3$ mm,但分层多了会影响沥青层的整体性,得不偿失。因此,为提高平整度而增加分层是不可取的。

摊铺机应采用自动找平方式,下面层或基层可采用钢丝绳引导的高程控制方式,上面层应采用平衡梁或雪撬式摊铺厚度控制方式,中面层可根据情况选用找平方式。直接接触式平衡梁的轮子不得黏附沥青,特别是当采用很长的平衡梁且太重时会黏结沥青,形成压痕和凹陷。近年来,在高等级道路上越来越多地使用非接触式的平衡梁,这种非接触式的平衡梁是利用声呐系统检测路面高程,调整摊铺层厚度,实践证明有良好的使用效果。铺筑改性沥青或 SMA 路面时宜采用非接触式平衡梁。

沥青路面施工的最低气温不得低于 10 ℃(高速公路和一级公路)或 5 ℃(其他等级公路),寒冷季节遇大风降温,不能保证迅速压实时不得铺筑沥青混合料。热拌沥青混合料的最低摊铺温度根据铺筑层厚度、气温、风速及下卧层表面温度按模块 14 相关规定执行,且不得低于表 14.4 的要求。每天施工开始阶段应采用较高温度的混合料。在雨季铺筑沥青路面时,应加强与气象台(站)的联系,已摊铺的沥青层因遇雨未进行压实的应予铲除。

表 14.4　沥青混合料的最低摊铺温度

下卧层的表面温度(℃)	相应于下列不同摊铺层厚度的最低摊铺温度(℃)					
	普通沥青混合料			改性沥青混合料或 SMA 沥青混合料		
	<50 mm	50~80 mm	>80 mm	<50 mm	50~80 mm	>80 mm
<5	不允许	不允许	140	不允许	不允许	不允许
5~10	不允许	140	135	不允许	不允许	不允许
10~15	145	138	132	165	155	150
15~20	140	135	130	158	150	145
20~25	138	132	128	153	147	143
25~30	132	130	126	147	145	141
>30	130	125	124	145	140	139

沥青混合料的松铺系数应根据混合料类型由试验段的试铺试压确定。摊铺过程中,应随时检查摊铺层厚度及路拱、横坡,并按总量控制及动态质量管理的方法控制使用的混合料总量与面积校验平均厚度。

摊铺机的螺旋布料器应相应于摊铺速度调整到保持一个稳定的速度均衡地转动,两侧应保持有不少于送料器2/3高度的混合料,以减少在摊铺过程中混合料的离析。用机械摊铺的混合料,不宜用人工反复修整。当不得不由人工做局部找补或更换混合料时,需仔细进行,特别严重的缺陷应整层铲除。

在路面狭窄部分、平曲线半径过小的匝道或加宽部分,以及小规模工程不能采用摊铺机铺筑时可用人工摊铺混合料。人工摊铺沥青混合料应符合下列要求:

①半幅施工时,路中一侧宜事先设置挡板。

②沥青混合料应卸在铁板上,摊铺时应扣锹布料,不得扬锹远甩。铁锹等工具可涂防黏结剂或加热使用。

③边摊铺边用刮板整平,刮平时应轻重一致,控制次数,严防集料离析。

④摊铺不得中途停顿,并加快碾压。如因故不能及时碾压时,应立即停止摊铺,并对已卸下的沥青混合料覆盖苫布保温。

⑤低温施工时,每次卸下的混合料应覆盖苫布保温。

任务 14.5　沥青路面的压实及成型

沥青路面发生早期损坏,经常是压实度不足造成的。改善压实工艺、保证混合料充分压实是提高沥青路面建设质量的关键。尤其是当沥青层层厚较薄,采用的混合料中的粗集料含量较多时,混合料温度下降更快,可供碾压的时间更短,对压实度的要求更高。

在沥青路面施工工序中,压实度、厚度和平整度是3个最重要的指标。需要特别摆正平整度和压实度的关系,一定要在确保压实度的前提下努力提高平整度。如果只是片面追求平整度,造成压实不足,会导致路面早期损坏。对高等级公路来说,平整度是十分重要的,提高路面平整度的关键及正确措施如下:

①从基层做起,逐层提高平整度。

②保证充分供料,摊铺机均匀、连续地摊铺,避免间隙和停顿。

③采用比较长的平衡梁控制方式的自动找平装置,有条件时尽量采用非接触式平衡梁。

④控制摊铺宽度,避免全幅摊铺,做好摊铺机接缝。

⑤科学地安排压路机,均衡地跟在摊铺机后面及时碾压。碾压时保持直线方向、均衡慢速,折返时关闭振动,渐渐地改变方向,折返点错开,不得在同一个断面上。对轮胎压路机和振动压路机要采取合理的组合排序,通常是轮胎压路机在前,压实效果好,平整度通过振动压路机弥补。

⑥压路机对桥涵、通道等构造物的接头以及各种特殊部位,特别要注意接缝的平整度,要仔细操作以避免造成跳车。

⑦除迫不得已的情况外,要避免摊铺后人工修整。

⑧所有机械不能在未冷却结硬的路面上停留。

沥青路面压实成型的关键在于,保证满足压实度及平整度的技术要求。热拌沥青混合料压实层的最大厚度,与压路机的类型及吨位有密切的关系,最大厚度一般不应大于100 mm。沥青稳定碎石混合料的压实层厚度不宜大于 120 mm,但当采用大功率压路机且经试验段证明能达到压实度时,允许增大到 150 mm。

沥青路面施工应配备足够数量的压路机,选择合理的压路机组合方式及初压、复压、终压(包括成型)的碾压步骤,以达到最佳碾压效果。高速公路铺筑双车道沥青路面的压路机数量不宜少于 5 台。施工气温低、风大、碾压层薄时,压路机数量应适当增加。压路机应以慢而均匀的速度碾压。压路机的碾压速度应符合表 14.5 的规定。

表 14.5 压路机碾压速度 单位:km/h

压路机类型	初压		复压		终压	
	适宜	最大	适宜	最大	适宜	最大
钢筒压路机	2~3	4	3~5	6	3~6	6
轮胎压路机	2~3	4	3~5	6	4~6	8
振动压路机	2~3(静压或振动)	3(静压或振动)	3~4.5(振动)	5(振动)	3~6(静压)	6(静压)

压路机的碾压路线及碾压方向不应突然改变而导致混合料推移。碾压区的长度应大体稳定,两端的折返位置应随摊铺机前进而推进,横向不得在相同的断面上。压路机的碾压温度应符合表 14.2 和表 14.3 的要求,并根据混合料种类、压路机、气温、层厚等情况经试验段试压确定。在不产生严重推移和裂缝的前提下,初压、复压、终压都应在尽可能高的温度下进行。同时,不得在低温状况下进行反复碾压,使石料棱角磨损、压碎,破坏集料嵌挤。

14.5.1 初压

沥青混合料的初压应符合下列要求:

①初压应在紧跟摊铺机后碾压,并保持较短的初压区长度,以尽快使表面压实,减少热量散失。摊铺后初始压实度较大,实践证明采用振动压路机或轮胎压路机直接碾压无严重推移而有良好效果时,可免去初压,直接进入复压工序。

②通常可采用钢轮压路机静压 1~2 遍。碾压时应将压路机的驱动轮面向摊铺机,由外侧向中心碾压,在超高路段则由低向高碾压,在坡道上应将驱动轮从低处向高处碾压。

③初压后应检查平整度、路拱,有严重缺陷时进行修整乃至返工。

SMA 路面的初压宜采用刚性碾静压。每次碾压应直至摊铺机跟前,初压区长度通过计算确定,以便与摊铺机的速度匹配,一般不宜大于 20 m。高等级道路可采用两台压路机同时进行,初压遍数一般为 1 遍,以保证尽快进入复压。摊铺机的铺筑宽度越宽,摊铺机自身的碾压效果越差,初压的要求也越高。

热拌沥青混合料面层施工

14.5.2　复压

沥青混合料的复压应紧跟在初压后进行,并应符合下列要求:

①复压应紧跟在初压后开始,且不得随意停顿。压路机碾压段的总长度应尽量缩短,一般不超过 60~80 m。采用不同型号的压路机组合碾压时,应安排每一台压路机做全幅碾压,防止不同部位的压实度不均匀。

②密级配沥青混凝土的复压应优先采用重型轮胎压路机进行搓揉碾压,以增加密实性,其总质量不宜小于 25 t,吨位不足时可附加重物,使每一个轮胎的压力不小于 15 kN。冷态时的轮胎充气压力不小于 0.55 MPa,轮胎发热后不小于 0.6 MPa,且各个轮胎的气压大体相同,相邻碾压带应重叠 1/3~1/2 的碾压轮宽度,碾压至要求的压实度为止。

③以粗集料为主的较大粒径的混合料,尤其是大粒径沥青稳定碎石基层,应优先采用振动压路机复压。厚度小于 30 mm 的薄沥青层不宜采用振动压路机碾压。振动压路机振动频率一般为 35~50 Hz,振幅宜为 0.3~0.8 mm,层厚较大时可选用高频率大振幅,以产生较大的激振力,厚度较薄时应采用高频率低振幅,以防止集料破碎。相邻碾压带重叠宽度为100~200 mm。振动压路机折返时应先停止振动。

④采用三轮钢筒式压路机时,总质量一般不小于 12 t,相邻碾压带应重叠后轮 1/2 宽度,且不应小于 200 mm。

⑤对路面边缘、加宽及港湾式停车带等大型压路机难于碾压的部位,宜采用小型振动压路机或振动夯板进行补充碾压。

SMA 路面的复压应紧跟在初压后进行。大量的工程实践表明,直接使用振动压路机初碾不造成"推拥",也可直接用振动压路机初压。如发现初压有明显"推拥",应检查混合料的集料级配及油石比是否合适。压路机的吨位以不压碎集料,又能达到压实度为准。复压应采用重型振动压路机进行,碾压遍数不少于 3~4 遍;也可用刚性碾静压,复压遍数不少于 6 遍。

14.5.3　终压

终压应紧接在复压后进行。如经复压后已无明显轮迹时可免去终压。终压可选用双轮钢筒式压路机或关闭振动的振动压路机碾压,终压一般不少于 2 遍,并至无明显轮迹为止。

通常情况下,SMA 不宜采用轮胎压路机碾压,以防搓揉过度造成沥青玛琋脂挤到表面而达不到压实效果。在极易造成车辙变形的路段等特殊情况下,由于减少沥青用量必须使用轮胎压路机碾压时,必须通过试验论证,确定压实工艺,但不得发生沥青玛琋脂上浮或挤出等现象。振动压路机碾压 SMA 路面应遵循"紧跟、慢压、高频(率)、低(振)幅"的原则。即压路机必须紧跟在摊铺机后面碾压,碾压速度要慢,要均匀,并采取高频率、低振幅的方式碾压。如发现 SMA 混合料高温碾压有"推拥"现象,应复查其级配是否合适。

压路机不得在未碾压成型路段上转向、调头、加水或停留。在当天成型的路面上,不得停放各种机械设备或车辆,不得散落矿料、油料等杂物。

任务 14.6　接缝处理及其他注意事项

14.6.1　接缝处理

沥青路面施工必须接缝紧密、连接平顺,不得产生明显的接缝离析。上、下层的纵缝应错开 150 mm(热接缝)或 300~400 mm(冷接缝)以上。相邻两幅及上、下层的横向接缝均应错位 1 m 以上。接缝施工应用 3 m 直尺检查,确保平整度符合要求。

1)纵向接缝

纵向接缝部位施工应符合下列要求:

①摊铺时,采用梯队作业的纵缝应采用热接缝,将已铺部分留下 100~200 mm 宽暂不碾压,作为后续部分的基准面,然后进行跨缝碾压以消除缝迹。

②当半幅施工或因特殊原因而产生纵向冷接缝时,宜加设挡板或加设切刀切齐,也可在混合料尚未完全冷却前用镐刨除边缘留下毛茬的方式,但不宜在冷却后采用切割机进行纵向切缝。加铺另半幅前,应在接缝处涂洒少量沥青,重叠在已铺层上 50~100 mm,再铲走铺在前半幅上面的混合料,碾压时由边向中碾压,留下 100~150 mm,再跨缝挤紧压实。或者先在已压实路面上行走碾压新铺层 150 mm 左右,然后压实新铺部分。

2)横向接缝

沥青路面的横向接缝是一个薄弱环节,接缝跳车或开裂是常见病害。横向接缝常用平接缝与斜接缝两种形式。平接缝容易保证平整度,但连续性较差,易在此开裂;斜接缝不易搭接得好,容易形成接头跳车。高速公路、一级公路和城市快速路、主干路的表面层横向接缝可采用垂直的平接缝,以下各层应采用自然碾压的斜接缝,沥青层较厚时也可做阶梯形接缝,如图 14.1 所示。其他等级公路和城市道路的各层均可采用斜接缝。斜接缝的搭接长度与层厚有关,宜为 0.4~0.8 m。搭接处应洒少量沥青,混合料中的粗集料颗粒应予剔除,并补上细料,搭接平整,充分压实。阶梯形接缝的台阶经铣刨而成,并洒黏层沥青,搭接长度一般不应小于 3 m。

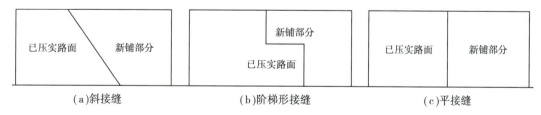

(a)斜接缝　　　　　　(b)阶梯形接缝　　　　　　(c)平接缝

图 14.1　横向接缝的 3 种形式

平接缝应趁尚未冷透时用凿岩机或人工垂直刨除端部层厚不足的部分,使工作缝成直角连接。采用切割机制作平接缝时,应在铺设当天混合料冷却但尚未结硬时进行。刨除或切割不得损伤下层路面。切割时留下的泥水必须冲洗干净,待干燥后涂刷黏层油。铺筑新混合料接头应使接茬软化,压路机先进行横向碾压,再纵向碾压成为一体,充分压实,连接平顺。

14.6.2 开放交通

热拌沥青混合料路面应待摊铺层完全自然冷却,混合料表面温度低于 50 ℃后,方可开放交通。需要提前开放交通时,可洒水冷却降低温合料温度。铺筑好的沥青层应严格控制交通,做好保护,保持整洁,不得造成污染。严禁在沥青层上堆放施工产生的土或杂物,严禁在已铺沥青层上制作水泥砂浆。

任务 14.7 透层、黏层

热拌沥青混合料透层、黏层、封层施工

14.7.1 透层

透层是指用于非沥青类材料层上,能透入表面一定深度,增强非沥青类材料层与沥青混合料层整体性的功能层。透层施工应符合以下规定:

①沥青路面各类基层都必须喷洒透层油,透层沥青应具有良好的渗透性,沥青层必须在透层油完全渗透入基层后方可铺筑。基层上设置下封层时,透层油不宜省略。气温低于 10 ℃或大风天气、即将降雨时,不得喷洒透层油。

②根据基层类型选择渗透性好的液体沥青、乳化沥青、煤沥青作透层油,喷洒后通过钻孔或挖掘确认透层油渗透入基层的深度宜不小于 5(无机结合料稳定集料基层)~10 mm(无结合料基层),并能与基层联结成为一体。透层油的质量应符合《公路沥青路面施工技术规范》(JTG F40—2004)相关要求。

③透层油的黏度通过调节稀释剂的用量或乳化沥青的浓度得到适宜的黏度,基质沥青的针入度通常宜不小于 100。透层用乳化沥青的蒸发残留物含量允许根据渗透情况适当调整,当使用成品乳化沥青时可通过稀释得到要求的黏度。透层用液体沥青的黏度通过调节煤油或轻柴油等稀释剂的品种和掺量经试验确定。

④透层油的用量通过试洒确定,不宜超出表 14.6 要求的范围。

表 14.6　沥青路面透层材料的规格和用量表

用途	液体沥青		乳化沥青		煤沥青	
	规格	用量(L/m²)	规格	用量(L/m²)	规格	用量(L/m²)
无结合料粒料基层	AL(M)-1、2 或 3 AL(S)-1、2 或 3	1.0~2.3	PC-2 PA-2	1.0~2.0	T-1 T-2	1.0~1.5
半刚性基层	AL(M)-1 或 2 AL(S)-1 或 2	0.6~1.5	PC-2 PA-2	0.7~1.5	T-1 T-2	0.7~1.0

注:表中用量是指包括稀释剂和水分等在内的液体沥青、乳化沥青的总量。乳化沥青中的残留物含量以 50%为基准。

⑤用于半刚性基层的透层油宜紧接在基层碾压成型后表面稍变干燥、但尚未硬化的情况下喷洒。

⑥在无结合料粒料基层上洒布透层油时,宜在铺筑沥青层前 1~2 天洒布。

⑦透层油宜采用沥青洒布车一次喷洒均匀,使用的喷嘴宜根据透层油的种类和粘度选择并保证均匀喷洒,沥青洒布车喷洒不均匀时宜改用手工沥青洒布机喷洒。

⑧喷洒透层油前应清扫路面,遮挡防护路缘石及人工构造物避免污染,透层油必须洒布均匀,有花白遗漏应人工补洒,喷洒过量的立即撒布石屑或砂吸油,必要时做适当碾压。透层油洒布后不得在表面形成能被运料车和摊铺机黏起的油皮,透层油达不到渗透深度要求时,应更换透层油稠度或品种。

⑨透层油洒布后的养生时间随透层油的品种和气候条件由试验确定,确保液体沥青中的稀释剂全部挥发,乳化沥青渗透且水分蒸发,然后尽早铺筑沥青面层,防止工程车辆损坏透层。

14.7.2　黏层

黏层是指为加强路面沥青层与沥青层之间、沥青层与水泥混凝土路面之间的黏结而洒布的沥青材料薄层。黏层施工应符合下列规定:

①符合下列情况之一时,必须喷洒黏层油:

a.双层式或三层式热拌热铺沥青混合料路面的沥青层之间;

b.水泥混凝土路面、沥青稳定碎石基层或旧沥青路面层上加铺沥青层;

c.路缘石、雨水口、检查井等构造物与新铺沥青混合料接触的侧面。

②极重、特重和重交通荷载等级路面的黏层宜采用改性乳化沥青、道路石油沥青或改性沥青;中等和轻交通荷载等级路面的黏层可选用乳化沥青;水泥混凝土板与沥青面层间的黏层宜采用改性沥青。黏层油规格和质量应符合《公路沥青路面施工技术规范》(JTG F40—2004)的相关要求,所使用的基质沥青标号宜与主层沥青混合料相同。

③黏层油品种和用量,应根据下卧层的类型通过试洒确定,并符合表 14.7 的要求。当黏层油上铺筑薄层大空隙排水路面时,黏层油的用量宜增加到 $0.6 \sim 1.0$ L/m^2。在沥青层之间兼作封层而喷洒的黏层油宜采用改性沥青或改性乳化沥青,其用量宜不少于 1.0 L/m^2。

表 14.7　沥青路面黏层材料的规格和用量表

下卧层类型	液体沥青		乳化沥青	
	规格	用量(L/m^2)	规格	用量(L/m^2)
新建沥青层或旧沥青路面	AL(R)-3~AL(R)-6 AL(M)-3~AL(M)-6	0.3~0.5	PC-3 PA-3	0.3~0.6
水泥混凝土	AL(M)-3~AL(M)-6 AL(S)-3~AL(S)-6	0.2~0.4	PC-3 PA-3	0.3~0.5

注:表中用量是指包括稀释剂和水分等在内的液体沥青、乳化沥青的总量。乳化沥青中的残留物含量以 50%为基准。

④黏层油宜采用沥青洒布车喷洒,并选择适宜的喷嘴,洒布速度和喷洒量保持稳定。当采用机动或手摇的手工沥青洒布机喷洒时,必须由熟练的技术工人操作,均匀洒布。气温低于 10 ℃时,不得喷洒黏层油。寒冷季节施工不得不喷洒时,可以分成两次喷洒。路面潮湿时,不得喷洒黏层油,用水洗刷后需待表面干燥后喷洒。

⑤喷洒的黏层油必须呈均匀雾状,在路面全宽度内均匀分布成一薄层,不得有洒花漏空或成条状,也不得有堆积。喷洒不足的要补洒,喷洒过量处应予刮除。喷洒黏层油后,严禁运料车外的其他车辆和行人通过。

⑥黏层油宜在当天洒布,待乳化沥青破乳、水分蒸发完成,或稀释沥青中的稀释剂基本挥发完成后,紧跟着铺筑沥青层,确保黏层不受污染。

任务 14.8　其他沥青面层施工

14.8.1　冷拌沥青混合料路面

冷拌沥青混合料是用乳化沥青或液体沥青与一定级配的矿料拌和而成的沥青混合料,适用于三级及三级以下公路的沥青面层、二级公路的罩面层施工,以及各级公路沥青路面的基层、联结层或整平层。冷拌改性沥青混合料可用于沥青路面的坑槽冷补。冷拌沥青混合料宜采用密级配沥青混合料,当采用半开级配的冷拌沥青碎石混合料路面时应铺筑上封层。

冷拌沥青混合料因乳化沥青所用乳化剂的不同而分为阳离子乳化沥青、阴离子乳化沥青和两性离子乳化沥青。由于阳离子乳化沥青在使用时能够与潮湿石料黏附结合,因而即使在阴湿天气或低温季节仍然可以照常施工。在性能上,阳离子乳化沥青比阴离子乳化沥青更有优越性。

然而,乳化沥青混合料的应用也受到一定的限制,这主要是由于乳化沥青碎石混合料在路上铺筑后,需要经过一段时间的行车压实,才能逐渐成型,因此初期强度较低,故不适用于交通量较大的道路,通常在中、低交通量道路上应用较多。

1)拌和

冷拌沥青混合料应采用拌和厂机械拌和及沥青摊铺机摊铺的方式。缺乏厂拌条件时,也可采用现场路拌及人工摊铺方式。冷拌沥青混合料施工应注意防止混合料离析。采用阳离子乳化沥青时,矿料在拌和前需先用水湿润,使其含水率达 4%~5%。气温较高时可多加水,低温潮湿时少加水。若湿润后仍难以与乳液拌和均匀时,应改用破乳速度更慢的乳液,或用 1%~3% 浓度的氯化钙水溶液代替水润湿集料表面。矿料与乳液应充分拌和均匀,适宜的拌和时间应根据集料级配情况、乳液裂解速度、拌和机性能、气候条件等通过试拌确定。机械拌和时间不宜超过 30 s,人工拌和时间不宜超过 60 s。若在上述时间内不能拌和均匀,则应考虑使用性能更好的拌和机。拌和的混合料应具有良好的施工和易性,以免在摊铺时出现离析。已拌好的混合料应立即运至现场进行摊铺,并在乳液破乳前结束。在拌和与摊铺过程中已破乳的混合料,应予废弃。

2)摊铺

冷拌沥青混合料拌和完毕,宜采用沥青混合料摊铺机摊铺。若采用人工摊铺,则应防止混合料离析。机械摊铺的松铺系数为 1.15~1.20,人工摊铺的松铺系数为 1.20~1.45。拌和、运输和摊铺应在乳液破乳前结束,摊铺前已破乳的混合料不得使用。

3)碾压

混合料摊铺完毕,厚度、平整度、路拱横坡等符合设计和规范要求,即可进行碾压。通常先采用 6 t 左右的轻型压路机匀速初压 1~2 遍,使混合料初步稳定,然后用轮胎压路机或轻型钢筒式压路机碾压 1~2 遍。当乳化沥青开始破乳,混合料由褐色转变为黑色时,改用 12~15 t 轮胎压路机碾压,将水分挤出,复压 2~3 遍后停止,待晾晒一段时间水分基本蒸发后,再补充复压至密实。压实过程中出现推移现象时,应立即停止碾压,待稳定后再碾压。碾压时,若出现松散或开裂,应立即挖除并换新料,整平后继续碾压。当天不能完全压实时,可在较高气温状态补充碾压。当缺乏轮胎压路机时,也可采用钢筒式压路机或较轻的振动压路机碾压。

乳化沥青混合料路面的上封层应在压实成型、路面水分完全蒸发后加铺。

乳化沥青混合料路面施工结束后宜封闭交通 2~6 h,并注意做好早期养护。开放交通初期,应设专人指挥,车速不得超过 20 km/h,不得制动或掉头。

冷拌沥青混合料施工遇雨应立即停止铺筑,以防雨水将乳液冲走。

4)冷补沥青混合料

用于修补沥青路面坑槽的冷补沥青混合料应采用适宜的改性沥青结合料,并具有良好的耐水性。

冷补沥青混合料的矿料级配可参照表 14.8 的要求执行。沥青用量通过试验并根据实际使用效果确定,通常宜为 4%~6%。其级配应符合补坑的需要,粗集料级配必须具有充分的嵌挤能力,以便在未经充分碾压的条件下可开放通车碾压而不松散。

表 14.8　冷补沥青混合料的矿料级配

类型	通过下列筛孔(mm)的百分率(%)											
	26.5	19	16	13.2	9.5	4.75	2.36	1.18	0.6	0.3	0.15	0.075
细粒式 LB-10	—	—	—	100	80~100	30~60	10~40	5~20	0~15	0~12	0~8	0~5
细粒式 LB-13	—	—	100	90~100	60~95	30~60	10~40	5~20	0~15	0~12	0~8	0~5
中粒式 LB-16	—	100	90~100	50~90	40~75	30~60	10~40	5~20	0~15	0~12	0~8	0~5
粗粒式 LB-19	100	95~100	80~100	70~100	60~90	30~70	10~40	5~20	0~15	0~12	0~8	0~5

注:①黏聚性试验方法:将冷补材料 800 g 装入马歇尔试模中,放入 4 ℃ 恒温室中 2~3 h,取出后双面各击实 5 次制作试件,脱模后放在标准筛上,将其直立并使试件沿筛框来回滚动 20 次,破损率不得大于 40%。

②冷补沥青混合料马歇尔试验方法:称混合料 1 180 g 在常温下装入试模中,双面各击 50 次,连同试模一起以侧面竖立方式置于 110 ℃ 烘箱中养生 24 h,取出后再双面各击实 25 次,再连同试模在室温中竖立放置 24 h,脱模后在 60 ℃ 恒温水槽中养生 30 min,进行马歇尔试验。

冷补沥青混合料应有良好的低温操作和易性。用于冬季寒冷季节补坑的混合料,应在松散状态下经 -10 ℃ 的冰箱保持 24 h 无明显的凝聚结块现象,且能用铁铲方便地拌和操作。冷补沥青混合料应具有足够的黏聚性,马歇尔试验稳定度宜不小于 3 kN。

14.8.2　沥青表面处治路面

1)沥青表面处治路面的适用条件

沥青表面处治是我国早期沥青路面的主要类型,广泛应用于砂石路面提高等级,解决晴雨通车问题,作为简易式沥青路面。现在除了三级公路以下的地方性公路上仍然继续使用外,已逐渐为更高等级的沥青路面类型所代替。

沥青表面处治路面是用拌和法或层铺法施工的路面薄层,厚度不大于 3 cm,主要用于改善行车条件,适用于较低等级沥青路面的面层,也可作为旧沥青路面的罩面和防滑磨耗层。采用拌和法施工时,可热拌热铺,也可冷拌冷铺。热拌热铺施工时,可按热拌沥青混合料路面的施工方法进行,冷拌冷铺时可按乳化沥青碎石混合料路面的施工方法进行。采用层铺法施工时,分为单层式、双层式及三层式 3 种。沥青表面处治应选择在干燥和较热的季节施工,并在最高温度低于 15 ℃时期到来之前半个月及雨期前结束。

2)材料规格和用量

沥青表面处治面层可采用道路石油沥青、煤沥青或乳化沥青作结合料。沥青用量根据气温、沥青标号、基层等情况按表 14.9 确定。在寒冷地区、施工气温较低、沥青针入度较小、基层空隙较大时,沥青用量宜采用高限。

沥青表面处治路面所用集料的最大粒径与处治层厚度相等,其规格和用量按表 14.9 确定。沥青表面处治施工后,应在路侧另备 S12(5~10 mm)碎石或 S14(3~5 mm)石屑、粗砂或小砾石(2~3)m^3/1 000 m^2 作为初期养护用料。

表 14.9　沥青表面处治材料规格和用量(方孔筛)表

沥青种类	类型	厚度(mm)	集料(m^3/1 000 m^2)						沥青或乳液用量(kg/m^2)			
			第一层		第二层		第三层		第一次	第二次	第三次	合计用量
			规格	用量	规格	用量	规格	用量				
石油沥青	单层	1.0	S12	7~9					1.0~1.2			1.0~1.2
		1.5	S10	12~14					1.4~1.6			1.4~1.6
	双层	1.5	S10	12~14	S12	7~8			1.4~1.6	1.0~1.2		2.4~2.8
		2.0	S9	16~18	S12	7~8			1.6~1.8	1.0~1.2		2.6~3.0
		2.5	S8	18~20	S12	7~8			1.8~2.0	1.0~1.2		2.8~3.2
	三层	2.5	S8	18~20	S10	12~14	S12	7~8	1.6~1.8	1.2~1.4	1.0~1.2	3.8~4.4
		3.0	S6	20~22	S10	12~14	S12	7~8	1.8~2.0	1.2~1.4	1.0~1.2	4.0~4.6
乳化沥青	单层	0.5	S14	7~9					0.9~1.0			0.9~1.0
	双层	1.0	S12	9~11	S14	4~6			1.8~2.0	1.0~1.2		2.8~3.2
	三层	3.0	S6	20~22	S10	9~11	S12 S14	4~6 3.5~4.5	2.0~2.2	1.8~2.0	1.0~1.2	4.8~5.4

注:①煤沥青表面处治的沥青用量可较石油沥青用量增加 15%~20%。

②表中的乳液用量按乳化沥青的蒸发残留物含量 60% 计算,如沥青含量不同应予折算。

③在高寒地区及干旱、风沙大的地区,可超出高限,再增加 5%~10%。

3)施工方法及要点

在清扫干净的碎(砾)石路面上铺筑沥青表面处治路面时,应喷洒透层油。在旧沥青路面、水泥混凝土路面、块石路面上铺筑沥青表面处治路面时,可在第一层沥青用量中增加10%~20%,不再另洒透层油或黏层油。

层铺法沥青表面处治路面应采用沥青洒布车及集料撒布机联合作业。沥青洒布车喷洒沥青时应保持稳定速度和喷洒量,并保持整个洒布宽度喷洒均匀。小规模工程可采用机动或手摇的手工沥青洒布机洒布沥青。洒布设备的喷嘴应适用于沥青的稠度,确保能呈雾状,与洒油管成 15°~25° 的夹角。洒油管的高度应使同一地点接受 2~3 个喷油嘴喷洒的沥青,不得出现花白条。

沥青表面处治喷洒沥青材料时应对道路人工构造物、路缘石等外露部分进行防污染遮盖。沥青表面处治施工应确保各工序紧密衔接,每个作业段长度应根据施工能力确定,并在当天完成。人工撒布集料时应等距离划分段落备料。三层式沥青表面处治施工工艺应按下列步骤进行:

①清扫基层,洒布第一层沥青。沥青的洒布温度根据气温及沥青标号选择,石油沥青宜为 130~170 ℃,煤沥青宜为 80~120 ℃,乳化沥青在常温下洒布,加温洒布的乳液温度不得超过 60 ℃。前后两车喷洒的接茬处用铁板或建筑纸铺 1~1.5 m,使搭接良好。分几幅浇洒时,纵向搭接宽度宜为 100~150 mm。洒布第二、三层沥青的搭接缝应错开。

②洒布主层沥青后应立即用集料撒布机或人工撒布一层主集料。撒布集料后应及时扫匀,达到全面覆盖、厚度一致,集料不重叠,也不露出沥青的要求。局部有缺料时适当找补,积料过多的将多余集料扫出。两幅搭接处,第一幅洒布沥青应暂留 100~150 mm 宽度不撒布石料,待第二幅一起撒布。

③撒布主料后,不必等全段撒布完,立即用 6~8 t 钢筒双轮压路机从路边向中心碾压 3~4 遍,每次轮迹重叠约 300 mm。碾压速度开始不宜超过 2 km/h,以后可适当增加。

④第二、三层的施工方法和要求应与第一层相同,但可以采用 8 t 以上的压路机碾压。

双层式或单层式沥青表面处治浇洒沥青及撒布集料的次数相应减少,其施工程序和要求可参照三层式方法进行。

除乳化沥青表面处治应待破乳、水分蒸发并基本成型后方可通车外,沥青表面处治在碾压结束后即可开放交通,并通过开放交通补充压实,成型稳定。在通车初期应设专人指挥交通或设置障碍物控制行车,限制行车速度不超过 20 km/h,严禁畜力车及铁轮车行驶,使路面全部宽度均匀压实。

沥青表面处治应注意初期养护。当发现有泛油时,应在泛油处补撒与最后一层石料规格相同的嵌缝料并扫匀,过多的浮料应扫出路外。

14.8.3 其他沥青铺装工程

1)行人及非机动车道路

人行道、非机动车道、园林公路、行人广场等主要供行人、非机动车使用的沥青层应平顺、舒适、排水良好。

行人道路宜选择针入度较大的石油沥青或乳化沥青,沥青混合料的沥青用量应比车行道用量增加 0.3% 左右。行人道路的表面层应采用细型的细粒式或砂粒式密级配沥青混凝土混合料。在无机动车通行的道路上也可铺筑透水路面。

行人道路设置路缘石、井孔盖座、消防栓、电杆等公路附属设施时应预先安装,喷洒沥青或铺筑混合料前应采取措施防止污染,并避免因压路机碾压受到损坏。对使用大型压路机有困难的部位,可采用小型振动压路机、振动夯板、夯锤压实。

2) 重型车停车场、公共汽车站

高速公路服务区、停车场、公共汽车站等的沥青层应满足较长时间停驻重型车辆及承受反复启动制动水平力的功能要求。沥青混合料应有较高的抗永久性流动变形的能力。

沥青混合料应选择集料最大粒径较粗、嵌挤性能好的矿料级配,适当增加 4.75 mm 以上的粗集料部分,减少天然砂用量。沥青结合料宜采用低针入度沥青或改性沥青,沥青用量比标准配合比设计用量应减少 0.3% ~ 0.5%。

在大面积行人广场上铺筑沥青层时,应充分注意平整度、坡度及排水符合设计要求。施工时宜设置间距不大于 5 m 的方格形样桩,随时用 3 m 直尺检查,不符合要求的及时趁热整修。

3) 水泥混凝土桥面沥青铺装层

近年来,我国建设了大量的大跨径桥梁,非常雄伟、美观,许多桥梁是当地的标志性建筑。但是,无论水泥混凝土桥梁还是钢桥,其桥面铺装往往都不能令人满意,成为早期损坏的通病。而且,至今仍然缺乏有效的措施来确保桥面铺装的使用年限。

水泥混凝土桥面的沥青铺装层基本上都是水危害造成的水损坏。主要原因有:

①桥面水泥混凝土层(防水层、三角层、整平层等)的施工质量不高。桥面水泥混凝土与桥面铺装分别由两个承包商施工,要求脱节,施工水泥混凝土层的单位盲目要求表面光滑平整,整平时挤出很多浮浆,表面甚至洒水泥,低洼处也用水泥浆填补,交活时只注重表面是否好看,不管与上部沥青铺装层的连接问题,由此造成的后患在铺筑桥面铺装时很难弥补。所以,现在有些工程已经改变承包方式,将水泥混凝土板的整平及铺筑防水层、三角层的任务交予沥青路面铺筑单位一起完成,这样就能综合考虑如何黏结成为一体的问题。

②桥面水泥混凝土板施工的平整度不好,高差有时能达数厘米,沥青层本来就不厚,使得沥青层厚度很不一致,有的地方会很薄,混合料的离析比厚的层次更严重。桥面铺装施工时不敢按照正常方法碾压,压实度难以保证。混凝土表面的凹陷部分在使用过程中很容易成为积水的地方,渗入的水排不出来,在高温时化成水汽,使沥青层与混凝土板脱离。

③铺装层与桥面板的黏结不好是导致铺装层损坏的最根本的原因。原《沥青路面施工技术规范》称之为防水层,其实设置该层的目的除防水外,更重要的是使沥青铺装层与水泥桥面板黏结成为一个总体。防水黏结层破损、漏空、脱离,水渗入防水黏结层与水泥混凝土板的界面上,影响与桥面板的黏结强度,甚至成为滑动的界面。桥面铺装成为一个单独受力的层次,就会出现很大的水平剪应力和底部的弯拉应力,就必然导致桥面铺装迅速破坏。从现在的情况看,防水黏结层的损坏主要是施工质量问题。无论哪一种防水黏结层,都能做好,但如果不认真施工,都有可能造成损坏。

④桥面铺装层内部的排水不畅,被侧面的栏杆路缘石阻挡。桥面的泄水孔不能排走沥青层内部的水。有相当一部分桥面在雨后有积水现象,导致沥青层长时间处于被水浸泡的状态下。

⑤铺筑前,桥面混凝土没有处于完全干燥的状态,在潮湿和有水汽的情况下铺设防水黏结层和沥青混合料,可能在施工或使用过程中遇热变成水汽使防水黏结层产生鼓包脱离。

⑥桥面沥青混合料的空隙率过大,残余空隙率超过 6%～8%,在汽车荷载作用下产生很强的动水压力,加速了铺装层的水损害破坏。

⑦桥梁的受力结构是水泥混凝土构件和桥面板,其局部变形本来是非常小的,沥青层不可能有大的应变,但是当沥青层与桥面板脱开成为滑动的界面条件时,沥青层的层底拉应力和剪应力大幅度增加,尤其在重载车的作用下将造成迅速的破坏。

因此,桥面铺装要做好,首先要有一定的厚度,混凝土板的表面要平整但不要光滑,一定要除净浮浆,彻底干燥,千方百计地使沥青层与桥面板黏结得非常好,保证桥面铺装与混凝土桥面板协同变形,不成为独立的受力结构层。

大中型水泥混凝土桥桥面铺筑的沥青铺装层,应满足与混凝土桥面的黏结、防止渗水、抗滑及有较高抵抗振动变形的能力等功能性要求,并设置有效的桥面排水系统。铺装沥青层的下卧层必须符合平整、粗糙、整洁的要求,桥面纵横坡符合要求。水泥混凝土桥面板表面应做铣刨拉毛处理,清除浮浆,除去过高的突出部位。

铺设桥面铺装必须确保混凝土完全干燥,严禁在潮湿条件下铺设防水黏结层及摊铺沥青混合料,防止混凝土中的水分在施工或使用过程中遇热变成水汽,使防水黏结层产生鼓包。

喷洒沥青或改性沥青类桥面防水黏结层的施工应符合下列要求:

①整个铺筑过程直至铺设石屑保护层前,严禁包括行人在内的一切交通工具通行。

②不洒黏层油,直接分 2～3 层喷洒或人工涂刷热沥青、热融或溶剂稀释的改性沥青、改性乳化沥青的防水黏结层,必须均匀一致,且达到要求的厚度。

③喷洒防水层黏结后应立即撒布一层洁净、尺寸为 3～5 mm 的石屑作保护层,并用 6～8 t 轻型压路机以较慢的速度碾压。

防水卷材防水层的铺筑应符合下列要求:

①防水卷材应符合相关质量要求,无破洞、不漏水,内部有金属或聚合物纤维,表面有均匀的石屑撒布层。铺筑的防水黏结层不得有漏铺、破漏、脱开、翘起、皱褶等现象。

②铺设前应喷洒黏层油和涂刷黏结剂,铺筑时边加热边滚压。黏结后必须检查确认任何部位都不能被人工或铁锹撕、揭开。

③铺设卷材后不得通行任何车辆或堆放杂物,防止卷材污染。

④防水卷材防水层不得在摊铺机或运料车作用下遭到损坏。

桥面铺装复压应采用轮胎压路机或钢筒式压路机进行,经试验或经验证明不致损坏桥梁结构时,也可采用振动压路机碾压。沥青面层所用的沥青应符合规范要求,必要时采用改性沥青。

桥面铺装和土石方路基和桥头搭板上的路面应连接平顺,采取措施预防桥头跳车。高速公路桥头跳车是路面使用质量不好的一个通病,主要原因是设计问题与路基、桥头搭板的问题等。从理论上讲,桥头填土的不均匀沉降是不可避免的,桥头应该有一个预留量,但沥青面层经常是连续施工,很难在沥青层施工时考虑。这些应主要在路基和桥头搭板施工过程中采取措施解决。

4) 钢桥面铺装

近年来,大跨径钢桥越来越多,钢桥面铺装的问题也受到了普遍关注。我国已经铺筑了世界上普遍使用过的浇注式沥青混凝土结构、环氧沥青混凝土结构,以及我国自行研制的双层SMA结构的钢桥面铺装,都取得了长足的进步,有了一定的经验;但也有许多失败的教训,一些钢桥面铺装在超载超限车辆作用下,影响了使用寿命,发生了早期损坏。现行的沥青路面施工技术规范仅提出对钢桥面沥青铺装的一般功能性要求,各个结构层的作用及共性的技术要求,更详细的内容还有待编制专门的钢桥面铺装技术指南。

钢桥面铺装必须具有以下功能性要求:

①能与钢板紧密结合成为整体,变形协调一致;

②防水性能良好,防止钢桥面生锈;

③具有足够的耐久性和有较小的温度敏感性,满足使用条件下的高温抗流动变形能力、低温抗裂性能、水稳定性、抗疲劳性能、表面抗滑的要求。

④与钢板黏结良好,具有足够的抗水平剪切重复荷载及蠕变变形的能力。

钢桥面铺装结构通常由防锈层、防水黏结层、沥青面层等组成。涂刷防水层前应对钢板焊缝和吊钩残留物仔细平整,彻底除锈,清扫干燥。钢桥面铺装的防水黏结层必须紧跟防锈层后涂刷,宜采用高黏度的改性沥青、环氧沥青、防水卷材。当采用浇注式沥青混凝土铺筑桥面铺装时,可不设防水黏结层。

钢桥面铺装使用的改性沥青,宜单独提出相应的技术要求。沥青层的压实设备和压实工艺,应通过力学验算并经试验验证,防止钢桥面主体受损。铺设过程中必须保持桥面整洁,不得堆放与施工无关的材料、机械、杂物。钢桥面铺装应在无雨少雾季节、干燥状态下施工。

5) 隧道沥青路面

我国目前已有相当数量的公路隧道,隧道长度较短时,采用沥青路面是适宜的。隧道沥青路面的特点是施工过程中地方狭窄,使用过程中维修困难,需要照明等,尤其是隧道开挖经常会使底部产生涌水而产生水损害破坏。但是隧道内的温度要比外部均匀,这是有利的一面。在隧道内铺筑沥青路面时,应充分考虑隧道沥青路面施工和维修养护工作的困难、隧道内外光线变化显著、隧道有可能漏水、冒水,以及隧道防火安全等特点,选择适宜的材料与结构。

隧道沥青路面施工前应对隧道底部的地下水采取疏导方式,设置完善的排水系统。施工过程中需确保通风良好,采取防火措施,制订切实可行的消防和疏散预案。各种施工机械应符合隧道净空的要求,选用宽度较窄的摊铺机铺筑,运料车应能完全卸料,具有足够的行车通道。

6) 路缘石与拦水带

沥青路面外侧边缘应设置深度深入基层的纵向渗水沟,且留置横向的排水孔。渗水沟可采用多孔水泥混凝土或单粒径碎石,表面层铺筑沥青混凝土。

路缘石应有足够的强度和耐久性、表面平整,与路线线形一致。行车道与中央分隔带之间设置埋置式路缘石时,应防止中央分隔带的雨水进入路面结构层。

沥青混凝土拦水带应采用专用设备连续铺设,其矿料级配应符合表 14.10 的要求。沥青用量宜在正常试验的基础上增加 0.5%~1.0%,双面击实 50 次的设计空隙率宜为 1%~3%。基底需洒布 0.25~0.5 kg/m² 的黏层油。

表 14.10　沥青混凝土拦水带矿料级配范围

筛孔(mm)	16	13.2	4.75	2.36	0.3	0.075
通过质量百分率(%)	100	85~100	65~80	50~65	18~30	5~15

埋置式路缘石宜在沥青层施工全部结束后安装,严禁在两层沥青层施工间隙中因开挖、埋设路缘石导致沥青层污染。

【案例 14.1】　背景材料:北京附近某高速公路是国家重点建设项目,全长 180 km,为双向六车道,路面全宽 22.5 m,表面层为沥青混凝土。结构为:20 cm 厚石灰稳定土底基层+18 cm 厚石灰粉煤灰稳定碎石基层+19 cm 厚水泥稳定碎石基层+4 cm 厚沥青混凝土表面层+5 cm 厚沥青混凝土中面层+6 cm 厚沥青混凝土底面层。施工单位施工时,在基层上喷洒了透层油,且不能及时铺筑面层,并还需开放交通。其主要施工具体做法如下:

①清扫路基表面,并使表面干燥。

②洒布沥青。透层沥青洒布后应不致流淌,透入基层应有一定深度,最好在表面形成油膜。

③遇大风或将下雨时,不喷洒透层油。当气温低于 10 ℃ 或路面潮湿时禁止喷洒。

④喷洒黏层后,严禁车辆行人通过。

⑤洒布适量石屑。

⑥用轮胎压路机稳压,并控制车速。

【问题】

(1)该基层上是否必须设置透层?说明理由。

(2)施工单位施工具体做法哪些不正确?并改正。

【参考答案】

(1)必须设置透层。水泥、石灰、粉煤灰等无机结合料稳定土基层上必须浇洒透层沥青,以使沥青面层与非沥青材料基层结合良好。

(2)做法②中"最好在表面形成油膜"不正确。应该是"不得在表面形成油膜"。

做法⑥中"用轮胎压路机稳压"不正确。应该是"用钢筒式压路机稳压"。

【案例 14.2】　背景材料:某高速公路设计车速为 120 km/h,路面面层为三层式沥青混凝土结构。施工企业为保证施工质量,在施工中做了如下工作:

①选用经试验合格的石料进行备料,严格对下承层进行清扫,并在开工前进行试验段铺筑;

②沥青混合料的拌和站设置试验室,对沥青混合料、原材料及时进行检验,拌和中严格控制集料加热温度和混合料的出厂温度;

③设置两台具有自动调节摊铺厚度及找平装置的高精度沥青混凝土摊铺机梯进式施

工,严格控制相邻两机的间距,以保证接缝的相关要求;

④压路机采用两台双轮双振压路机及两台 16 t 胶轮压路机组成,严格控制碾压温度及碾压重叠宽度。

【问题】

(1)沥青混合料铺筑试验段的主要目的是什么?

(2)若出厂的混合料出现花白料,请问在混合料拌和中可能存在什么问题?

(3)沥青混合料摊铺过程中,为什么应对摊铺温度随时检查并做好记录?

(4)沥青混凝土路面的碾压过程中,除了应严格控制碾压温度和碾压重叠宽度外,还应注意哪些问题?

【参考答案】

(1)试验段铺筑的主要目的有两个:一是为控制指标确定相关数据,如松铺系数、机械配备、压实遍数、人员组织、施工工艺等;二是检验相关技术指标,如沥青含量、矿料级配、沥青混合料马歇尔试验、压实度等。

(2)出厂的混合料出现花白料,拌和中可能存在油料偏少、拌和时间偏短、矿粉料过多等问题。

(3)沥青混凝土路面施工中,压实度是一重要控制指标,温度低是造成压实度不足的原因之一。随时检查并做好记录是保证沥青路面压实度的重要手段之一。

(4)碾压过程中压路机的运行应均匀,不得中途停留、转向或制动,也不能随意改变碾压速度,不允许在新铺筑路面上停机加油、加水。

【案例 14.3】 背景材料:某沥青混凝土路面工程全长 80 km,路面面层为三层式沥青混凝土结构。施工企业为公路交通大型企业专业施工队伍。为保证工程施工质量,防止沥青路面施工中沥青混合料摊铺时发生离析、沥青混凝土路面压实度不够、平整度差及接缝明显,施工单位在施工准备、沥青混合料拌和、沥青混合料运输、沥青混合料摊铺、沥青混合料压实、接缝处理等方面做了如下工作:

①选用经试验合格的石料进行备料,严格对下承层进行清扫,并在开工前进行试验段铺筑;

②根据拌和站的产量、运距合理安排运输车辆,确保运输过程中混合料的质量;

③纵缝采用热接缝,梯队作业摊铺。当摊铺部分完成,立即骑缝碾压,以消除缝迹,并对接缝作了严格控制。

【问题】

(1)施工准备中,控制石料除了规格和试验外,堆放应注意哪几点?

(2)混合料的运输中应注意的主要问题是什么?

(3)简述横接缝的处理方法。

【参考答案】

(1)堆放应注意如下几点:石料应分类堆放;石料堆放场地最好做硬化处理;石料堆放场地四周做好排水。

(2)沥青混合料运输应注意的问题是:保持车厢干净并涂防黏薄膜剂,运输时必须覆盖棚布,以防止雨水和热量损失。

（3）先用 3 m 直尺检查端部平整度,垂直于路中线切齐清除。在端部涂黏层后继续摊铺,横向接缝的碾压先用双轮双振压路机进行横压,压路机位于压实的部分伸入新铺层的 15 cm,每压一遍向新铺层移动 15~20 cm,直到压路机全部移到新铺层,再改为纵向碾压。

小结

沥青路面施工必须有详细的施工组织设计,沥青面层一般应连续施工,避免与可能污染沥青层的其他工序交叉干扰,以杜绝施工和运输污染。铺筑沥青面层前,应检查基层或下卧沥青层质量,不符合要求的不得铺筑沥青面层。沥青混合料的原材料应检测合格,石油沥青加热及沥青混合料施工温度应根据沥青标号及黏度、气候条件、铺装层厚度确定。沥青混合料拌和、运输、摊铺、压实成型应符合《公路沥青路面施工技术规范》(JTG F40—2004)的要求。沥青路面的施工必须接缝紧密、连接平顺,不得产生明显的接缝离析,热拌沥青混合料路面应待摊铺层完全自然冷却,混合料表面温度低于 50 ℃后,方可开放交通。

AC-25C粗粒式沥青混凝土下面层施工方案

能力训练及习题

一、能力训练

任务:学习重庆石柱至黔江高速公路 SQLM2 合同段 AC-25C 粗粒式沥青混凝土下面层施工方案,以 4~6 人为 1 组,分组讨论编写沥青路面面层施工方案的要点有哪些? 小组人员派代表进行分享。

二、习题

(一)选择题(请把正确的选项填在括号里)

1.高速公路基层的混合料拌和时,宜采用两次拌和的生产工艺,也可采用间歇式拌和生产工艺,拌和时间应不少于( )。

A.5 s　　　　　　　B.15 s　　　　　　　C.300 s　　　　　　　D.500 s

2.无机结合料稳定材料的养生期宜不少于( )。

A.28 d　　　　　　　B.14 d　　　　　　　C.7 d　　　　　　　D.3 d

(二)判断题(正确的打"√",错误的打"×")

1.路面基层混合料摊铺应保证足够的厚度,碾压成型后每层的摊铺厚度宜不小于 160 mm,最大厚度宜不大于 200 mm。　　　　　　　　　　　　　　　　　　　( )

2.压路机碾压路面基层过程中,严禁随意停放,如果要停放应当将压路机停放在已碾压完成的路段。　　　　　　　　　　　　　　　　　　　　　　　　　　　　( )

3.水泥稳定级配碎石基层混合料运输车装好料后,应用篷布将箱体覆盖严密,直到摊铺机前准备卸料时方可打开。　　　　　　　　　　　　　　　　　　　　　( )

(三)简答题

1.按施工工艺不同,沥青路面可分为哪几类?

2.沥青路面对路基及基层提出了哪些要求?

3.什么是透层、黏层、封层?

4.简述沥青贯入式路面的施工程序及主要技术要点。

5.为什么说沥青碎石路面的强度和耐久性都比沥青混凝土差?

6.试总结各类沥青面层在保证施工质量上应注意的技术要点。

沥青路面质量检查与验收

摆式仪测试路面摩擦系数

摆式仪测定路面摩擦系数(学生实操)

沥青路面渗水系数测试

钻芯测试沥青路面压实度

电动铺砂仪测试路面构造深度

连续式平整度仪测试平整度

模块 15　水泥混凝土路面施工

【知识目标】了解规范对水泥混凝土路面材料的要求、原材料检验的项目,施工机械的选择;理解水泥混凝土拌和及运输的相关技术要求,路面接缝的构造与布置;掌握水泥混凝土路面施工质量标准,混凝土路面铺筑技术,路面接缝施工技术,混凝土路面抗滑构造施工及混凝土路面养生。

【能力目标】能读懂路面结构图中水泥混凝土路面部分的内容,能就图中相关技术问题与设计方进行沟通;会查阅施工技术规范,能对水泥混凝土路面面层施工技术方案的施工关键环节进行编制并具有技术交底的能力;会查阅验收规范等资料,有对水泥混凝土路面面层施工进行质量控制与验收的能力。

【素质目标】具有专业能力、质量意识、规范意识、爱岗敬业精神。

水泥混凝土
路面施工概述

任务 15.1　水泥混凝土路面材料准备

水泥混凝土的基本组成材料有水泥、水、粗集料、细集料、外加剂和矿物掺合料等。水泥混凝土质量的好坏,与原材料的质量和技术指标有很大关系,因此施工前和施工中,严把原材料质量关,是铺筑优质水泥混凝土路面的前提。

水泥混凝土
路面施工
准备

15.1.1　原材料技术要求

1)水泥

作为混凝土的胶结材料,水泥应具有强度高、干缩性小、抗磨性与耐久性好的特点。水泥品种及强度等级,必须根据不同的路面等级和交通量要求进行选用。一般情况下,极重、特重、重交通荷载等级公路面层水泥混凝土应采用抗折强度高、收缩小、耐磨性强、抗冻性好的旋窑道路硅酸盐水泥,也可采用旋窑硅酸盐水泥或普通硅酸盐水泥;中、轻交通荷载等级公路面层水泥混凝土可采用矿渣硅酸盐水泥;低温期施工或有快通要求的路段宜采用早强型水泥,高温期施工宜采用普通型水泥。各龄期实测抗折强度、抗压强度应符合表 15.1 的规定。

表 15.1　面层水泥混凝土用水泥各龄期的实测强度值

混凝土设计弯拉强度标准值（MPa）	5.5[a]		5.0		4.5		4.0		试验方法
龄期（d）	3	28	3	28	3	28	3	28	—
水泥实测抗折强度（MPa）	≥5.0	≥8.0	≥4.5	≥7.5	≥4.0	≥7.0	≥3.0	≥6.5	GB/T 17671
水泥实测抗压强度（MPa）	≥23.0	≥52.5	≥17.0	≥42.5	≥17.0	≥42.5	≥10.0	≥32.5	GB/T 17671

注:a.本栏也适用于设计弯拉强度为 6.0 MPa 的纤维混凝土。

　　水泥的矿物组成主要有硅酸三钙、硅酸二钙、铝酸三钙和铁铝酸四钙,不同的水泥所含这些化学成分的含量不同,其物理性能也不相同。因此,在选择水泥时,根据各交通等级路面所使用水泥的成分、物理性能等路用品质要求,按表 15.2 的规定选用。

表 15.2　各交通荷载等级公路面层水泥混凝土用水泥的成分要求和物理指标要求

项次	水泥成分或物理性能		极重、特重、重交通荷载等级	中、轻交通荷载等级	试验方法
1	熟料游离氧化钙含量（%）		≤1.0	≤1.8	GB/T 176
2	氧化镁含量（%）		≤5.0	≤6.0	
3	铁铝酸四钙含量（%）		15.0～20.0	12.0～20.0	
4	铝酸三钙含量（%）		≤7.0	≤9.0	
5	三氧化硫含量[a]（%）		≤3.5	≤4.0	
6	碱含量 $Na_2O+0.658K_2O$（%）		≤0.6	怀疑集料有碱活性时,≤0.6;无碱活性集料时,≤1.0	
7	氯离子含量[b]（%）		≤0.06	≤0.06	
8	混合材种类		不得掺窑灰、煤矸石、火山灰、烧黏土、煤渣,有抗盐冻要求时不得掺石灰岩粉	不得掺窑灰、煤矸石、火山灰烧黏土、煤渣,有抗盐冻要求时不得掺石灰岩粉	水泥厂提供
9	出磨时安定性		雷氏夹或蒸煮法检验均必须合格	蒸煮法检验必须合格	
10	凝结时间（h）	初凝时间	≥1.5	≥0.75	JTG E30 T0505
		终凝时间	≤10	≤10	
11	标准稠度需水量（%）		≤28.0	≤30.0	
12	比表面积（m²/kg）		300～450	300～450	JTG E30 T0504
13	细度（80 μm 筛余）（%）		≤10.0	≤10.0	JTG E30 T0502
14	28 d 干缩率（%）		≤0.09	≤0.10	JTG E30 T0511
15	耐磨性（kg/m²）		≤2.5	≤3.0	JTG E30 T0510

注:a.三氧化硫含量在硫酸盐腐蚀场合为必测项目,无腐蚀场合为选测项目。
　　b.氯离子含量在配筋混凝土与钢纤维混凝土面层中为必测项目,水泥混凝土面层为选测项目。

在选用水泥时,除满足上述要求外,还应对拟采用厂家水泥进行混凝土配合比对比试验,根据所配制的混凝土弯拉强度、耐久性和工作性,优选适宜的水泥品种和强度等级。水泥一旦选定,不得随意更改,不同品种、牌号、生产厂家、强度等级的水泥,严禁混装和掺和。

采用滑模摊铺机铺筑时,宜选用散装水泥。高温期施工时,散装水泥的入罐最高温度,不宜高于 60 ℃;低温期施工时,水泥进入搅拌缸前的温度不宜低于 10 ℃。

2) 掺合料

水泥混凝土中使用的掺合料主要有粉煤灰、硅灰和磨细矿渣。

使用道路硅酸盐水泥或硅酸盐水泥时,可在混凝土中掺入适量粉煤灰;使用其他水泥时,不应掺入粉煤灰。

面层水泥混凝土可单独或复配掺用符合规定的粉状低钙粉煤灰、矿渣粉或硅灰等掺合料,不得掺用结块或潮湿的粉煤灰、矿渣粉和硅灰。粉煤灰质量不应低于表 15.3 中的 Ⅱ 级粉煤灰的要求。不得掺用高钙粉煤灰或Ⅲ级及Ⅲ级以下低钙粉煤灰。粉煤灰进货应有等级检验报告,使用时应确切了解所用水泥中已经加入的掺合料种类和数量。

表 15.3　低钙粉煤灰分级和质量指标

粉煤灰等级	细度(45 μm气流筛,筛余量)(%)	烧失量(%)	需水量(%)	含水率(%)	游离氧化钙含量(%)	SO_3(%)	混合砂浆活性指数[a]	
							7 d	28 d
Ⅰ	≤12.0	≤5.0	≤95.0	≤1.0	<1.0	≤3.0	≥75	≥85(75)
Ⅱ	≤25.0	≤8.0	≤105.0	≤1.0	<1.0	≤3.0	≥70	≥80(62)
Ⅲ	≤45.0	≤15.0	≤115.0	≤1.0	<1.0	≤3.0	—	—
试验方法	GB/T 1596	GB/T 1596	GB/T 1596	GB/T 1596	GB/T 1596	GB/T 1596	GB/T 1596	

注:a.混合砂浆的活性指数为掺粉煤灰的砂浆与水泥砂浆的抗压强度比的百分数,不带括号的数值适用于所配制混凝土强度等级不小于 C40 时;当配制的混凝土强度等级<C40 时,混合砂浆强度活性指数应满足 28 d 括号中数值的要求。

3) 粗集料

粗集料应使用质地坚硬、耐久、干净的碎石、破碎卵石或卵石,且符合一定的级配。极重、特重、重交通荷载等级公路面层混凝土用粗集料质量不应低于表 15.4 中 Ⅱ 级的要求;中、轻交通荷载等级公路面层混凝土可使用Ⅲ级粗集料。

表 15.4　碎石、破碎卵石和卵石质量标准

项次	项目	技术要求			试验方法
		Ⅰ 级	Ⅱ 级	Ⅲ 级	
1	碎石压碎值(%)	≤18.0	≤25.0	≤30.0	JTG E42 T0316
2	卵石压碎值(%)	≤21.0	≤23.0	≤26.0	JTG E42 T0316
3	坚固性(按质量损失计)(%)	≤5.0	≤8.0	≤12.0	JTG E42 T0314

续表

项次	项目	技术要求			试验方法
		Ⅰ级	Ⅱ级	Ⅲ级	
4	针片状颗粒含量(按质量计)(%)	≤8.0	≤15.0	≤20.0	JTG E42 T0311
5	含泥量(按质量计)(%)	≤0.5	≤1.0	≤2.0	JTG E42 T0310
6	泥块含量(按质量计)(%)	≤0.2	≤0.5	≤0.7	JTG E42 T0310
7	吸水率[a](按质量计)(%)	≤1.0	≤2.0	≤3.0	JTG E42 T0307
8	流化物及流酸盐含量[b](按SO_3质量计)(%)	≤0.5	≤1.0	≤1.0	GB/T 14685
9	洛杉矶磨耗损失[c](%)	≤28.0	≤32.0	≤35.0	JTG E42 T0317
10	有机物含量(比色法)	合格	合格	合格	JTG E42 T0313
11	岩石抗压强度(MPa)[b] 岩浆岩	≥100			JTG E42 T0221
	变质岩	≥80			
	沉积岩	≥60			
12	表观密度(kg/m³)	≥2 500			JTG E42 T0308
13	松散堆积密度(kg/m³)	≥1 350			JTG E42 T0309
14	空隙率(%)	≤47			JTG E42 T0309
15	磨光值[c](%)	≥35.0			JTG E42 T0321
16	碱集料反应[b]	不得有碱活性反应或疑似碱活性反应			JTG E42 T0325

注:a.有抗冰冻、抗盐冻要求时,应检验粗集料吸水率。

b.硫化物及硫酸盐含量、碱活性反应、岩石抗压强度在粗集料使用前应至少检验一次。

c.洛杉矶磨耗损失、磨光值仅在要求制作露石水泥混凝土面层时检测。

中、轻交通荷载等级公路面层水泥混凝土可使用再生粗集料(利用旧结构混凝土经机械破碎筛分制得的粗集料),其质量应符合表15.5的规定。再生粗集料可单独或掺配新集料后使用,但应通过配合比试验验证,确定混凝土性能满足设计要求,并符合下列规定:

①有抗冰冻、抗盐冻要求时,再生粗集料不应低于Ⅱ级;无抗冰冻、抗盐冻要求时,可使用Ⅲ级再生粗集料。

②再生粗集料不得用于裸露粗集料的水泥混凝土抗滑表层。

③不得使用出现碱活性反应的混凝土为原料破碎生产的再生粗集料。

表 15.5 再生粗集料的质量标准

项次	项目	技术要求			试验方法
		Ⅰ级	Ⅱ级	Ⅲ级	
1	压碎值(%)	≤21.0	≤30.0	≤43.0	JTG E42 T0316
2	坚固性(按质量损失计)(%)	≤5.0	≤10.0	≤15.0	JTG E42 T0314
3	针片状颗粒含量(按质量计)(%)	≤10.0	≤10.0	≤10.0	JTG E42 T0311

项次	项目	技术要求			试验方法
		Ⅰ级	Ⅱ级	Ⅲ级	
4	微粉含量(按质量计)(%)	≤1.0	≤2.0	≤3.0	JTG E42 T0310
5	泥块含量(按质量计)(%)	≤0.5	≤0.7	≤1.0	JTG E42 T0310
6	吸水率(按质量计)(%)	≤3.0	≤5.0	≤8.0	JTG E42 T0307
7	流化物及流酸盐含量(按 SO_3 质量计)(%)	≤2.0	≤2.0	≤2.0	GB/T 14685
8	氯化物含量(以氯离子质量计)(%)	≤0.06	≤0.06	≤0.06	GB/T 14685
9	洛杉矶磨耗损失(%)	≤35	≤40	≤45	JTG E42 T0317
10	杂物含量(按质量计)(%)	≤1.0	≤1.0	≤1.0	JTG E42 T0313
11	表观密度(kg/m³)	≥2 450	≥2 350	≥2 250	JTG E42 T0308
12	空隙率(%)	≤47	≤50	≤53	JTG E42 T0309

注:①当再生粗集料中碎石的岩石品种变化时,应重新检测上述指标。

②硫化物及硫酸盐含量、氧化物含量、洛杉矶磨耗损失在再生粗集料使用前应至少检验一次。

粗集料与再生粗集料应根据混凝土配合比的公称最大粒径分为 2~4 个单粒级的集料,并掺配使用。粗集料与再生粗集料的合成级配及单粒级配范围宜符合表 15.6 的要求。不得使用不分级的统料。

表 15.6   粗集料与再生粗集料的级配范围

方筛孔尺寸(mm)	2.36	4.75	9.50	16.0	19.0	215.5	31.5	37.5	试验方法
级配类型	累计筛余(以质量计)(%)								
合成级配 4.75~16.0	95~100	85~100	40~60	0~10	—				JTG E42 T0302
4.75~19.0	95~100	85~95	60~75	30~45	0~5	0			
4.75~26.5	95~100	90~100	70~90	50~70	25~40	0~5	0	—	
4.75~31.5	95~100	90~100	75~90	60~75	40~60	20~35	0~5	0	
粒级 4.75~9.5	95~100	80~100	0~15	0	—				
9.5~16.0	—	95~100	80~100	0~15	0				
9.5~19.0	—	95~100	85~100	40~60	0~15	0			
16~26.5	—	—	95~100	55~70	25~40	0~10	0		
16~31.5	—	—	95~100	85~100	55~70	25~40	0~10	0	

各种面层水泥混凝土配合比的不同种类粗集料与再生粗集料公称最大粒径宜符合表 15.7 的规定。

表 15.7　各种面层水泥混凝土配合比不同种类粗集料与再生粗集料公称最大粒径

交通荷载等级		极重、特重、重		中、轻		试验方法
面层类型		水泥混凝土	纤维混凝土、配筋混凝土	水泥混凝土	碾压混凝土、砌块混凝土	
最大公称粒径（mm）	碎石	26.5	16.0	31.5	19.0	JTG E42 T0302
	破碎卵石	19.0	16.0	26.5	19.0	
	卵石	16.0	9.5	19.0	16.0	
	再生粗集料	—	—	26.5	19.0	

4）细集料

细集料应使用质地坚硬、耐久、洁净的天然砂或机制砂,不宜使用再生细集料;满足一定的级配及细度模数,且有害杂质含量少。

极重、特重、重交通荷载等级公路面层水泥混凝土用天然砂的质量标准不应低于表 15.8 规定的Ⅱ级,中、轻交通荷载等级公路面层水泥混凝土可使用Ⅲ级天然砂。

表 15.8　天然砂的质量标准

项次	项目	技术要求			试验方法
		Ⅰ级	Ⅱ级	Ⅲ级	
1	坚固性（按质量损失计）（%）	≤6.0	≤8.0	≤10.0	JTG E42 T0340
2	含泥量（按质量计）（%）	≤1.0	≤2.0	≤3.0	JTG E42 T0333
3	泥块含量（按质量计）（%）	≤0	≤0.5	≤1.0	JTG E42 T0335
4	氯离子含量[a]（按质量计）（%）	≤0.02	≤0.03	≤0.06	GB/T 14684
5	云母含量（按质量计）（%）	≤1.0	≤1.0	≤2.0	JTG E42 T0337
6	硫化物及硫酸盐含量[a]（按 SO_3 质量计）（%）	≤0.5	≤0.5	≤0.5	JTG E42 T0341
7	海砂中的贝壳类物质含量（按质量计）（%）	≤3.0	≤5.0	≤8.0	JGJ 206
8	轻物质含量（按质量计）（%）	≤1.0			JTG E42 T0338
9	吸水率（%）	≤2.0			JTG E42 T0330
10	表观密度（kg/m³）	≥2 500.0			JTG E42 T0308
11	松散堆积密度（kg/m³）	≥1 400.0			JTG E42 T0328
12	空隙率（%）	≤45.0			JTG E42 T0331
13	有机物含量（比色法）	合格			JTG E42 T0336
14	碱活性反应[a]	不得有碱活性反应或疑似碱活性反应			JTG E42 T0325
15	结晶态二氧化硅含量[b]（%）	≥25.0			JTG E42 T0324

注:a.碱活性反应、氯离子含量、硫化物及硫酸盐含量在天然砂使用前应至少检验一次。

　b.按《公路工程集料试验规程》(JTG E42—2005) T0324 岩相法,测定除隐晶质、玻璃质二氧化硅以外的结晶态二氧化硅的含量。

天然砂的级配范围宜符合表 15.9 的规定。面层水泥混凝土使用的天然砂细度模数宜为 2.0~3.7。

表 15.9 天然砂的推荐级配范围

砂分级	细度模数	方孔筛尺寸(mm)(试验方法 JTG E42 T0327)							
		9.5	4.75	2.36	1.18	0.60	0.30	0.15	0.075
		通过各筛孔的质量百分率(%)							
粗砂	3.1~3.7	100	90~100	65~95	35~65	15~30	5~20	0~10	0~5
中砂	2.3~3.0	100	90~100	75~100	50~90	30~60	8~30	0~10	0~5
细砂	16~2.2	100	90~100	85~100	75~100	60~84	15~45	0~10	0~5

机制砂宜采用碎石作为原料,并用专用设备生产。极重、特重、重交通荷载等级公路面层水泥混凝土用机制砂的质量标准不应低于表 15.10 规定的Ⅱ级,中、轻交通荷载等级公路面层水泥混凝土可使用Ⅲ级机制砂。

表 15.10 机制砂的质量标准

项次	项目		技术要求			试验方法
			Ⅰ级	Ⅱ级	Ⅲ级	
1	机制砂母岩的抗压强度(MPa)		≥80.0	≥60.0	≥30.0	JTG E41 T0221
2	机制砂母岩的磨光值		≥38.0	≥35.0	≥30.0	JTG E42 T0321
3	机制砂单粒级最大压碎指标(%)		≤20.0	≤25.0	≤30.0	JTG E42 T0350
4	坚固性(按质量损失计)(%)		≤6.0	≤8.0	≤10.0	JTG E42 T0340
5	氯离子含量[a](按质量计)(%)		≤0.01	≤0.02	≤0.06	GB/T 14684
6	云母含量(按质量计)(%)		≤1.0	≤2.0	≤2.0	JTG E42 T0337
7	硫化物及硫酸盐含量[a](按 SO_3 质量计)(%)		≤0.5	≤0.5	≤0.5	JTG E42 T0341
8	泥块含量(按质量计)(%)		≤0	≤0.5	≤1.0	JTG E42 T0335
9	石粉含量(%)	MB 值<1.40 或合格	<3.0	<5.0	7.0	JTG E42 T0349
		MB 值≥1.40 或合格	<1.0	<3.0	<5.0	
10	轻物质含量(按质量计)(%)		≤1.0			JTG E42 T0338
11	吸水率(%)		≤2.0			JTG E42 T0330
12	表观密度(kg/m³)		≥2 500.0			JTG E42 T0328
13	松散堆积密度(kg/m³)		≥1 400.0			JTG E42 T0331
14	空隙率(%)		≤45.0			JTG E42 T0331
15	有机物含量(比色法)		合格			JTG E42 T0336
16	碱活性反应[a]		不得有碱活性反应或疑似碱活性反应			JTG E42 T0325

注:a.碱活性反应、氯离子含量、硫化物及硫酸盐含量在机制砂使用前应至少检验一次。

机制砂的级配范围宜符合表 15.11 的规定。面层水泥混凝土使用的机制砂细度模数宜为 2.3~3.1。

表 15.11 机制砂的级配范围

机制砂分级	细度模数	方孔筛尺寸(mm)(试验方法 JTG E42 T0327)						
		9.5	4.75	2.36	1.18	0.60	0.30	0.15
		水洗法通过各筛孔的质量百分率(%)						
Ⅰ级砂	2.3~3.1	100	90~100	90~95	50~85	30~60	10~20	0~10
Ⅱ、Ⅲ级砂	2.8~3.9	100	90~100	50~95	30~65	15~29	5~20	0~10

细集料的使用还应符合下列规定:
①配筋混凝土路面及钢纤维混凝土路面中不得使用海砂。
②细度模数差值超过 0.3 的砂应分别堆放,分别进行配合比设计。
③采用机制砂时,外加剂宜采用引气高效减水剂或聚羧酸高性能减水剂。

5) 水

①符合《生活饮用水卫生标准》(GB 5749—2022)的饮用水可直接作为混凝土搅拌与养生用水。

②非饮用水应进行水质检验,并应符合表 15.12 的规定,还应与蒸馏水进行水泥凝结时间与水泥胶砂强度的对比试验;对比试验的水泥初凝与终凝时间差均不应大于 30 min,水泥胶砂 3 d 和 28 d 强度不应低于蒸馏水配制的水泥胶砂 3 d 和 28 d 强度的 90%。

表 15.12 非饮用水质量标准

项次	项目	钢筋混凝土及钢纤维混凝土	素混凝土	试验方法
1	pH 值	≥5.0	≥4.5	
2	Cl^- 含量(mg/L)	≤1 000	≤3 500	
3	SO_4^{2-} 含量(mg/L)	≤2 000	≤2 700	
4	碱含量(mg/L)	≤1 500	≤1 500	JGJ 63
5	可溶物含量(mg/L)	≤5 000	≤10 000	
6	不溶物含量(mg/L)	≤2 000	≤5 000	
7	其他杂质	不应有漂浮的油脂和泡沫;不应有明显的颜色和异味		

注:养生用水可不检验不溶物含量和其他杂质,其他指标应符合本表的规定。

6) 外加剂

①混凝土外加剂是在拌和混凝土时掺入,用以改善混凝土技术性质的物质。在混凝土路面修筑过程中,常用的外加剂主要有:减水剂或塑化剂,缓凝剂、速凝剂或早强剂,引气剂 3 种。减水剂主要是在混凝土坍落度不变时,能减少拌和用水;缓凝剂、速凝剂是在不影响混凝土的物理力学性质条件下,调节混凝土凝结时间的外加剂;引气剂是改善混凝土和易性,减少泌水和离析,提高混凝土抗冻、抗渗和抗侵蚀等性能的外加剂。

②面层水泥混凝土外加剂质量应符合国家和行业现行相关标准的要求,各项性能的检

验方法应符合《混凝土外加剂》(GB 8076—2008)的规定。

③外加剂产品出厂报告中应标明其主要化学成分和使用注意事项。面层水泥混凝土的各种外加剂应经有相应资质的检测机构检验合格,并提供检验报告后方可使用。外加剂产品应使用工程实际采用的水泥、集料和拌和用水进行试配,检验其性能,确定合理掺量。

④外加剂复配使用时,不得有絮凝现象,应使用工程实际采用的水泥、集料和拌和用水进行试配,确定其性能满足要求后方可使用。各种可溶外加剂均应充分溶解为均匀水溶液,按配合比计算的剂量加入。采用非水溶的粉状外加剂时,应保证其分散均匀、搅拌充分,不得结块。

⑤滑模摊铺施工的水泥混凝土面层宜采用引气高效减水剂;高温施工混凝土拌合物的初凝时间短于 3 h 时,宜采用缓凝引气高效减水剂;低温施工混凝土拌合物终凝时间长于 10 h 时,宜采用早强引气高效减水剂。

⑥有抗冰冻、抗盐冻要求时,各级公路水泥混凝土面层及暴露结构物混凝土应掺入引气剂;有抗冻要求地区的二级及二级以上公路水泥混凝土面层宜掺入引气剂。

⑦处在海水、海风、氯离子环境或冬季撒除冰盐的路面或桥面钢筋混凝土、钢纤维混凝土中可掺用或复配阻锈剂。阻锈剂产品的质量标准、检验方法及应用技术应符合《钢筋阻锈剂应用技术规程》(JGJ/T 192—2009)的规定。

7) 钢筋

①水泥混凝土、钢筋混凝土及连续配筋混凝土面层所用钢筋、钢筋网、传力杆、拉杆等应符合国家和行业现行相关标准的规定。

②钢筋不得有裂纹、断伤、刻痕、表面油污和锈蚀。配筋混凝土路面与桥面用钢筋宜采用环氧树脂涂层或防锈漆涂层等保护措施。

③传力杆应无毛刺,两端应加工成圆锥形或半径为 2~3 mm 的圆倒角。

④胀缝传力杆应在一端设置镀锌钢管帽或塑料套帽,套帽厚度不应小于 2.0 mm,且应密封不透水,套帽长度宜为 100 mm,套帽内活动空隙长度宜为 30 mm。

⑤传力杆钢筋应采取喷塑、镀锌、电镀或涂防锈漆等防锈措施,防锈层不得局部缺失。拉杆钢筋应在中部不小于 100 mm 范围内采取涂防锈漆等防锈措施。

8) 纤维

用于路面和桥面水泥混凝土的钢纤维质量除应满足《纤维混凝土应用技术规程》(JGJ/T 221—2010)等标准的要求外,尚应符合下列规定:

①钢纤维抗拉强度等级不应低于 600 级。

②钢纤维应进行有效的防锈蚀处理。

③钢纤维的几何参数及形状精度应满足表 15.13 的要求。钢丝切断型钢纤维或波形、带倒钩的钢纤维不应使用。

表 15.13　钢纤维几何参数及形状精度要求

钢纤维几何参数及形状精度	长度(mm)	长度合格率(%)	直径(等效直径)(mm)	形状合格率(%)	弯折合格率(%)	平均根数与标称根数偏差(%)	杂质含量(%)	试验方法
技术要求	25~50	>90	0.3~0.9	>90	>90	±10	<1.0	JGJ/T 221

④钢纤维表面不应沾染油污及妨碍水泥黏结及凝结硬化的物质,结团、黏结连片的钢纤维不得使用。

9) 接缝材料

①接缝材料按其使用性能分为胀缝板和接缝填料两类。用于水泥混凝土面层的胀缝板的高度、长度和厚度应符合设计要求,并按设计间距预留传力杆孔。孔径宜大于传力杆直径2 mm,高度和厚度尺寸偏差均应小于1.5 mm。接缝板要求能适应混凝土面板的膨胀和收缩,且施工时不变形、弹性复原率高、耐久性良好。高速公路、一级公路胀缝板宜采用塑胶板、橡胶(泡沫)板或沥青纤维板;其他等级公路也可采用浸油木板。填缝料要求能与混凝土面板缝壁黏结力强,且材料的回弹性好、能适应混凝土面板的膨胀和收缩、不溶于水、不渗水、高温时不溢出、低温时不脆裂和耐久性好。填缝料有常温施工式和加热施工式两种。常温施工式填缝料主要有聚(氨)酯类、硅酮类等。加热施工式填缝料主要有橡胶沥青类、道路石油沥青类、改性沥青类等。

②硅酮类、聚氨酯类常温施工式填缝料可用于各等级公路水泥混凝土面层;橡胶沥青、改性沥青类填缝料可用于二级及二级以下公路,不宜用于高速公路和一级公路;道路石油沥青类填缝料可用于三、四级公路,不宜用于二级公路,不得用于高速公路和一级公路。

③严寒及寒冷地区宜采用低模量型填缝料,其他地区宜采用高模量型填缝料。橡胶沥青应根据当地所处的气候区划选用四类中适宜的一类。严寒、寒冷地区宜使用70号石油沥青和(或)SBS类I-C;炎热、温暖地区宜使用50号石油沥青和(或)SBS类I-D。

④填缝背衬垫条应具有弹性良好、柔韧性好、不吸水、耐酸碱腐蚀及高温不软化等性能。背衬垫条可采用橡胶条、发泡聚氨酯、微孔泡沫塑料等制成,其形状宜为可压缩圆柱形,直径宜比接缝宽度大2~5 mm。

10) 养生材料

①水泥混凝土面层用养护剂应采用由石蜡、适宜高分子聚合物与适量稳定剂、增白剂经胶体磨制成的水乳液,不得采用以水玻璃为主要成分的养护剂。养护剂宜为白色胶体乳液,不宜为无色透明的乳液。

②使用养护剂时,高速公路、一级公路水泥混凝土面层应使用满足一级品要求的养护剂,其他等级公路可使用满足合格品要求的养护剂。

③水泥混凝土面层用节水保湿养护膜应由高分子吸水保水树脂和不透水塑料面膜制成。

④高温期施工时,宜选用白色反光面膜的节水保湿养护膜;低温期施工时,宜选用黑色或蓝色吸热面膜的产品。

15.1.2 原材料检验与配合比设计

①在施工准备阶段,应依据混凝土路面设计要求,对所用原材料进行检验。对各种原材料,应将相同料源、规格、品种原材料作为一个批次,按表15.14中的全部检测项目、检测频率和试验方法进行检测,检测合格并经配合比试验确认满足要求后,方可使用。不合格原材料不得进场。

表 15.14　混凝土原材料的检测项目及频率

材料	检测项目	检查频率		试验方法
		高速公路、一级公路	其他等级公路	
水泥	抗折强度、抗压强度、安定性	机铺 1 500 t 一批	机铺 1 500 t、小型机具 500 t 一批	GB 175、GB 13693
	凝结时间、标稠需水量、细度	机铺 2 000 t 一批	机铺 3 000 t、小型机具 500 t 一批	
	f-CaO、MgO、SO_3 含量,铝酸三钙、铁铝酸四钙,干缩率、耐磨性、碱度,混合材料种类及数量	每合同段不少于 3 次,进场前必测	每标段不少于 3 次,进场前必测	
	温度	冬、夏期施工随时检测	冬、夏期施工随时检测	温度计
掺合灰	活性指数、细度、烧失量	机铺 1 500 t 一批	机铺 1 500 t、小型机具 500 t 一批	GB/T 18736 GB/T 1596
	需水量比、SO_3 含量	每合同段不少于 3 次,进场前必测	每合同段不少于 3 次,进场前必测	
粗集料	级配,针片状、超径颗粒含量,表观密度,堆积密度,空隙率	机铺 2 500 m³ 一批	机铺 5 000 m³、小型机具 1 500 m³ 一批	JTG E42 T0302、T0312、T0308、T0309
	含泥量、泥块含量	机铺 1 000 m³ 一批	机铺 2 000 m³、小型机具 1 000 m³ 一批	JTG E42 T0310
	压碎值、岩石抗压强度	每种粗集料每合同段不少于 2 次	每种粗集料每合同段不少于 2 次	JTG E42 T0316、JTG E41 T0221
	碱集料反应	怀疑有碱活性集料进场前测	怀疑有碱活性集料进场前测	JTG E42 T0325
	含水率	降雨或湿度变化随时测,且每日不少于 2 次	降雨或湿度变化随时测,且每日不少于 2 次	JTG E42 T0307
砂	细度模数、表观密度、堆积密度、空隙率、级配	机铺 2 000 m³ 一批	机铺 4 000 m³、小型机具 1 500 m³ 一批	JTG E42 T0331、T0328
	含泥量、泥块、石粉含量	机铺 1 000 m³ 一批	机铺 2 000 m³、小型机具 500 m³ 一批	JTG E42 T0333、T0335
	坚固性	每种砂每合同段不少于 3 次	每种砂每合同段不少于 3 次	JTG E42 T0340
	云母含量、轻物质与有机物含量	目测有云母或杂质时测	目测有云母或杂质时测	JTG E42 T0337
	硫化物及硫酸盐、海砂中氯离子含量)	必要时测,淡化海砂每合同段 3 次	必要时测,淡化海砂每合同段 2 次	JTG E42 T0341、JGJ 206
	含水率	降雨或湿度变化随时测,且每日不少于 4 次	降雨或湿度变化随时测,且每日不少于 3 次	JTG E42 T0330

续表

材料	检测项目	检查频率		试验方法
		高速公路、一级公路	其他等级公路	
外加剂	减水率、缓凝时间、液体外加剂含固量和相对密度,粉状外加剂的不溶物含量	机铺5 t一批	机铺5 t、小型机具3 t一批	GB 8076
	引气剂含气量、气泡细密程度和稳定性	机铺2 t一批	机铺3 t、小型机具1 t一批	
纤维	抗拉强度、弯折性能或延伸率、长度、长径比、形状	开工前或有变化时,每合同段3次	开工前或有变化时,每合同段3次	GB/T 228、JT/T 776.1、GB/T 21120
	杂质、质量及其偏差	机铺50 t一批	机铺50 t、小型机具30 t一批	
养生材料	有效保水率、抗压强度比、耐磨性、耐热性、膜水溶性、含固量、成膜时间、薄膜或成膜连续不透气性	开工前或有变化时,每合同段不少于3次,每5 t一批	开工前或有变化时,每合同段不少于3次,每5 t一批	JT/T 522、JG/T 188
水	pH值、含盐量、硫酸根及杂质含量	开工前和水源有变化时	开工前和水源有变化时	JGJ 63

②公路面层水泥混凝土的配合比设计应满足其弯拉强度、工作性、耐久性要求,兼顾经济性。

③各级公路面层水泥混凝土配合比设计宜采用正交试验法;二级及二级以下公路可采用经验公式法。

④混凝土配合比设计应包括目标配合比设计和施工配合比设计两个阶段。目标配合比设计应确定混凝土的水泥用量、集料用量、水灰(胶)比、外加剂掺量,纤维混凝土还应确定纤维掺量。施工配合比设计应通过拌和楼试拌确定拌和参数。经批准的配合比在施工过程中不得擅自调整。

任务 15.2　水泥混凝土路面施工技术

水泥混凝土路面施工

15.2.1　施工工艺的选择

滑模摊铺工艺宜用于高速公路及一级、二级公路普通水泥混凝土面层、配筋混凝土面层、纤维混凝土面层、钢筋混凝土桥面、隧道混凝土面层、混凝土路缘石、路肩石及护栏等的滑模施工。三辊轴机组铺筑工艺可用于二级及二级以下公路的水泥混凝土路面面层、桥面和隧道混凝土面层的施工,也可用于高速公路、一级公路硬路肩、匝道、收费广场边板、封闭式中央分隔带、弯道超高加宽段硬路肩及局部异形面板等的施工。小型机具铺筑工艺可用于三、四级公路水泥混凝土面层的施工,不得用于隧道水泥混凝土面层与桥面铺装施工。

三辊轴机组与小型机具两种铺筑工艺的混凝土应采用集中搅拌。铺筑长度不足 10 m 时,可使用小型搅拌机现场搅拌,严禁人工拌和。

碾压工艺可用于二、三、四级公路混凝土面层与高速公路、一级公路复合式路面碾压混凝土下面层施工。

15.2.2　混凝土拌和与运输

1) 拌和

应根据工程规模、施工工艺和日进度要求合理配备拌和设备。搅拌站应合理布置拌和机和砂石、水泥等材料的堆放地点,力求提高拌和机生产率。搅拌机的容量应根据工程量的大小和施工进度配置,同时,施工工地宜有备用的搅拌机和发电机组。

搅拌楼(机)应满足表 15.15 的计量精度要求。

表 15.15　搅拌楼(机)的混凝土拌和计量容许偏差　单位:%

材料名称	水泥	掺合料	纤维	细集料	粗集料	水	外加剂
高速公路、一级公路每盘	±1	±1	±2	±2	±2	±1	±1
高速公路、一级公路累计每车	±1	±1	±2	±2	±2	±1	±1
其他等级公路	±2	±2	±2	±3	±3	±2	±2

在标定有效期满或拌和楼(机)搬迁安装后,应重新标定。施工中应每 15 d 校验一次拌和楼(机)计量精度。采用计算机自动控制的拌和楼(机)时,应使用自动配料方式控制生产,并按要求打印对应路面摊铺桩号的混凝土配料统计数据及偏差。

拌和楼(机)拌和第一盘拌合物之前,应润湿搅拌锅,并排净积水。拌和楼(机)生产时,每台班结束后均应对搅拌锅进行清洗,剔除结硬的混凝土块,并更换严重磨损的搅拌叶片。

搅拌时间应根据拌合物的黏聚性、匀质性及搅拌机类型,经试拌确定,且应符合下列规定:

①单立轴式搅拌机总搅拌时间宜为 80~120 s,纯搅拌时间不应短于 40 s。

②行星立轴和双卧轴式搅拌机总搅拌时间宜为 60~90 s,纯搅拌时间不应短于 35 s。

③连续双卧轴拌和楼(机)总搅拌时间宜为 80~120 s,纯搅拌时间不应短于 40 s。

粉煤灰或其他掺合料应采用与水泥相同的输送、计量方式加入。加入粉煤灰的水泥混凝土拌合物的纯搅拌时间应比不掺的延长 15~25 s。混凝土拌合物的质量检测项目及频率应符合表 15.16 的规定。拌合物出料温度宜控制在 10~35 ℃。拌合物应均匀一致。除拌和楼(机)应配备砂(石)含水率自动反馈控制系统外,每台班应至少监测 3 次粗细集料含水率,并根据集料含水率变化,快速反馈并严格控制加水量和粗、细集料用量。生料、干料、严重离析的拌合物,或有外加剂团块、粉煤灰团块的拌合物不得用于路面摊铺。

拌和楼(机)卸料时,自卸车每装载一盘拌合物应挪动一次车位,搅拌锅出口与车厢底板之间的卸料落差不应大于 2.0 m。

表 15.16　混凝土拌合物的质量检测项目及频率

检测项目	检测频率		试验方法
	高速公路、一级公路	其他公路	
水灰比及其稳定性	每 5 000 m³ 抽检 1 次,有变化随时测	每 5 000 m³ 抽检 1 次,有变化随时测	JTG E30 T0529
坍落度及其损失率	每工班测 3 次,有变化随时测	每工班测 3 次,有变化随时测	JTG E30 T0522
振动黏度系数	试拌、原材料和配合比有变化时测	试拌、原材料和配合比有变化时测	JTG/T F30—2014 附录 A
钢纤维体积率	每工班测 2 次,有变化随时测	每工班测 1 次,有变化随时测	JTG/T F30—2014 附录 D
含气量	每工班测 2 次,有抗冻要求不少于 3 次	每工班测 1 次,有抗冻要求不少于 3 次	JTG E30 T0526
泌水率	每工班测 2 次	每工班测 2 次	JTG E30 T0528
表观密度	每工班测 1 次	每工班测 1 次	JTG E30 T0525
温度、凝结时间、水化发热量	冬、夏季施工,气温最高、最低时,每工班至少测 1~2 次	冬、夏季施工,气温最高、最低时,每工班至少测 1 次	JTG E30 T0527
改进 VC 值	每工班测 3 次,有变化随时测	每工班测 3 次,有变化随时测	JTG E30 T0524
离析	随时观察	随时观察	—
压实度、松铺系数	每工班测 3 次,有变化随时测	每工班测 3 次,有变化随时测	JTG E30 T0525

2)运输

为保证混凝土的工作性,在运输中应考虑蒸发失水和水化失水(指水泥在拌和之后,开始水化反应,其流动度下降),以及因运输的颠簸和振动使混凝土发生离析等。要减小这些因素的影响,其关键是缩短运输时间,并采取适当措施防止水分损失(如用帷布或其他适当方法将其表面覆盖)和离析。

混凝土拌合物可采用自卸车运输,使用自卸车运输混凝土最远运输半径不宜超过20 km。当运距较远时,宜采用搅拌运输车运输。混凝土拌和物从搅拌机出料后,送至铺筑地点进行摊铺、振捣、做面,直至浇筑完毕的允许最长时间,由试验室根据水泥初凝时间及施工气温确定,并应符合表 15.17 的规定。若时间超过限值,或者在夏天铺筑路面时,宜使用缓凝剂。应根据施工进度、运量、运距及路况,选配车型和车辆总数。总运力应比总拌和能力略有富余。确保新拌和混凝土在规定时间内运到摊铺现场。运输到现场的拌合物必须具有适宜摊铺的工作性。不掺加缓凝剂的混凝土拌合物从搅拌机出料到运抵现场的允许最长时间应符合表 15.17 的规定。不满足时,可采用通过试验调整缓凝剂的剂量等措施,保证到达现场的拌合物工作性满足要求。

表 15.17　混凝土拌合物出料到运抵现场允许最长时间

施工气温(℃)	滑模摊铺(h)	三辊轴机组摊铺、小型机具摊铺(h)	碾压摊铺(h)
5~9	2.0	1.5	1.0
10~19	1.25	1.0	0.8
20~29	1.0	0.75	0.6
30~35	0.75	0.40	0.4

运送混凝土的车辆装料前,应清洁车厢或车罐,洒水润壁,排干积水。混凝土运输过程中应防止漏浆、漏料和污染,防止拌合物离析。烈日、大风、雨天和低温天远距离运输时,自卸车应遮盖混凝土,罐车宜加保温隔热套。

15.2.3　混凝土面层铺筑

1)小型机具铺筑

小型机具铺筑是指采用固定模板,人工布料,手持振捣棒、振动板或振捣梁振实,棍杠、修整尺、抹刀整平的混凝土路面施工工艺。小型机具铺筑工艺可用于三、四级公路水泥混凝土面层施工,不得用于隧道水泥混凝土面层与桥面铺装施工。小型机具铺筑宽度不大于 4.5 m时,铺筑能力不宜小于 20 m/h。

水泥混凝土路面小型机具施工工序为:选择拌和场地→备料和混合料配比调整→测量放样→支立模板→安设钢筋(拉杆和传力杆)→搅拌和运输混凝土→摊铺混凝土→振捣混凝土→整平饰面→精平饰面→表面抗滑构造施工→拆模→机械切缝→灌缝→养护→开放交通。

(1)施工机具

小型机具性能应稳定可靠,操作简易,维修方便,机具配套应与工程规模、施工进度相适应。选配的成套机械、机具应符合表 15.18 的要求。

表 15.18　小型机具施工配套机械、机具配置

工作内容	主要施工机械机具	
	机械机具名称、规格	数量、生产能力
钢筋加工	钢筋锯断机、折弯机、电焊机	根据需要定规格和数量
测量	水准仪、经纬仪	根据需要定规格和数量
架设模板	与路面厚度等高、3 m 长槽钢模板,固定钢钎	数量不少于 3 d 摊铺用量
搅拌	强制式搅拌楼[单车道≥25(m³/h),双车道≥50(m³/h)]	总搅拌生产能力及搅拌楼数量,根据施工规模和进度由计算确定
	装载机	2~3 m³
	发电机	≥120 kW
	供水泵和蓄水池	单车道≥100 m³,双车道≥200 m³

续表

工作内容	主要施工机械机具	
	机械机具名称、规格	数量、生产能力
运输	5~10 t 自卸车	数量由匹配计算确定
振实	手持振捣棒,功率≥1.1 kW	每 2 m 宽路面不少于 1 根
	平板振动器,功率≥2.2 kW	每车道路面不少于 1 个
	振捣整平梁,刚度足够;2 个振动器,功率≥1.1 kW	每车道路面不少于 1 个振动器,每车道路面不少于 1 根振动梁
	现场发电机功率≥30 kW	不少于 2 台
整平饰面	提浆滚杠直径 15~20 mm,表面光滑无缝钢管,壁厚≥3 mm	长度适应铺筑宽度,一次摊铺单车道路面 1 根,双车道路面 2 根
	叶片式或圆盘式抹面机	每车道路面不少于 1 台
	3 m 刮尺	每车道路面不少于 1 根
精平饰面	手工抹刀	每米宽路面不少于 1 把
抗滑构造	工作桥	不少于 3 个
	人工拉毛齿耙、压槽器	根据需要定数量
切缝	软锯缝机	根据需要定数量
	手推锯缝机	根据进度定数量
灌缝	灌缝机具	根据需要定规格和数量
养生	洒水车 4.5~8.0 t	按需要定数量
	压力式喷洒机或喷雾器	根据需要定规格和数量
	工地运输车 4~6 t	按需要定数量

(2)摊铺

混凝土拌合物摊铺前,应对模板的架设位置、精度、支撑稳固情况,以及传力杆、拉杆的安设等进行全面检查,并洒水润湿板底。应采用厚度标尺板全面检测板厚,与设计值相符方可开始摊铺。混凝土拌合物摊铺前,应对模板的位置和支撑稳固情况,以及传力杆、拉杆的安设等进行全面检查。修复破损基层,并洒水润湿。用厚度标尺板全面检测板厚与设计值相符,方可开始摊铺。

拌合物的坍落度宜控制在 5~20 mm。松铺系数宜控制在 1.10~1.25,坍落度高时取低值,横坡高侧取高值。卸料应均匀,采用人工布料时,应用铁锹反扣,不得抛掷和搂耙。已铺筑好的面层端头应设置施工缝,不能被振实的拌合物应废弃。

(3)振捣

拌合物摊铺均匀以后,应依次使用振捣棒、振动板、振动梁 3 遍振捣密实。

插入式振捣棒振实应符合下列规定:

①在待振横断面上,每车道应配备不少于 3 根振捣棒,振捣棒的功率不应小于 1.1 kW,沿横断面连续振捣密实,板底、内部和边角不得欠振和漏振。

②振捣时,振捣棒应轻插慢提,不得在拌合物中平推或拖拉振捣。

③振捣棒移动距离不应大于有效作用半径的 1.5 倍,且不大于 500 mm,每处振动时间不宜短于 30 s。边角插入振捣离模板的距离不应大于 150 mm,且应避免碰撞模板。

④缩缝传力杆支架与胀缝钢筋笼应预先安装固定,再用振捣棒振捣密实。边缘拉杆振捣时,应由人工扶正拉杆。

⑤振捣时,应辅以人工补料,并随时检查振实效果,及时纠正模板、拉杆、传力杆和钢筋的移位、变形、松动、漏浆等情况。

振动板振实应符合下列规定:

①每车道应配备不少于 2 台振动板,振动板的功率不应小于 2.2 kW。

②每个振动板应由两名作业人员提拉振动,不得自由放置或长时间持续振动。振动板移位时,应重叠 100~200 mm,每处振动时间不应少于 15 s。

③振动板振动遍数应纵、横向交错两遍,不得过振或漏振,应控制振动板板底泛浆厚度为 4 mm±1 mm。

④缺料的部位,应在振动的同时辅以人工补料找平。

振动梁振实应符合下列规定:

①应配备 1 根振动梁,长度应比路面宽度每侧宽出 300~500 mm。振动梁上应安装 2 台附着式表面振动器,振动器功率不应小于 1.1 kW。振动梁底部应焊接或安装深度 4 mm 的粗集料压入齿。

②振动板振实长度达到 10 m 后,可垂直路面中线纵向人工拖动振动梁,在模板顶面往复拖行 2~3 遍,使表面泛浆均匀平整。

③拖行过程中,振动梁下间隙应及时用混凝土补平,不得用纯砂浆填补;料位高出模板时应人工铲除,直到表面泛浆均匀、路面平整。

(4)整平饰面

振动梁振实后,小型机具应采用滚杠、整平尺或抹面机整平 3 遍,直至面层无任何缺陷,平整度符合要求。

①滚杠整平应符合下列规定:

a.应在每个作业面配备 2 根整平滚杠,一根用于施工,另一根浸泡清洗备用。滚杠应使用直径为 100 mm 或 125 mm 的无缝钢管制成,刚度及顺直度应满足施工质量要求,两端设有把手与轴承,能够往复拖滚。

b.滚杠应支承在模板顶面,用人工往返拖滚,拖滚遍数宜为 2~3 遍,第一遍应短距离缓慢拖滚或推滚,以后应较长距离匀速拖滚,并将水泥浆始终赶在滚杠前方。

c.滚杠下有间隙的部位应及时找补,多余水泥浆应铲除。

②整平饰面应待混凝土表面泌水基本完成后进行,采用 3 m 刮尺收浆饰面,纵横各2~3遍抄平饰面,直到表面平整度符合要求,表面砂浆厚度均匀。整平饰面也可采用叶片式或圆盘式抹面机进行,抹面机应按每车道路面不少于 1 台配备。饰面遍数宜为往返1~2遍。

(5)精平饰面

精平饰面应符合下列规定:

①在抹面机完成作业后,应使用抹刀进行精平饰面。精平饰面包括清边整缝,清除黏

浆,修补缺边、掉角等工作。

②烈日暴晒或风大时,应加快表面的修整速度,或在防雨棚下进行。

③精平饰面后的面层表面应致密均匀,无抹面印痕,无露骨,平整度应达到要求,并应立即进行保湿养生。

三辊轴机组
施工

2)三辊轴机组铺筑

三辊轴机组铺筑是指采用振捣机和三辊轴整平机配合铺筑水泥混凝土面层的施工工艺。其特征是需要在边缘架设固定模板,模板同时兼具三辊轴整平机轨道的功能。

①三辊轴机组铺筑水泥混凝土面层的工艺流程为:支模→安装钢筋→布料→振捣→三辊轴整平→精平→养生→刻槽(拉毛)→切缝→填缝。

②三辊轴机组是介于小型机具施工和摊铺机施工之间的一种中型施工设备,在我国得到广泛应用。三辊轴整平机应由振动辊、驱动辊和甩浆辊组成,材质应为3根等长度同直径无缝钢管,并具有足够的刚度和耐磨性。三辊轴整平机的技术参数应符合表15.19的规定,并应根据面层厚度、拌合物工作性和施工进度等合理选用。板厚200 mm以上宜采用直径168 mm的辊轴;桥面铺装或厚度较小的路面可采用直径为219 mm的辊轴。轴长宜比路面宽度长出600~1 200 mm。振动轴的转速不宜大于380 r/min。

表15.19 三辊轴整平机的技术参数要求

轴直径 (mm)	轴速 (r/min)	轴长 (m)	轴质量 (kg/m)	行走速度 (m/min)	整平轴距 (mm)	振动功率(kW)	驱动功率(kW)	适宜整平路面厚度(mm)
168	300	5~9	65±0.5	13.5	504	7.5	6	200~260
219	380	5~12	77±0.7	13.5	657	17	9	160~240

③三辊轴整平机使用功能应符合下列规定:

a.三辊轴整平机辊轴长度应比实际铺筑的面层宽度至少长出0.6 m,两端应搭在两侧模板顶面。

b.三辊轴整平机振动辊应有偏心振捣装置,偏心距应由密实成型所需振幅决定,宜为3 mm。振动辊应安装在整平机前侧,由单独的动力驱动。甩浆辊的转动方向应与铺筑前进方向相反不振动时可提离模板顶面。

④三辊轴机组铺筑水泥混凝土面层时,应配备振捣机。振捣机应符合下列规定:

a.振捣机由机架、行走机构和一排振捣棒组成,并配备螺旋布料器和松方控制刮板,具备自行或推行功能。

b.连续式振捣机的振捣棒组宜水平或小角度布置,直径宜为80~100 mm,振动频率宜为100~200 Hz,工作长度宜为400~500 mm,振捣棒的间距宜为350~500 mm。振捣机的移动速度应可调整,调整范围宜为0.5~2 m/min。

c.间歇式振捣机的振捣棒可垂直或大角度布置,振捣棒的直径、振动频率、工作长度和间距要求应与连续式振捣机相同。振捣棒每次插入振动最短时间不应短于20 s。振捣棒应缓慢抽出后,再移动振捣机,每次移动距离不应超过振捣棒有效作用半径的1.5倍,且不宜大于0.6 m。

⑤振捣梁应设置在三辊轴整平机前方。铺筑厚度不大于 200 mm 时,其振动频率宜为 50~60 Hz,振动加速度宜为(4~5) g(g 为重力加速度)。

⑥一次铺筑宽度大于 4.5 m 时,纵缝拉杆宜使用预设钢筋支架固定。横向连接纵缝处的拉杆应在边模板预留孔中插入,并振实粘牢。松动的拉杆应在连接摊铺前重新植牢固。

⑦横缝传力杆应采用预制钢筋支架法安装固定,不得手工设置传力杆。宜使用手持振捣棒专门振实传力杆支架范围内的混凝土。振捣机连续振捣时,振捣棒的深度应位于传力杆顶面以上。

⑧应根据铺筑时拌合物的实测坍落度,按照表 15.20 初选松铺系数,并根据铺筑效果最终确定。弯道横坡与超高路段的松铺系数,高侧宜取表 15.20 中的高值,低侧宜取其低值。

表 15.20　不同铺筑坍落度时的拌合物松铺系数

铺筑坍落度(mm)	10~30	30~50	50~70
拌合物松铺系数	1.2~1.25	1.15~1.20	1.10~1.15

⑨纵坡路段宜向上坡方向铺筑。应全断面布料,松铺高度符合要求后,再使用振捣机开始振捣。振捣机应匀速缓慢、连续地振捣行进作业。振捣后的混凝土面层应成为连续均匀的整体,并达到所要求的密实度。

⑩振捣机振实后,料位应高于模板顶面 5~15 mm,局部坑洼不得低于模板顶面。过高时应铲除,过低应及时补料。

⑪三辊轴整平机作业应符合下列规定:

a.三辊轴整平机应按作业单元分段整平,作业单元长度宜为 10~30 m。施工开始或施工温度较高时,可缩短作业单元长度,最短不宜短于 10 m。振捣机振实与三辊轴整平两道工序之间的间隔时间不宜超过 15 min。

b.在作业单元长度内,三辊轴整平机应采用前进振动、后退静滚方式作业。

c.三辊轴整平机整平水泥混凝土面层不同料位高差的滚压遍数,可根据表 15.21 按拌合物坍落度初步设置,并根据试铺效果最终确定。

表 15.21　三辊轴整平机整平水泥混凝土面层不同料位高差的滚压遍数参考表

坍落度(mm)	料位高差(mm)					
	2	4	6	2	4	6
	$L=9$ m,$d=168$ mm,$m=2\ 095$ kg			$L=9$ m,$d=168$ mm,$m=2\ 095$ kg		
	滚压遍数					
1.5	3	5	8	1	2	2
4.0	2	3	5	1	1	2
6.0	1	2	3	1	1	1

注:①前进振动、后退静滚的一次往返,为一遍。

②L 为三辊轴长度,d 为三辊轴直径,m 为二辊轴整机质量。

d.三辊轴整平作业时,应处理整平轴前料位的高低情况,过高时应铲除,轴下的间隙应采用混凝土补平。

e.振动滚压完成后,应升起振动辊,用甩浆辊抛浆整平一遍,再用整平轴前、后静滚整平,直到平整度符合要求、表面砂浆厚度均匀为止。

f.路面表层砂浆的厚度宜控制为 4 mm±1 mm。过厚的稀砂浆应及时刮除丢弃,不得用于路面补平。

g.三辊轴整平机整平后,应采用 3~5 m 刮尺,纵、横两个方向精平饰面,纵向不少于 3 遍,横向不少于 2 遍。也可采用旋转抹面机密实精平饰面 2 遍,直到平整度符合要求。

h.饰面完成后,应立即开始保湿养生。

3) 碾压混凝土面层施工

①碾压混凝土路面铺筑是采用压路机碾压成型的水泥混凝土路面施工工艺。其特征是采用特干硬性水泥混凝土,用沥青混凝土或基层摊铺机摊铺、压路机振动碾压密实。

②碾压铺筑应按卸料进摊铺机、摊铺机摊铺、拉杆设置、钢轮压路机初压、振动压路机复压、轮胎压路机终压、抗滑处理、养生、切缝等工艺流程进行。

③碾压混凝土面层摊铺,宜选用沥青混凝土摊铺机。摊铺机应具有振动压实功能,摊铺密实度不应小于85%。采用沥青混凝土摊铺机摊铺时,松铺系数宜控制在 1.05~1.15。采用基层摊铺机摊铺时,松铺系数宜控制在 1.15~1.25。应通过试铺确定松铺系数。

④碾压混凝土面层铺筑时,边缘宜设置槽钢或方木模板。模板固定应牢固,碾压时不得推移。

⑤摊铺前应洒水湿润基层。摊铺作业应均匀、连续,摊铺过程中不得随意变换速度或停顿。

⑥螺旋分料器转速应与摊铺速度相适应,摊铺过程中应保证两边缘供料充足。弯道及超高路段铺筑时,应及时调整左右两侧分料器的转速,保证两侧供料均衡、充足。

⑦两台摊铺机前后紧随摊铺时,两幅摊铺间隔时间应控制在 1 h 之内。

⑧拉杆设置应与摊铺同步进行。采用打入法时,应根据设计间距设醒目的定位标记,准确打入拉杆。

⑨摊铺后,应立即对所摊铺混凝土表面进行检查,局部缺料部位,应及时补料。局部粗集料聚集部位,应在碾压前挖除并用新混凝土填补。

⑩碾压段长度宜控制在 30~40 m。直线段碾压时,压路机应从外侧向路中心碾压;平曲线有超高路段时,应由低侧向高侧、自内向外碾压。碾压应紧随摊铺机碾压。碾压宜分初压、复压和终压 3 个阶段进行,并应符合下列规定:

a.压路机应匀速稳定、连续行进,中间不应停顿、等候和拖延,也不得相互干扰。

b.压路机起步、倒车和转向均应缓慢柔顺,碾压过程中不得中途急停、急拐、紧急起步及快速倒车。

c.初压宜采用钢轮压路机或振动压路机静碾压,重叠量宜为 1/4~1/3 钢轮宽度。

d.复压宜采用 10~15 t 振动压路机振动碾压,重叠量宜为 1/3~1/2 振动碾宽度。复压遍数应以实测满足规定压实度值为停止复压标准。

e.终压应采用 15~25 t 轮胎压路机静碾压,以弥合表面微裂纹和消除轮迹为停压标准。

⑪碾压密实后的表面应及时喷雾、洒水,并尽早覆盖养生。施工过程中,应采取措施控制碾压混凝土表面裂纹的产生。碾压终了后的面层表面不应有可见微裂纹。

⑫碾压混凝土面层横向施工缝施工应符合下列规定:

a.在施工段终点处应设压路机可上下面层的纵向斜坡。

b.第二天摊铺开始前,应检测前一施工段终点厚度及平整度不合格段落。

c.应全厚度切除不合格段落的混凝土。

d.纵向连接摊铺新路面时,施工缝侧壁应涂刷水泥浆。

e.受设备限制,切缝深度不能达到混凝土面层全厚时,切缝深度不应小于 800 mm,且应将施工缝下部凿顺直。

⑬碾压混凝土面层胀缝应与下面层或基层中的胀缝对齐。

⑭纵、横向缩缝应采用硬切缝,硬切缝及填缝要求与水泥混凝土面层相同。

⑮碾压混凝土面层抗滑构造采用表面露石构造时,粗集料的磨光值 PSV 不应小于 35,洛杉矶磨耗损失不宜大于 35%。在混凝土终凝前,应扫除表面的砂浆。露石面积不宜少于 70%。

4) 滑模摊铺机铺筑

滑模摊铺机铺筑是指采用滑模摊铺机铺筑水泥混凝土面层的施工工艺。其特征是不架设边缘固定模板,布料、摊铺、振捣密实、挤压成形、抹面修饰等施工流程在摊铺机行进过程中连续完成。

(1)设备选择

滑模摊铺机的选择应根据路面结构形式、路面板块划分等因素,并参考滑模摊铺机的性能确定。选用的滑模摊铺机的技术指标宜符合表 15.22 规定的基本技术参数要求。

高速公路、一级公路宜选配能一次摊铺不少于 2 个车道宽度的滑模摊铺机。二级公路路面的最小摊铺宽度不得小于单个车道设计宽度。硬路肩宜选配可连体摊铺路缘石的中、小型多功能滑模摊铺机。

滑模摊铺机的组成及原理

表 15.22　滑模摊铺机的基本技术参数表

项目	发动机最小功率(kW)	摊铺宽度范围(m)	摊铺最大厚度(mm)	摊铺速度范围(m/min)	最大空驶速度(m/min)	最大行走速度(m/min)	履带个数(个)
三车道滑模摊铺机	≥200	12.5~16.0	≤500	0.75~3.0	≤5.0	≤15	4
双车道滑模摊铺机	≥150	3.6~9.7	≤500	0.75~3.0	≤5.0	≤18	2~4
多功能单车道滑模摊铺机	70	2.5~6.0	400(护栏最大高度≤1 900)	0.75~3.0	9.0	15	2~4
小型路缘石滑模摊铺机	60	0.50~2.5	450	0.75~2.0	9.0	10	2~3

滑模摊铺水泥混凝土路面时,摊铺机应配备自动抹平板装置。滑模摊铺机械系统应配套齐全,辅助设备的数量及生产能力应满足铺筑进度的要求。可按下列要求进行配备:

①滑模铺筑无传力杆水泥混凝土路面时,布料可使用轻型挖掘机或推土机。

②滑模铺筑连续配筋混凝土路面、钢筋混凝土路面、桥面和桥头搭板,路面中设传力杆钢筋支架、胀缝钢筋支架时,布料应采用侧向上料的布料机或供料机。

③应采用刻槽机制作宏观抗滑构造。

④面层切缝可使用软锯缝机、支架式硬锯缝机或普通锯缝机。

（2）摊铺前准备

①摊铺段夹层或封层质量应检验合格,对于破损或缺失部位,应及时修复。表面应清扫干净并洒水润湿,并采取防止施工设备和车辆碾坏封层的措施。

②应检查并平整滑模摊铺机的履带行走区。行走区应坚实,不得存在湿陷等病害,并应清除砖、瓦、石块、废弃混凝土块等杂物。履带行走部位基层存在斜坡时,应提前整平。

③摊铺前应检查并调试施工设备。滑模摊铺机首次作业前,应挂线对其铺筑位置、几何参数和机架水平度进行设置、调整和校准,满足要求后方可用于摊铺作业。

④横向连接摊铺前,前次摊铺路面纵向施工缝处溜肩胀宽部位应切割顺直;拉杆应校正扳直,缺少的拉杆应钻孔锚固植入。

⑤横向连接摊铺时,纵向施工缝的上半部缝壁应按设计涂覆隔离防水材料。

⑥滑模摊铺面层前,应准确架设基准线。基准线设置精度应符合表 15.23 的规定。基准线设置后,应避免扰动、碰撞和振动。多风季节施工,宜缩小基准线桩间距。

表 15.23　基准线设置精确度要求

项目	中线平面偏位（mm）	路面宽度偏差（mm）	面层厚度偏差（mm）		纵断高程偏差（mm）	横坡偏差（%）	连续纵缝高差（mm）
			平均值	极值			
规定值	≤10	±15	≥-3	≥-8	±5	±0.10	±1.5

⑦架设完成的基准线,不得存在眼睛可见的拐点及下垂,并应逐段校验其顺直度及张紧度。

⑧应按下列规定对板厚进行校验:

a.采用垂直于两侧基准线横向拉线,用直尺或加垂头的方法,对预备摊铺路段的板厚进行复核测量。

b.单车道铺筑时,一个横断面横向应测不少于 3 个点;双车道及全幅摊铺时,应测不少于 5 个点。纵向每 200 m 应测不少于 10 个断面。

c.横断面板厚测量值的算数平均值不应小于设计板厚,极小值不应小于质量控制极值。

d.纵向以 200 m 为单元,全部板厚总平均值不应小于设计板厚。

⑨顺直度、张紧度或板厚不满足要求时,应重新测量架设基准线。

⑩面层传力杆、胀缝钢筋采用前置支架法施工时,应在表面先准确安装和固定支架,保证传力杆中部对中缩缝切割位置,且不会因布料、摊铺而导致推移。支架可采用与锚固入基层的钢筋焊接等方法固定。

⑪边缘补强钢筋的安装应符合下列规定:

a.应按设计图纸加工焊接边缘补强钢筋支架。

b.边缘补强中部底筋与封层表面距离宜为 30~50 mm;两端弯起筋与面层表面的距离不应小于 50 mm;外侧钢筋到板边距离宜为 100~150 mm。

c.可采用在封层或夹层上钻孔,钉入架立锚固钢筋,再将边缘补强钢筋支架与架立锚固钢筋焊接的方式固定边缘补强钢筋。

d.边缘补强钢筋两端弯起处应各有不少于 2 根锚固钢筋与支架相焊接,其他部位每延米不宜少于 1 根锚固钢筋。

⑫角隅钢筋安装应符合下列规定:

a.钢筋混凝土搭板与桥面钝角角隅补强钢筋宜加工成网片状。

b.发针状角隅补强钢筋片宜采用焊接制成。

c.发针状角隅补强钢筋安装位置应根据设计图纸确定,且距两锐角边距离不宜小于 50 mm。

d.钢筋片与基层锚固点不宜少于 5 个。

(3)滑模摊铺机铺筑

①滑模摊铺机的施工参数设定及校准应符合下列规定:

a.振捣棒应均匀排列,间距宜为 300~450 mm;混凝土摊铺厚度较大时,应采用较小间距。两侧最边缘振捣棒与摊铺边缘距离不宜大于 200 mm。振捣棒下缘位置应位于挤压底板最低点以上。

b.挤压底板前倾角宜设置为 30°,提浆板位置宜在挤压底板前缘以下 5~10 mm。

c.边缘超铺高度应根据拌合物稠度确定,宜为 3~8 mm;板厚较厚、坍落度较小时,边缘超铺高度宜采用较小值。

d.搓平梁前沿宜调整到与挤压底板后沿高程相同的位置;搓平梁的后沿应比挤压底板后沿低 1~2 mm,且与路面高程相同。

e.符合铺筑精度要求的摊铺机设置应加以固定和保护。基底高程等摊铺条件发生变化,铺筑精度超出范围时,可由操作手在行进中通过缓慢微调加以调整。

②在滑模摊铺混凝土机前布料,应采用机械完成,布料高度应均匀一致,不得采用翻斗车直接卸料的方式。布料尚应符合下列规定:

a.卸料、布料速度应与摊铺速度协调一致,不得局部或全断面缺料。发生缺料时应立即停止摊铺。

b.采用布料机布料时,布料机与滑模摊铺机施工距离宜为 5~10 m;现场蒸发率较大时,宜采用较小值。

c.坍落度为 10~30 mm 时,布料松铺系数宜在 1.08~1.15。

d.应保证滑模摊铺机前的料位高度位于螺旋布料器叶片最高点以下,最高料位高度不得高于松方控制板上缘。使用布料犁布料时,应按松方高度严格控制料位高度。

e.面层传力杆、胀缝与隔离缝钢筋采用前置支架法施工时,不得在支架顶面直接卸料。传力杆以下的混凝土宜在摊铺前采用手持振捣棒振实。

③滑模摊铺机起步时,应先开启振捣棒,在 2~3 min 内调整振捣到适宜振捣频率,使进入挤压底板前缘拌合物振捣密实,无大气泡冒出破灭,方可开动滑模机平稳推进摊铺。当天

摊铺施工结束,摊铺机脱离拌合物后,应立即关闭振捣棒组。

④摊铺过程中应随时调整松方高度板位置控制摊铺机进料,保证进料充足。起步时宜适当调高,正常摊铺时宜保持振捣仓内料位高于振捣棒顶面 100 mm 左右,料位高低波动宜控制在±30 mm 之内。

⑤滑模摊铺应缓慢、匀速、连续不间断地作业。滑模摊铺速度应根据板厚、混凝土工作性、布料能力、振捣排气效果等确定,可在 0.75~2.5 m/min 选择,宜采用 1 m/min。

⑥滑模摊铺水泥混凝土面层时,严禁快速推进、随意停机与间歇摊铺。

⑦滑模摊铺振捣频率应根据板厚、摊铺速度和混凝土工作性确定,以保证拌合物不发生过振、欠振或漏振。振捣频率可在 100~183 Hz 调整,宜为 150 Hz。

⑧可根据拌合物的稠度大小,采取调整摊铺的振捣频率或速度等措施,保证摊铺质量稳定。拌合物稠度发生变化时,宜先采取调振捣频率的措施,后采取改变摊铺速度的措施。

⑨配备振动搓平梁时,摊铺过程中搓平梁前方砂浆卷直径宜控制在 70~130 mm,应避免砂浆卷中断、散开或摊展。

⑩应通过控制抹平板压力的方法,使其底部不小于85% 长度接触新铺混凝土表面。

⑪在开始摊铺的 5~10 m 内,应在铺筑行进中对摊铺的路面高程、边缘厚度、中线、横坡度等参数进行复核测量,必要时可缓慢微调摊铺参数,保证路面摊铺质量。

⑫滑模摊铺推进应匀速、平稳,滑出挤压底板或搓平梁的拌合物表面应平整、无缺陷,两侧边角应为 90°,光滑规则,无塌边溜肩,表层砂浆厚度不宜大于 3 mm。除露石混凝土路面外,滑模摊铺水泥混凝土面层表面不应裸露粗集料。

⑬滑模摊铺采用传力杆插入装置(DBI)设置传力杆与拉杆时,应符合下列规定:

a.应安排专人负责对中横向缩缝位置,应一次振动插入整排全部传力杆。

b.插入传力杆时,应缓慢插入,防止快速插入导致阻力过大使滑模摊铺机整体抬升。

c.拉杆插入装置应根据一次摊铺的车道数和设计选用。与未摊铺水泥混凝土面层连接的拉杆应采用侧向拉杆插入装置插入;两个以上车道摊铺,在摊铺范围内的拉杆应采用拉杆压入装置压入。

d.中央拉杆可自动定位插入或手工操作在规定位置插入,应一次插入到位。

e.边缘拉杆应一次插入到位,不得在脱模后多次插入或手工反复打进。插入就位的拉杆应妥善保护,避免拉杆与混凝土黏结丧失。

⑭摊铺上坡路段时,挤压底板前仰角宜适当调小,并适当调小抹平板压力;摊铺下坡路段时,前仰角宜适当调大,并适当调大抹平板压力。

⑮摊铺小半径水平弯道时,弯道外侧的抹平板到摊铺边缘的距离应向内调整,两侧的加长侧模应采用可水平转动的铰接,不得固接。

⑯抗滑纹理完成后,应立即开始保湿养生。养生龄期不应少于 5 d,且混凝土强度满足要求后,方可连接摊铺相邻车道面板。履带在新铺面层上行走时,钢履带底部应铺橡胶垫或使用有橡胶垫履带的摊铺机。纵缝横向连接高差不应大于 2 mm。

⑰摊铺中应经常检查振捣棒的工作情况和位置。面层出现条带状麻面现象时,应停机检查振捣棒是否损坏;振捣棒损坏时,应更换振捣棒。摊铺面层上出现发亮的砂浆条带时,

应检查振捣棒位置是否异常;振捣棒位置异常时,应将振捣棒调整到正常位置。

⑱摊铺宽度大于 7.5 m 时,应加强左右两侧拌合物工作性检查。发现不一致时,摊铺速度应按偏干一侧进行微调,并采取将偏稀一侧的振捣棒频率调小等措施,避免局部过振。拌合物严重离析或离散时,应停止摊铺,废弃已拌和混合料,查找并解决问题后,再重新开始摊铺。

⑲在不影响路面总体耐久性的前提下,可采取调整拌合物稠度、挤压底板前仰角、起步及摊铺速度等措施,减少水泥混凝土面层横向拉裂现象。

⑳滑模摊铺机停机等料时间预计会超过运至现场混凝土的初凝时间时,应将滑模摊铺机迅速开出摊铺工作面,制作横向施工缝。

㉑滑模摊铺时,应保证自动抹平板装置正常工作。局部麻面或少量缺料部位,可在搓平梁前补充适量拌合物,利用搓平梁与抹平板修平表面。

㉒滑模摊铺的水泥混凝土面层纵缝边缘出现局部倒边、塌边、溜肩现象,或表面局部存在小缺陷时,可用人工进行局部修整。

㉓摊铺机开出后,应丢弃摊铺机振动仓内遗留下的纯砂浆,及时清洗、清除滑模摊铺机中的混凝土残留物。

㉔横向施工缝可采用架设端模板的方法施做,并宜与胀缝或隔离缝合并设置。无法与胀缝合并设置时,应与缩缝合并设置。横向施工缝部位应满足面层平整度、高程、横坡的质量要求。

㉕施工缝端部两侧可采取架设侧模的方法,使侧边向内收进 20~40 mm,方便后续连续摊铺。侧边向内收进长度宜比滑模摊铺机侧模板略长。

㉖滑模摊铺机配备传力杆自动插入装置(DBI)时,应通过试验路段采用非破损方法对传力杆插入深度进行校准,施工中应进行传力杆精度复核。检测可采用钢筋保护层厚度测试仪或专用传力杆位置检测仪进行。

5)模板及其架设与拆除

(1)模板技术要求

公路混凝土路面板、桥面板和加铺层的施工模板应采用刚度足够的槽钢或钢制边侧模板。模板的精确度应符合表 15.24 的规定。钢模板的高度应为面板设计厚度,模板长度宜为 3~5 m。需设置拉杆时,模板应设拉杆插入孔。

表 15.24　模板(加工矫正)允许偏差

施工方式	高度偏差 (mm)	局部变形 (mm)	垂直边夹角 (°)	顶面平整度 (mm)	侧面平整度 (mm)	纵向变形 (mm)
三辊轴机组	±1	±2	90±2	±1	±2	±2
小型机具	±2	±3	90±3	±2	±3	±3

(2)模板安装

①支模前在基层上应进行模板安装及摊铺位置的测量放样,每 20 m 应设中心桩;每 100 m 宜布设临时水准点;核对路面标高、面板分块、胀缝和构造物位置。测量放样的质量要

求和允许偏差应符合相应规范的规定。

②纵横曲线路段应采用短模板,每块模板中点应安装在曲线切点上。

③轨道摊铺应采用长度为 3 m 的专用钢制轨模,轨模底面宽度宜为高度的 80%。轨道用螺栓、垫片固定在模板支座上,模板应使用钢钎与基层固定。

④模板应安装稳固、顺直、平整,无扭曲,相邻模板连接应紧密平顺,不得有底部漏浆、前后错茬、高低错台等现象。模板应能承受摊铺、振实、整平设备的负载行进、冲击和振动时不发生位移。严禁在基层上挖槽,嵌入安装模板。

⑤模板安装检验合格后,与混凝土拌合物接触的表面应涂脱模剂或隔离剂;接头应粘贴胶带或塑料薄膜等密封。模板安装完毕,应经过测量人员使用与设计板厚相同的测板做全断面检验,其安装精确度应符合表 15.25 的规定。

表 15.25　模板安装精确度要求

检测项目		施工方式	
		三辊轴机组	小型机具
平面偏位(mm)		≤10	≤15
摊铺宽度偏差(mm)		≤10	≤15
面板厚度(mm)	代表值	≥-3	≥-4
	极值	≥-8	≥-9
纵断高程偏差(mm)		±5	±10
横坡偏差(%)		±0.10	±0.20
相邻板高差(mm)		≤1	≤2
顶面接茬 3 m 尺平整度(mm)		≤1.5	≤2
模板接缝宽度(mm)		≤3	≤3
侧向垂直度(mm)		≤3	≤4
纵向顺直度(mm)		≤3	≤4

(3)拆模

当混凝土抗压强度不小于 8.0 MPa 方可拆模。缺乏强度实测数据时,边侧模板的允许最早拆模时间宜符合表 15.26 的规定。达不到要求,不能拆除端模时,可空出一块面板,重新起头摊铺,空出的面板待两端均可拆模后再补做。

表 15.26　混凝土路面板的允许最早拆模时间

昼夜平均气温(℃)	-5	0	5	10	15	20	25	≥30
硅酸盐水泥、R 型水泥(h)	240	120	60	36	34	28	24	18
道路、普通硅酸盐水泥(h)	360	168	72	48	36	30	24	18
矿渣硅酸盐水泥(h)	—	—	120	60	50	45	36	24

注:允许最早拆侧模时间从混凝土面板精整成形后开始计算。

15.2.4　施工质量标准与控制

1）一般规定

①混凝土路面施工应建立健全施工质量保证体系,对施工全过程进行全面的质量控制。

②应按铺筑工艺与进度要求,配备足量质检仪器设备和人员。对面层施工各工艺环节的各项质量标准应做到及时检测,根据检测结果对施工进行动态控制,保证施工各项质量指标合格、稳定。

③水泥混凝土面层施工过程中应采取有效措施,严防出现质量缺陷。铺筑过程中发现质量缺陷时,应加大检测频率,必要时应停工整顿,查找原因,提出处置对策,恢复到正常铺筑工况和良好质量状态再继续施工。

④施工关键工序宜拍摄照片或进行录像,作为现场记录保存。

⑤施工结束后,应清理现场,处理废弃物,恢复耕地或绿化,做到工完场清。

2）水泥混凝土面层基本要求

水泥混凝土面层应符合下列基本要求:

①基层质量应符合规范规定并满足设计要求,表面清洁、无浮土。

②接缝填缝料应符合规范规定并满足设计要求。

③接缝的位置、规格、尺寸及传力杆、拉杆的设置应满足设计要求。

④混凝土路面铺筑后按施工规范要求养护。

⑤应对干缩、温缩产生的裂缝进行处理。

3）水泥混凝土面层实测项目

水泥混凝土面层实测项目应符合表 15.27 的规定。

表 15.27　水泥混凝土面层实测项目

项次	检查项目		规定值或允许偏差		检查方法和频率
			高速公路、一级公路	其他公路	
1	弯拉强度(MPa)		在合格标准内		按《公路工程质量检验评定标准 第一册 土建工程》(JTG F80/1—2017) 附录 C 检查
2	板厚度(mm)	代表值	−5		按《公路工程质量检验评定标准 第一册 土建工程》(JTG F80/1—2017) 附录 H 检查,每 200 m 测 2 点
		合格值	−10		
		极值	−15		
3	平整度[a]	σ(mm)	≤1.32	≤2.0	平整度仪:全线每车道连续检测,每 100 m 计算 σ、IRI
		IRI(m/km)	≤2.2	≤3.3	
		最大间隙 h(mm)	3	5	3 m 直尺:每半幅车道每 200 m 测 2 处×5 尺

续表

项次	检查项目		规定值或允许偏差		检查方法和频率
			高速公路、一级公路	其他公路	
4	抗滑构造深度（mm）	一般路段	0.7~1.1	0.5~1.0	铺砂法，每200 m测1处
		特殊路段ᵇ	0.8~1.2	0.6~1.1	
5	横向力系数 SFC	一般路段	≥50	—	按《公路工程质量检验评定标准 第一册 土建工程》（JTG F80/1—2017）附录L检查，每200 m测1点
		特殊路段ᵇ	≥55	≥50	
6	相邻板高差（mm）		≤2	≤3	尺量：胀缝每缝测2点；纵、横缝每200 m抽查2条、每条测2点
7	纵、横缝顺直度（mm）		≤10		纵缝20 m拉线尺量：每200 m测4处；横缝沿板宽拉线尺量：每200 m抽查4条
8	中线平面偏位（mm）		20		全站仪：每200 m测2点
9	纵断高程（mm）		±10	±15	水准仪：每200 m测2个断面
10	横坡（%）		±0.15	±0.25	水准仪：每200 m测2个断面
11	断板率ᶜ（%）		≤0.2	≤0.4	目测：全部检查，数断板面板块数占总块数比例

注：a.表中 σ 为平整度仪测定的标准差；IRI为国际平整度指数；h为3 m直尺与面层的最大间隙。

b.特殊路段：高速公路、一级公路特殊路段包括立体交叉匝道、平面交叉口、弯道、变速车道、组合坡度不小于3%坡度段、桥面、隧道路面及收费站广场等处；其他公路特殊路段包括设超高路段、组合坡度大于或等于4%坡度段、交叉口路段、桥面及其上下坡段、隧道路面及集镇附近路段等处。

c.断板率中包含断角率，应统计行车道与超车道面板，不计硬路肩板，不计入修复后的面板。

4）水泥混凝土面层外观质量

水泥混凝土面层外观质量应符合下列规定：

①不能出现《公路工程质量检验评定标准 第一册 土建工程》（JTG F80/1—2017）附录P中板的外观限制缺陷。

②面板不应有坑穴、鼓包和掉角。

③接缝填注不得漏填、松脱，不应污染路面。

④路面应无积水。

任务 15.3　水泥混凝土路面接缝施工技术

15.3.1　接缝的构造

水泥混凝土路面的接缝可分为横向接缝和纵向接缝。

横向接缝是垂直于行车方向的接缝，共有3种：缩缝、胀缝和施工缝。缩缝保证板因温度和湿度的降低而收缩时沿该薄弱断面缩裂,从而避免产生不规则裂缝。胀缝是保证板在温度升高时能部分伸张,从而避免产生路面板在热天的拱胀和折断破坏,同时胀缝也能起到缩缝的作用。每日施工结束或因临时原因中断施工时,必须设置横向施工缝,其位置尽可能选在缩缝或胀缝处。

纵向接缝是指平行于路面行车方向的接缝,包括施工缝和缩缝。

1) 横缝的构造与布置

(1) 胀缝的构造

在邻近桥梁或其他固定构造物处,或者与其他道路相交处,应设置横向胀缝。胀缝条数应根据膨胀量大小设置。胀缝宽宜为 20~25 mm,缝内应设置填缝板和可滑动的传力杆。胀缝的构造如图 15.1 所示。

传力杆应采用光圆钢筋。横向缩缝传力杆的尺寸、间距和要求与胀缝相同,可按表 15.28 选用。最外侧传力杆距纵向接缝或自由边的距离宜为 150~250 mm。

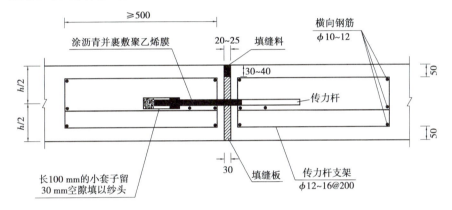

图 15.1　胀缝构造(尺寸单位:mm)

表 15.28　传力杆尺寸和间距

面层厚度(mm)	传力杆直径(mm)	传力杆最小长度(mm)	传力杆最大间距(mm)
220	28	400	300
240	30	400	300
260	32	450	300
280	32~34	450	300
≥300	34~36	500	300

(2) 缩缝的构造

横向缩缝可等间距或变间距布置,应采用假缝形式。极重、特重和重交通荷载公路的横向缩缝、中等和轻交通荷载公路邻近胀缝或自由端部的 3 条横向缩缝、收费广场的横向缩缝,应采用设传力杆假缝形式,其构造如图 15.2(a)所示。其他情况可采用不设传力杆假缝形式,其构造如图 15.2(b)所示。传力杆的设置不应妨碍相邻混凝土板的自由伸缩,钢筋表面应做防锈处理。

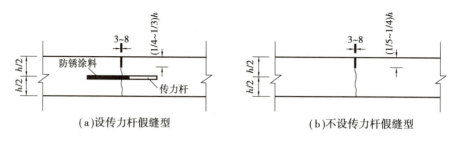

图 15.2　横向缩缝构造(尺寸单位:mm)

横向缩缝顶部应锯切槽口,设置传力杆时槽口深度宜为面层厚度的 1/4~1/3,不设置传力杆时槽口深度宜为面层厚度的 1/5~1/4。槽口宽度应根据施工条件、填缝料性能等因素而定,宽度宜为 3~8 mm,槽内应填塞填缝料。二级及二级以下公路的槽口可一次锯切成型。高速公路和一级公路槽口宜二次锯切成型,在第一次锯切缝的上部宜增设宽 7~10 mm 的浅槽口,槽口下部应设置背衬垫条,上部应用填缝料灌填,其构造如图 15.3 所示。

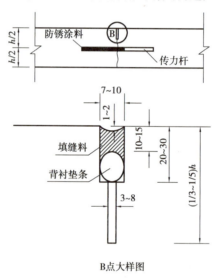

B点大样图

图 15.3　二次锯切槽口构造(尺寸单位:mm)

(3)施工缝的构造

每日施工结束或因临时原因中断施工时,必须设置横向施工缝,其位置宜选在缩缝或胀缝处。设在缩缝处的施工缝,应采用加传力杆的平缝形式,其构造如图 15.4 所示;设在胀缝处的施工缝,其构造应与胀缝相同,如图 15.1 所示。

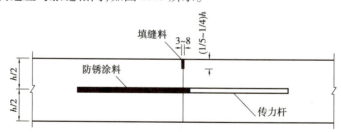

图 15.4　横向施工缝构造(尺寸单位:mm)

传力杆应采用光圆钢筋。其尺寸和间距可按表 15.29 选用。最外侧传力杆距纵向接缝或自由边的距离为 150~250 mm。

表 15.29　传力杆尺寸和间距

面层厚度(mm)	传力杆直径(mm)	传力杆最小长度(mm)	传力杆最大间距(mm)
220	28	400	300
240	30	400	300
260	32	450	300
280	35	450	300
300	38	500	300

(4)横缝的布置

横向接缝的间距(即板长)应按面层类型和厚度选定。普通水泥混凝土面层宜为 4~6 m,面层板的长宽比不宜超过 1.35,平面面积不宜大于 25 m²。碾压混凝土或钢纤维混凝土面层宜为 6~10 m。钢筋混凝土面层宜为 6~15 m,面层板的长宽比不宜超过 2.5,平面面积不宜大于 45 m²。

2)纵缝的构造与布置

纵向接缝的布设应视路面总宽度、行车道及硬路肩宽度以及施工铺筑宽度而定。

(1)纵向施工缝

一次铺筑宽度小于面层加硬路肩总宽度时,应按设计设置纵向施工缝。纵向施工缝宜采用平缝加拉杆型,上部应锯切槽口,深度宜为 30~40 mm,宽度宜为 3~8 mm,槽内应灌塞填缝料,其构造如图 15.5(a)所示。

(2)纵向缩缝

一次铺筑宽度大于 4.5 m 时,应设置纵向缩缝。纵向缩缝应采用设拉杆假缝形式,锯切的槽口深度应大于施工缝的槽口深度。采用粒料基层时,槽口深度应为板厚的 1/3;采用半刚性基层时,槽口深度应为板厚的 2/5,其构造如图 15.5(b)所示。碾压混凝土面层一次摊铺宽度大于 7.5 m 时,应设置纵向缩缝,缩缝构造如图 15.5(b)所示;钢纤维混凝土面层在摊铺宽度小于 7.5 m 时,可不设纵向缩缝。

行车道路面与混凝土硬路肩之间的纵向接缝必须设置拉杆。纵缝应与路线中线平行。在路面等宽的路段内或路面变宽路段的等宽部分,纵缝的间距和形式应保持一致。路面变宽段的加宽部分与等宽部分之间,应以纵向施工缝隔开。加宽板在变宽段起终点处的宽度不应小于 1 m。

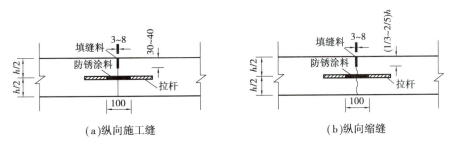

图 15.5　纵缝构造(尺寸单位:mm)

纵向接缝在板厚的中央设置拉杆,拉杆应采用螺纹钢筋,设在板厚中央,并应对拉杆中部 100 mm 范围内进行防锈处理。拉杆的直径、长度和间距可参照表 15.30 选用。施工布设时,拉杆间距应根据横向接缝的实际位置予以调整,最外侧的拉杆距横向接缝的距离不得小于 100 mm。

表 15.30　拉杆直径、长度和间距　　　　　　　　　　　　单位:mm

面层厚度	到自由边或未设拉杆纵缝的距离					
	3.00 m	3.50 m	3.75 m	4.50 m	15.00 m	7.5 m
200~250 mm	14×700×900	14×700×800	14×700×700	14×700×600	14×700×500	14×700×400
≥260 mm	16×800×800	16×800×700	16×800×600	16×800×500	16×800×400	16×800×300

注:拉杆直径、长度和间距的数字为直径×长度×间距。

连续配筋混凝土面层的纵缝拉杆可由板内横向钢筋延伸穿过接缝代替。

纵向接缝的间距(即板宽)宜在 3.0~4.5 m 内选用,这对行车和施工都比较方便。双车道路面按全幅宽度施工时,纵缝可做成假缝形式。

3) 交叉口接缝布设

两条道路正交时,各条道路宜保持本身纵缝的连贯,而相交路段内各条道路的横缝位置应按相对道路的纵缝间距作相应变动,保证两条道路的纵横缝垂直相交,互不错位。两条道路斜交时,主要道路宜保持纵缝的连贯,而相交路段内的横缝位置应按次要道路的纵缝间距作相应变动,保证与次要道路的纵缝相连接。相交道路弯道加宽部分的接缝布置,应不出现或少出现错缝和锐角板;出现错缝、锐角板时,宜加设防裂钢筋和角隅补强钢筋。

在次要道路弯道加宽段起终点断面处的横向接缝,应采用胀缝形式。膨胀量大时,应在直线段连续布置 2~3 条胀缝。

4) 端部处理

混凝土路面与桥涵、通道及隧道等固定构造物相衔接的胀缝无法设置传力杆时,可在毗邻构造物的板端部内配置双层钢筋网;或在长度为 6~10 倍板厚的范围内逐渐将板厚增加 20%,如图 15.6 所示。

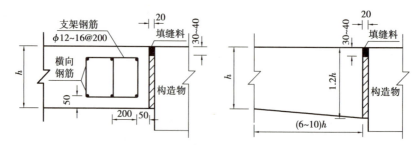

图 15.6　邻近构造物胀缝构造(尺寸单位:mm)

15.3.2　钢筋布置

1）边缘钢筋

普通混凝土面层基础薄弱的自由边缘、接缝为未设传力杆的平缝、主线与匝道相接处或与其他类型路面相接处，可在面层边缘的下部配置钢筋。可选用 2 根直径为 12～16 mm 的螺纹钢筋，置于面层底面之上 1/4 厚度处且不小于 50 mm，间距为 100 mm，钢筋两端向上弯起，如图 15.7 所示。

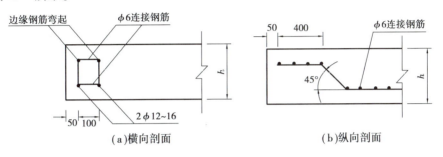

图 15.7　边缘钢筋布置（尺寸单位：mm）

2）角隅钢筋

承受极重、特重或重交通的水泥混凝土面层的胀缝、施工缝和自由边的角隅以及承受极重交通的水泥混凝土面层缩缝的角隅，宜配置角隅钢筋。可选用 2 根直径为 12～16 mm 的螺纹钢筋，置于面层上部，距顶面不小于 50 mm，距边缘为 100 mm，如图 15.8 所示。

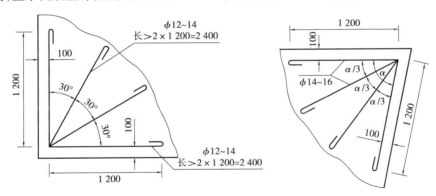

图 15.8　角隅钢筋布置（尺寸单位：mm）

15.3.3　接缝施工

接缝是混凝土路面的薄弱环节，接缝施工质量不高，会引起板的各种损坏，且影响行车的舒适性。因此，应特别认真地做好接缝施工。

1）纵缝施工

采用滑模摊铺机施工时，纵向施工缝的拉杆宜采用支架法安设，也可采用侧向拉杆液压装置一次推入。

小型机具施工时，按一个车道的宽度（3.75～4.5 m）一次施工，纵向施工缝一般采用平缝加拉杆或企口缝加拉杆的形式。采用固定模板施工时，应从侧模预留孔中插入拉杆并振实，插入的侧向拉杆应牢固,避免松动和漏插。

一次摊铺宽度大于 4.5 m 时,应采用假缝拉杆型纵缝。纵向缩(假)缝施工应预先将拉杆采用门形式固定在基层上,或用拉杆置放机在施工时置入。假缝顶面缝槽用切缝机切缝,缝宽为 3~8 mm,深为 1/5~1/4 板厚,使混凝土在收缩时能从此缝向下规则开裂,防止因切缝深度不足引起不规则裂缝。

2)横缝施工

(1)缩缝

横向缩缝可采用混凝土凝结后切缝形成,其施工工艺为:

①切缝前,应检查电源、水源及切缝机组试运转情况,切缝机刀片应与机身中心线成 90°角,并应与切缝线在同一直线上。

②开始切缝前,应调整刀片的进刀深度,切割时应随时调整刀片切割方向。停止切缝时,应先关闭旋扭开关,将刀片提升到混凝土板面上,停止运转。

③切缝时刀片冷却用水的压力不应低于 0.2 MPa,同时应防止切缝水渗入基层和土基。

④混凝土强度达到设计强度的 25%~30%,即可进行切割。当气温突变时,应适当提早切缝时间,或每隔 20~40 m 先割一条缝,以防因温度应力产生不规则裂缝。应严禁一条缝分两次切割的操作方法。

⑤切缝后,应尽快灌注填缝料。

缩缝的切缝应根据当地昼夜温差,参照表 15.31 选用适宜的切缝方式、时间与深度。切缝时间应以切缝时不啃边为开始切缝的最佳时机,并以铺筑第二天及施工初期无断板为控制原则。

表 15.31　当地昼夜温差与缩缝适宜切缝方式、时间与深度参考表

昼夜温差[a](℃)	缩缝切缝方式与时间[b]	缩缝切割深度
<10	硬切缝:切缝时机以切缝时不啃边即可开始,纵缝可略晚于横缝,所有纵、横缩缝最晚切缝时间均不得超过 24 h	缝中无拉杆、传力杆时,深度为 1/4~1/3 板厚,最浅 60 mm;缝中有拉杆、传力杆时,深度为 1/3~2/5 板厚,最浅 80 mm
10~15	软硬结合切缝:每隔 1~2 条提前软切缝,其余用硬切缝补切	硬切缝深度同上。软切深度不应小于 60 mm;不足者应硬切补深到 1/3 板厚,已断开的缝不补切
>15	软切缝:抗压强度为 1~1.5 MPa,人可行走时开始软切。软切缝时间不应超过 6 h	软切缝深度不应小于 60 mm,未断开的接缝,应硬切补深到 ≥2/5 板厚

注:a.当降雨、刮风引起路面温度骤降时,应提早软切缝或硬切缝。

b.3 种切缝方式均应冲洗干净切缝泥浆,并恢复表面养生覆盖。

(2)胀缝

胀缝板应与路中心线垂直,并连续贯通整个面板宽度,缝中完全不连浆。缝隙下部设胀缝板,上部灌胀缝填缝料。在传力杆的活动端,可设在缝的一边或交错布置,固守后的传力杆必须平行于板面及路面中心线,其误差不得大于 5 mm。

胀缝的施工应符合下列规定:

①采用前置钢筋支架法施工时,应预先准确安装和固定胀缝钢筋支架,并使用手持振捣棒振实胀缝板两侧的混凝土后,再摊铺。也可采用预留两块面板的方法,在气温接近年平均气温时再封铺。

②应在混凝土未硬化时,剔除胀缝板上部的混凝土,嵌入(20~25) mm×20 mm 的木条,整平表面。填缝前,应剔除木条,再粘胀缝多孔橡胶条或填缝。

③胀缝板应连续完整,胀缝板两侧的混凝土不得相连。

近年来,施工中对该方法做了一些改进,其做法是:预先设置好胀缝板和传力杆支架,并预留好滑动空间,为保证胀缝施工的平整度以及施工的连续性,胀缝板以上的混凝土硬化后用切缝机按胀缝的宽度切两条线,待填料时,将胀缝板以上的混凝土凿去,这种方法对保证胀缝施工质量特别有效。

(3)施工缝

施工缝宜设于胀缝或缩缝处,多车道施工缝应避免设在同一横断面上。施工缝如设于缩缝处,板中应增设传力杆,其一半锚固于混凝土中,另一半应先涂沥青,允许滑动。传力杆必须与缝壁垂直。

3)接缝填封

各种接缝均应填缝密封,填缝材料不得开裂、挤出或缺失。填缝材料开裂、挤出或缺失的接缝均应局部清除,重新填缝密封。

混凝土板养护期满后应及时填封接缝。灌缝前应清洁接缝,清洁接缝宜采用飞缝机清除接缝中夹杂的砂石、凝结的泥浆等杂物。灌缝前缝内及缝壁应清洁、干燥,以擦不出水、泥浆或灰尘为可灌缝标准。

缩缝灌缝应符合下列规定:

①灌缝时,应先按设计嵌入直径为 9~12 mm 的多孔泡沫塑料背衬条或橡胶条。

②用双组分或多组分常温填缝料时,应准确按比例将几种原材料混拌均匀后灌缝。每次准备量不宜超过 1 h,且不应超过材料规定的操作时间。

③使用热石油沥青、改性沥青或橡胶沥青灌缝时,应加热融化至易于灌缝温度,搅拌均匀,并保温灌缝。

④灌缝应饱满、均匀、厚度一致并连续贯通,填缝料不得缺失、开裂和渗水。

⑤高温期灌缝时,顶面应与板面刮齐平;一般气温情况下,应填刮为凹液面形,中心宜低于板面 3 mm。

胀缝填缝前,应凿除胀缝板顶部临时嵌入的木条,并清理干净,涂黏结剂后,嵌入专用多孔橡胶条或灌注适宜填缝料。胀缝宽度与多孔橡胶条宽度不一致或有啃边、掉角等现象时,应采用灌料填缝,不得采用多孔橡胶条填缝。

15.3.4　抗滑构造施工

各级公路行车道与超车道面层表面应制作细观抗滑纹理和宏观抗滑构造,不得遗留光滑的表面。纹理和构造深度应均匀一致。

细观纹理的施工应符合下列规定:

①细观纹理宜在精平后的湿软表面,使用钢支架拖挂 1~3 层叠合麻布、帆布等布片拖

抗滑构造施工及养生

出。布片接触路面的长度宜为 0.7~1.5 m。

②对用抹面机修整过较干硬的光面,可采用较硬的竹扫帚扫出细观纹理。

③已经硬化后的光滑表面可采用钢刷刷毛、喷砂打毛、喷钢丸打毛、稀盐酸腐蚀、高压水射流等方式制作细观纹理。

极重、特重和重交通荷载等级公路水泥混凝土面层应采用刻槽法制作宏观抗滑构造。中、轻交通荷载等级公路水泥混凝土面层可使用拉槽法制作宏观抗滑构造。

在水平弯道路段、桥面、隧道路面宜使用纵向槽。组合坡度小于3%时,要求减噪的路段可使用纵向槽。组合坡度大于或等于3%的纵坡路段,应使用横向槽。

采用刻槽法制作宏观抗滑构造时,刻槽机最小刻槽宽度不应小于 500 mm。衔接距离与槽间距相同。刻槽过程中应避免槽口边角损坏,不得中途抬起刻槽机或改变刻槽方向。刻槽不得刻穿纵、横缩缝。刻槽后表面应随即冲洗干净,并恢复路面的养生。

软拉宏观抗滑构造时,待面层混凝土泌水后,应及时采用齿耙拉槽。衔接距离应与槽间距相同,且始终保持一致,不得局部缺失。软拉后的表面砂浆应清扫干净。

矩形槽槽深宜为 3~4 mm,槽宽宜为 3~5 mm,槽间距宜为 12~25 mm。

在路面结冰地区,可采用上宽 6 mm、下宽 3 mm 的梯形槽或上宽 6 mm 的半圆形槽。

15.3.5 混凝土路面养生

①各种水泥混凝土面层铺筑完成后,均应立即开始保湿养生。面层养生应合理选择养生方式,保证混凝土强度增长的需要,防止养生过程中产生微裂纹与裂缝。

②面层养生应符合下列规定:

a.高速公路、一级公路混凝土面层宜采用养护剂加覆膜养生。

b.现场养生用水充足的情况下,可采用节水保湿养护膜、土工毡、土工布、麻袋、草袋、草帘等养生,并及时洒水保湿养生。

c.缺水条件下,宜采用覆盖节水保湿养护膜养生,并应洒透第一遍养生水。

③养护剂的喷洒应符合下列规定:

a.喷洒应均匀,喷洒后的表面不得有颜色差异。成膜厚度应满足产品要求,并足以形成完全密闭水分的薄膜。

b.养护剂的喷洒宜在表面抗滑纹理做完后即刻进行。刚铺筑的湿软混凝土表面遭遇刮风或暴晒天气,摊铺现场水分蒸发率接近 0.50 kg/(h·m²)。开裂风险较大时,可提前喷洒养护剂养生。

c.喷洒高度宜控制在 0.10~0.30 m。现场风大时,可采用全断面喷洒机贴近路面喷洒的方式喷洒。

d.养护剂的现场平均喷洒剂量宜在试验室测试剂量基础上,一等品再增加不小于40%,合格品增加不小于60%。

e.不得使用易被雨水冲刷掉、阳光暴晒可融化或引起表面开裂、卷起薄壳的养护剂。

④覆盖保湿养护膜应符合下列规定:

a.覆盖养生的初始时间,应为不压坏表面细观抗滑纹理的最短时间。

b.养护膜材料的最窄幅宽不宜小于 2 m。

c.两条膜层对接时,纵向搭接宽度不宜小于 400 mm,横向搭接长度不宜小于 200 mm。养生期间应始终保持薄膜完整盖满。

d.应有专人巡查养护膜覆盖完整情况。养生期间被掀起或撕破的养护膜、养生片材均应及时重新洒水,并完整覆盖。

e.现场瞬间风力大于 4 级时,宜在养护膜表面罩绳网或土工格栅,并压牢固,防止养护膜被大风吹破。

低温期或夏季夜间气温有可能低于零度的高原、山区施工水泥混凝土路面和桥面时,应采取保温保湿双重养生措施。保温养生材料可选用干燥的泡沫塑料垫、棉絮片、苇片、草帘等。养生期间遭遇降雨时,应在保温片材上、下表面采取包覆隔水膜层等防水措施。

实测混凝土强度大于设计强度的 80% 后,可停止养生。不同气温条件下混凝土面层的最短养生龄期可参照表 15.32 确定。

表 15.32　不同气温条件下最短养生龄期参考表

养生期间日平均温度(℃)	隧道内水泥混凝土与纤维混凝土面层(d)	水泥混凝土、碾压混凝土、配筋混凝土、纤维混凝土面层及隔离式加铺层(d)	钢筋混凝土、钢筋纤维混凝土桥面、结合式加铺层(d)
5~9	21	21	24
10~19	14	14	21
20~29	12	10	14
30~35	8	7	10

注:①各级公路水泥混凝土面层不得在日间零下气温大面积铺筑。

②在各种面层混凝土中掺加粉煤灰时,最短养生龄期宜再延长 7 d。

③在日平均气温为 5~9 ℃养生时,应同时采取保温保湿双重覆盖养生措施。

面层养生初期,人、畜、车辆不得通行,达到设计弯拉强度 40% 后,可允许行人通行。平交道应采取搭建临时便桥等措施保护养生期的混凝土面层。面层达到设计弯拉强度后,方可开放交通。

【案例】　背景材料:签约某高等级公路项目后,受地质特点和施工条件等原因,且业主提出工程质量高、施工进度快的要求,设计方详细权衡了各种路面施工技术的优缺点后,决定拟采用水泥混凝土路面。该施工技术要求面层混凝土材料必须具有较高的抗弯拉强度和耐磨性、良好的耐冻性以及尽可能低的膨胀系数和弹性模量。

【问题】

(1)简述水泥混凝土路面的优点。

(2)简述水泥混凝土路面的缺点。

(3)水泥混凝土面层铺筑的技术方法有哪些?

(4)设计方应该采用哪种水泥混凝土面层铺筑的技术方法?为什么?

【参考答案】

(1)水泥混凝土路面的优点:强度高,稳定性好,耐久性好,养护费用少、经济效益高,有利于夜间行车,有利于带动当地建材业的发展。

(2)水泥混凝土路面的缺点:对水泥和水的需要量大,有接缝,开放交通较迟,修复困难。

(3)水泥混凝土面层铺筑的技术方法有滑模机械铺筑、三辊轴机组铺筑、小型机具铺筑和碾压混凝土等。

(4)设计方应该采用滑模机械铺筑。因为滑模摊铺技术在我国经过多年的推广应用,已经成为我国在高等级公路水泥混凝土路面施工中广泛采用的工程质量最高、施工速度最快、装备最现代化的高新成熟技术。

小结

| 路面质量检查与验收 | 路面厚度检测方法 | 水泥混凝土路面强度测试 |

水泥混凝土施工前和施工中,严把原材料质量关,是铺筑优质水泥混凝土路面的前提;根据公路等级的不同,综合考虑选择合适的水泥混凝土路面施工机械。学习了水泥混凝土拌和及运输的相关技术要求、水泥混凝土路面铺筑技术、水泥混凝土路面施工质量标准与控制、水泥路面接缝施工技术、水泥混凝土路面抗滑构造施工及水泥混凝土路面的养生。

能力训练及习题

一、能力训练

背景材料:某二级公路全长 12 km,施工期气候干燥,气温较低。全路段的土质有黏质粉土、砂土、重黏土,但当地石灰产量很多。路面基层采用石灰稳定土无机结合料底基层,二灰碎石基层,面层为水泥混凝土。

任务:分组讨论路面施工需要配备哪些施工机械?水泥混凝土路面如何养生?

二、习题

(一)选择题(请把正确的选项填在括号里)

1.关于横向胀缝,下列说法错误的是(　　　)。

A.横向胀缝应设置为真缝

B.横向胀缝应设拉杆

C.横向胀缝应设传力杆

D.当施工缝和胀缝合并设置时,应按胀缝设置

2.以下不属于水泥混凝土路面特点的是(　　　)。

A.水泥和水的用量大　　　　　　　　B.行车舒适性差

C.施工期短、开放交通早　　　　　　D.路面修复困难

(二)判断题(正确的打"√",错误的打"×")

1.纵向接缝是指垂直于路面行车方向的接缝。　　　　　　　　　　　　　(　　)

2.为便于传递荷载,传力杆应用螺纹钢筋制作。　　　　　　　　　　　　(　　)

3.普通混凝土路面是指除接缝区和局部范围(边缘和角隅)外不配置钢筋的混凝土路面。

(　　)

(三)简答题

1.简述混凝土拌和及运输的相关技术要求。

2.简述水泥混凝土路面滑模摊铺施工的特点。

3.水泥混凝土路面外观质量应符合哪些规定?

4.简述水泥混凝土路面横缝施工要点。

5.简述水泥混凝土路面的养生。

模块 16 路面施工新技术

【知识目标】了解路面施工新技术、新工艺、新材料、新设备;理解沥青路面综合智慧管控系统;掌握橡胶沥青混凝土的概念。

【能力目标】能根据工程项目具体情况,评判是否采用新技术、新工艺、新材料、新设备。

【素质目标】具有创新意识、节能环保意识及科技报国的家国情怀和使命担当。

任务 16.1 路面施工新技术、新工艺、新材料、新设备

16.1.1 路面施工新技术

路面施工新技术、新材料、新机械

1) I-Pave 灌入式抗车辙路面技术

（1）定义

I-Pave 灌入式抗车辙路面是指在基体沥青混合料（空隙率高达 20%~30%）路面中灌入水泥基浆体,形成半柔-半刚的特殊路面(图 16.1)。这种路面具有水泥混凝土的刚性和沥青混凝土的柔性,通过嵌挤作用和水泥胶浆硬化共同形成强度,提高了路面抵抗荷载作用的能力,同时其高温稳定性能和抗水损害性能远高于普通沥青混凝土路面。本技术从根本上改变了沥青路面的流变特性,解决了沥青路面抗车辙问题。

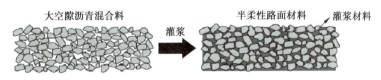

图 16.1 I-Pave 灌入式抗车辙路面

I-Pave 灌入式抗车辙路面技术研究开始于 20 世纪 80 年代,同济大学等院校最先开展相关研究;近年来,重庆交通大学、武汉理工大学、长安大学等各科研院所对灌入式复合路面进行大力开发研究,铺筑了部分试验段。

（2）优缺点

I-Pave 灌入式抗车辙路面具有以下五大技术优势:

①超强的抗车辙性,动稳定度高达 6 000 次/mm。

②灌浆效率高,浆体流动性好,无须振捣,灌注深度超过 18 cm(图 16.2)。

③可快速开放交通。强度增长快,3 h 可达 20 MPa,施工结束后 2~3 h 可开放交通。

④颜色美观耐久,色泽均一耐久(图 16.3)。

⑤施工效率高。

(a)灌注深度大   (b)超高流动性

图 16.2　I-Pave 专用灌浆料灌注效果

图 16.3　I-Pave 灌入式抗车辙路面

I-Pave 灌入式抗车辙路面还具有以下性能优势:

①I-Pave 灌浆材料低收缩,解决传统水泥基材料收缩开裂问题;

②I-Pave 路面材料的强度、模量均高于 SMA 沥青混合料;

③超强抗车辙性能,适用于特殊重载路段;

④I-Pave 灌入式抗车辙路面材料的抗水损害性能非常优异;

⑤I-Pave 材料抗疲劳性能优于普通沥青混合料,特别是在低应力区。

I-Pave 灌入式抗车辙路面存在的问题:相对于沥青路面,养生时间长;浆体稠度大时,浮浆难处理,构造深度小,抗滑差,易开裂。

(3)I-Pave 灌入式抗车辙路面施工工艺

①原路面铣刨。对原车辙路面铣刨 10~11 cm,并进行清扫。

②原路面基层病害处理。对原路面基层进行病害处理,有反射裂缝的铺抗裂贴或橡胶沥青应力吸收层,水损病害处进行局部挖补。

③大空隙沥青混合料摊铺、碾压。大空隙沥青混合料压实后需保证空隙率控制在 28%~30%,保证沥青混合料施工后平整度。

④路面封堵。

⑤制浆及灌浆抹面。确认铺设的大空隙沥青混合料冷却至 40 ℃ 以下时,开始灌浆(图 16.4)。

⑥养生后开放交通。

图 16.4　I-Pave 灌入式抗车辙路面施工

2) 路面纹理化新技术——铣琢技术

对沥青路面、水泥混凝土桥面、跑道等结构进行高效纹理化处理,已经成为目前道路新建和养护工作中的关键工序之一。

(1) 铣琢技术简介

铣琢是国内自主研发的一种新型路面预防性养护技术。该技术通过专用设备 CM18 路面铣琢车对路面进行干式作业,从而在路面上快速铣出不规则的纵向纹理。该纹理提高了路面的摩擦力以及构造深度,对路面噪声无明显提高,不影响行车舒适度,且提高了后续工艺摊铺料或喷洒料的黏结能力。该工艺不受温度条件限制,四季皆可施工,灵活性强。

该铣琢工艺过程全部采用全自动机械化施工,各工序间无缝连接,施工效率高,对环境无污染。施工完成后,可以立刻开放交通,有效降低了因施工占道可能造成的安全隐患以及施工路段的交通压力。

铣琢技术可以在抗滑力不足的路面进行纹理再造,快速恢复路面摩擦系数,保障行车安全。沥青路面、水泥路面经过车辆长期碾压以及刹车磨损,会造成原路面骨料表面磨损、光滑,导致构造深度不足,摩擦力下降。特别是在隧道进出口、弯道、长下坡等路段更为明显。因摩擦力下降对行车安全造成隐患,已成为各等级公路的主要病害之一。采用铣琢技术,对路面进行纹理再造,可大幅提升路面摩擦力(图 16.5)。

图 16.5　沥青路面铣琢后的表观效果

（2）铣琢技术的应用

铣琢技术可以为其他预防性养护工艺提供优质黏结界面。其他喷洒、罩面工艺主要依靠材料与原路面表面的黏结力来提高罩面材料的拉拔力，因原路面黏结界面的构造深度不足，骨料表面磨损光滑，界面存在油渍、汽车尾气附着物等污染物，如果黏结界面不处理，影响材料黏结力，从而导致罩面材料掉片、脱落。铣琢后可提高构造深度，增加材料黏结面积，去除界面污染物，提高材料使用寿命。

（3）技术特点

①专用设备：可以长途行驶、快速转场，运输、存放方便安全。

②系统结构：采用全液压系统及高精度电控系统，工作精度高，稳定可靠。

③干式作业：快速、节水、界面不用处理。

④季节限制：不受温度限制，四季皆可施工，灵活性强。

⑤作业宽度：铣琢宽度为 1.85 m，一次铣琢半幅车道。两台铣琢车成组作业可一次性铣琢一个车道（图 16.6）。

⑥一体化设计：机械切削、清扫、真空吸尘、除尘器、排渣集中在一台设备中。

⑦操作便捷性：2 人操作，车后遥控，非常方便质量控制。

图 16.6　两台铣琢车成组作业

3）超罩面技术

（1）超罩面技术简介

道路在交通荷载和环境因素的综合作用下，路面平整度、抗滑力等特性都在逐渐降低，并会出现车辙、泛油、裂缝、剥落、坑洞、搓板以及拥包等路面损坏。超罩面是针对路面损害问题的一种养护工艺，它可以提高道路的服务水平并延长其使用年限。

超罩面的结构由表面磨耗层和黏结防水层构成，厚度一般为 0.7~1.5 cm，典型厚度为 1.0 cm。表面抗滑磨耗层采用温拌技术、专用改性沥青及骨架间断级配，使其在一般厚度条件下仍可采用热拌沥青混合料施工设备与工艺摊铺及碾压；黏结防水层能够保证超罩面与原路面结合紧密，确保微薄层与原路面有效黏结，同时防止雨水下渗。

（2）技术优势

①新建表面层，延长道路使用寿命。

②降低噪声，提高行车舒适度。

③有效提高抗滑性能。超罩面系统具有良好的抗滑能力，提高雨天轮胎附着性，减少道

路交通事故,特别是雨雪天气交通事故。

④减少路面水雾,提高行车安全性。

⑤降低道路养护费用。

⑥修复轻微车辙。一般超薄磨耗层均需要洒布乳化沥青,如路面有车辙,乳化沥青会流向车辙处,因此,超薄磨耗层对路面车辙无法有效修补。超罩面系统是在目前道路上用摊铺机重新铺筑沥青混合料,并且不需要洒布乳化沥青黏层油,因此可以针对一般车辙路面一次性修复。

⑦可以有效解决路面轻微泛油问题。

(3)超罩面技术施工工艺

超罩面技术施工工艺如图 16.7 所示。

| 送料 | 摊铺 | 碾压 | 开放交通 |

图 16.7　超罩面技术施工工艺

16.1.2　路面施工新工艺——泡沫沥青冷再生混合料施工工艺

泡沫沥青的生产原理:当高温的沥青(150~170 ℃)遇到少量(一般为沥青质量的 2%)冷水时,由于强烈的热交换作用,沥青会在瞬间迅速发泡膨胀至数倍至数十倍,比表面积增大,黏度降低,然后在数十秒内逐渐消泡并恢复其原有的物理性能,一般将处于发泡状态的沥青称为泡沫沥青。由此可见,泡沫沥青发泡过程伴随着沥青的黏度由高到低再到高的变化,沥青的发泡效果直接影响相关的工程质量。从工程应用的角度看,发泡过程尽量长,黏度尽量低,这样才更有利于泡沫沥青和常温冷料的均匀拌和。

1)国内外发展概况

在国外,1956 年,美国衣阿华州立大学的 Ladia H. Csanyi 教授利用水蒸气发泡沥青,并首次将泡沫沥青应用于道路稳定土基层。20 世纪五六十年代,Bowering、Acott、Ruchet 等以研究泡沫沥青稳定新骨料为主,同时在美国、加拿大都出现了泡沫沥青修筑道路的实体工程。然而,由于泡沫沥青混合料性能、施工设备和工艺的限制,这项发明专利技术一直没有得到大规模的推广应用。1968 年,澳大利亚的 Mobil Oil 公司以冷水替代热蒸汽,使其更加经济实用。

2018 年,Guatimosim F. V.和 Vasconcelos K. L.等人根据实体工程的应用,对泡沫沥青冷再生层的路用性能进行长期跟踪和观测发现,养护时间对混合料的间接抗拉强度影响较大。随着养护时间的增加,泡沫沥青混合料的刚度不断增加,挠度不断减小。2019 年,Kuchiishi A. K.等人通过三轴弹性模量试验对集料的基质吸力进行分析,提出基质吸力对泡沫沥青混合料的刚度影响较大。

纵观国外泡沫沥青冷再生技术的研究现状和发展历程,在规范、设备、工艺等方面都取得了很大成就,形成了一套完备的泡沫沥青冷再生技术。

在国内,1991 年,山西省阳泉市市政工程养护管理处对泡沫沥青技术进行了尝试性研究。1998 年,河北省邯郸市首次引进德国的泡沫沥青技术,对邯郸市广平镇附近的一段旧路进行了改造。2004 年 7 月,在无锡新区锡宅路铺筑了 600 m 泡沫沥青冷再生试验路。国内在高速公路上采用泡沫沥青厂拌冷再生工艺进行大修工程,最早的施工案例是 2005 年 4 月在陕西西宝高速公路中铺筑的 2 km 试验段。

目前,我国对沥青的发泡、配合比设计、混合料的路用性能研究已经取得了较好的进展。

2) 泡沫沥青冷再生关键施工工艺

加快发展方式绿色转型,实施全面节约战略,推进各类资源节约集约利用,加快构建废弃物循环利用体系。要坚持可持续发展,坚持节约优先、保护优先、自然恢复为主的方针,保护自然和生态环境,坚定不移走生产发展、生活富裕、生态良好的文明发展道路。泡沫沥青冷再生技术可对旧沥青路面材料进行再生利用。

泡沫沥青冷再生技术在应用时,首先应对旧路面进行铣刨,将铣刨料运输到料场后,通过破碎筛分等手段对 RAP 料(主要是指从原路面进行铣刨,通过破碎筛分等处理方法形成颗粒级配较均匀的旧路面材料,是泡沫沥青混合料中主要的原材料)进行处理;再添加适量的粗集料、细集料、水泥、泡沫沥青等进行配合比设计,并通过室内试验对配合比进行验证;然后通过配料、拌和等工序生产泡沫沥青混合料,并用运料车将其运输至前场,利用摊铺机进行摊铺和压路机碾压形成路面结构层。

(1)旧路面铣刨工艺

在旧路面的维修及养护工程中,铣刨机是回收旧路面材料的主要设备。该设备具有以下两个优点:

①可以清除旧沥青路面上的拥包、推移、车辙等病害;

②能够方便快捷地对旧路面材料进行铣刨回收,其工作装置包括铣削转子、转子罩壳、联轴器、传感器浮动板等。其中,铣刨转子是铣刨机工作装置中的一个关键部件,其工作状态的好坏对铣刨效率和旧路面材料的级配均匀性影响较大,主要由刀座、铣刨鼓、铣削刀具、抛料板等组成,如图 16.8 所示。

图 16.8　铣刨转子

铣刨机在工作时,通过铣刨装置的旋转运动和铣刨机的水平运动,对旧路面进行铣刨(图 16.9)。沥青路面的铣刨方式主要包括顺铣和逆铣。当铣刨转子的转动方向与铣刨机前进方向相同时,称为顺铣,反之称为逆铣。

当采用顺铣作业方式对路面进行铣刨时,铣刨厚度由深到浅,最后逐渐减到 0。在初始时刻,铣刨阻力达到最大值,当铣刨刀具切入到沥青混合料时,将会受到较大的冲击力,从而可能导致刀尖断裂,因此,一般不会采用顺铣作业方式。采用逆铣作业方式时,刀尖的切入深度从 0 缓慢增加,铣刀受到的阻力也缓慢增大,所受到的冲击力较小,同时铣刀的受力方向与铣刨机的运动方向一致,铣刨料能快速通过皮带进入到运料车,从而达到铣刨的目的。因此,一般采用逆铣作业方式对路面进行铣刨。

图 16.9　铣刨机铣刨作业

（2）泡沫沥青混合料拌和

目前,常用的泡沫沥青搅拌设备为双卧轴强制式结构,主要由壳体、搅拌轴、桨叶等部分组成。其工作原理是将具有一定级配的泡沫沥青混合料加入到搅拌机内,搅拌轴从内向外的反方向转动带动搅拌桨叶旋转,搅拌桨叶的作用使具有特定级配的泡沫沥青混合料得到快速拌和,从而形成均匀一致的泡沫沥青混合料。

生产泡沫沥青混合料时,其拌和过程分为 3 个阶段。

①第一阶段:将不同料仓内的 RAP 料、粗细集料、矿粉等通过电子皮带秤精确计量后进入到 1# 搅拌缸,在该阶段,颗粒与颗粒之间存在摩擦力,从而阻碍了颗粒在搅拌过程中的运动,因此,需要一定的搅拌时间(t_1)使各颗粒通过运动相互混合。但在该阶段,搅拌时间不宜过长,否则大颗粒骨料会由于力的作用发生破坏,从而影响混合料的级配情况。

②第二阶段:通过皮带将初步拌和均匀的混合料输送到 2# 搅拌缸,在搅拌缸内掺入水泥和水,形成具有润滑作用的水泥胶浆,使大颗粒骨料之间的摩擦力减小,加快了混合料在搅拌过程中的运动速度,故采用较短的搅拌时间(t_2)便可使混合料达到均匀,同时也为下一阶段的搅拌奠定基础。

③第三阶段:向第二阶段拌和均匀后的混合料中掺入泡沫沥青,当泡沫沥青与矿粉或水泥接触后,将会形成一种黏结性的材料,在混合料内部之间产生黏聚力,从而减慢了混合料在搅拌过程中的运动速度。因此,在此阶段需要较长的搅拌时间(t_3)才能保证该黏结性材料被均匀地裹覆在粗骨料的表面,形成具有特定性能的泡沫沥青混合料。

（3）泡沫沥青混合料运输

通过运输车辆将拌和均匀的泡沫沥青混合料运至施工现场。运料车运输混合料过程中,应用苫布覆盖防雨、防污染。

（4）泡沫沥青混合料摊铺

摊铺时,运料车将泡沫沥青混合料运送到现场,在距离摊铺机 30~50 cm 处停车。摊铺机与运料车缓慢接触后,将摊铺机分料系统的开关打开,运料车的车厢缓慢升起,使泡沫沥青混合料进入摊铺机料斗内,摊铺机料斗中的泡沫沥青混合料通过刮板运送到螺旋布料器,然后通过螺旋布料器均匀撒布到路面结构层。通过熨平板的振捣,空隙被混合料填充,从而形成一定密实度的泡沫沥青混合料层。摊铺机的摊铺速度以及熨平板振捣频率和振幅是影响路面铺层质量的关键因素。

（5）泡沫沥青混合料压实

压实是使泡沫沥青混合料铺层最终成型的关键工艺，其目的是使泡沫沥青铺层具有足够的强度、抗疲劳性和稳定性等。常用的碾压设备包括静力压路机、钢轮振动压路机和轮胎压路机，采用哪种机械组合方式应根据具体工程条件选择。

泡沫沥青混合料的压实过程分为初压、复压和终压。其中，初压是压实的基础，目的是整平和稳定泡沫沥青混合料，并使混合料具有一定的压实度。在初压时，应对平整度、路拱横坡等密切检查，不符合规范要求时应适当调整，宜匀速缓慢地采用关闭振动的双钢轮压路机或静力压路机碾压。复压是沥青混合料压实的关键工序，通过双钢轮振动压路机的振动作用，在泡沫沥青混合料内部产生一个激振力，在力的作用下使混合料的颗粒产生相互运动，大颗粒物料相互嵌挤，小颗粒物料通过运动填充到大颗粒物料的空隙之间，随着混合料间的空隙减小，密实度逐渐增加。通过轮胎压路机的"揉搓"作用，使混合料在振动压实过程中产生的应力得到释放，密实度更加均匀。终压一般采用关闭振动的双钢轮压路机或静力光面式压路机碾压，是压实工作过程中的最后一道工序，其目的主要是减少压实工作过程中所产生的轮痕，从而使压实面平整。

3）泡沫沥青冷再生混合料的应用

重庆市永川区 S209 荣江路路面改造工程，全长 22.847 km，包含一条主线和支线。其中，主线是联系永川区、江津区的重要通道，设计起点位于五间镇新建村卫生室，途经河埂、一碗水、大河，终点位于朱沱场镇起点交叉口处，长 18.661 km。支线是县道 X431 中的一段，是联系永川区双竹镇、五间镇的重要通道，设计起点位于五间镇新建村卫生室并与项目主线顺接，经上游村、永川区景圣中学，终点位于五间镇与国道 G246 平面相交处，全长 4.186 km。原路面于 2001 年建成通车。近年来，随着沿线乡镇经济的快速发展，重载及超载交通的不断增多，在连晴高温、干旱、多雨、冰雹、洪涝等气候灾害的条件下，原路面上逐渐出现各种不同类型的病害，主要病害类型有麻面、拥包、裂纹、沉降等。若此类病害不能及时有效地进行处理，在高温辐射、车辆荷载以及雨水渗入等多种因素综合作用下，路面上的病害将急剧加速发展，从而严重影响驾驶员行车的舒适度和安全性。通过对旧路面的破坏程度、结构承载力、旧路面芯样级配以及压实度、空隙率等方面进行分析，主线和支线改造后的路面结构形式如表 16.1 所示，主线和支线均采用泡沫沥青厂拌冷再生层。

表 16.1　主线和支线改造后的路面结构形式

路面位置	S209 路面结构形式	X431 路面结构形式
路面结构层	4 cm 细粒式 AC-13SBS 改性沥青混凝土	4 cm 细粒式 AC-13SBS 改性沥青混凝土
	6 cm 中粒式 AC-20C 沥青混凝土	8 cm 泡沫沥青厂拌冷再生层
	8 cm 泡沫沥青厂拌冷再生层	原水稳基层
	厂拌冷再生水泥稳定基层	—
	旧路底基层	—

泡沫沥青冷再生技术不仅能够对废弃沥青混合料充分循环回收利用，还能解决路面承载力不足、弯沉值偏大等力学问题，因此具有较好的经济性和效益性。

16.1.3　路面施工新材料

1) 超罩面混合料 SPC

（1）超罩面混合料 SPC 简介

超罩面混合料 SPC 采用较特殊级配和特种改性沥青胶结料,结合独特的黏层油,可以实现 1.5 cm 厚度的超薄摊铺,同时保证与原路面良好黏结。超罩面铺装结构图如图 16.10 所示。

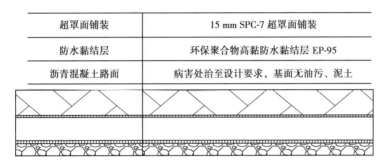

超罩面铺装	15 mm SPC-7 超罩面铺装
防水黏结层	环保聚合物高黏防水黏结层 EP-95
沥青混凝土路面	病害处治至设计要求，基面无油污、泥土

图 16.10　超罩面铺装结构图

超罩面层铺装能否达到预期的耐久性及使用寿命,关键在于原沥青路面病害的彻底处治。通过对原沥青路面状况调查以及病害分类和病害原因分析的情况,需要针对不同病害类型采用不同的处治措施,为薄层铺装提供良好、稳定的基面,确保路面良好的路用性能和使用寿命。

（2）主要材料技术指标

①聚合物高黏防水黏结层 EP-95。考虑使用要求、原路面状况、交通量、气候条件以及施工工艺等因素,SPC 超罩面特种黏层材料采用特种环保聚合物高黏防水黏结层 EP-95。该黏层材料是一种黑色黏稠液体,是一种具有高黏结性、耐高温的粘层材料,可增强原沥青路面与 SPC 超罩面之间的界面黏结能力。聚合物高黏防水黏结层 EP-95 材料技术指标如表 16.2 所示。

表 16.2　聚合物高黏防水黏结层 EP-95 材料技术指标

试验项目		单位	技术指标	试验方法
黏度	恩格拉黏度 E25	—	—	T 0622
	沥青标准黏度(C25,3)	s	12~60	T 0621
蒸发残留物	含量	%	≥60	T 0651
	针入度 (100 g,25 ℃,5 s)	0.1 mm	40~60	T 0604
	软化点	℃	≥80	T 0606
	延度(5 ℃)	cm	≥20	T 0605
	溶解度(三氯乙烯)	%	≥97.5	T 0607
与矿料的黏附性,裹覆面积		—	≥2/3	T 0654
贮存稳定性	1d	%	≤1	T 0655

②超罩面混合料 SPC。

a.超罩面专用沥青结合料 STA。STA 专用改性沥青胶结料采用现场复合改性生产。根据现场生产条件不同,可选择湿法改性或干法改性方式。复合改性沥青 STA 技术要求如表16.3 所示。

表 16.3　复合改性沥青 STA 技术要求

检测项目	单位	标准要求	试验方法
针入度(25 ℃,100 g,5 s)	0.1 mm	40~60	T 0604
延度(5 ℃,5 cm/min)	cm	≥65	T 0605
软化点(环球法)	℃	≥95	T 0606
动力黏度(60 ℃)	Pa·s	≥80 000	T 0620
闪点(COC)	℃	≥230	T 0611
密度(15 ℃)	g/cm³	实测记录	T 0603
溶解度(三氯乙烯)	%	≥99.0	T 0607

b.沥青混合料。沥青混合料建议级配范围如表 16.4 所示,超罩面混合料技术指标要求如表 16.5 所示。

表 16.4　沥青混合料建议级配范围

级配类型	通过下列筛孔的质量百分率(%)									
	13.2 mm	9.5 mm	7.4 mm	4.75 mm	2.36 mm	1.18 mm	0.6 mm	0.3 mm	0.15 mm	0.075 mm
SPC	—	100	90~100	25~35	20~28	15~23	12~20	8~4	6~12	3~5

表 16.5　超罩面混合料技术指标要求

试验项目	单位	指标要求	试验方法
空隙率	%	8~12	JTG E20-2011 T0705
马歇尔稳定度	kN	≥3	JTG E20-2011 T0709
析漏量	%	≤0.1	JTG E20-2011 T0732
沥青混合料飞散损失	%	≤10	JTG E20-2011 T0733
车辙动稳定度(60 ℃)	次/mm	≥3 000	JTG E20-2011 T0719

(3)施工技术要求

①聚合物高黏防水黏结层 EP-95。采用同步摊铺 SPC 混合料、喷洒一层特种环保聚合物高黏防水黏结层 EP-95,增强原沥青路面与 SPC 间的界面黏结能力,洒布量控制为 0.6~1.0 kg/m²。施工注意事项如下:

a.空气温度以 0~40 ℃为宜,雨天、大风及冰冻期不宜施工。

b.应保证施工表面不得有松散浮浆、掉皮、空鼓和严重开裂现象。对于油污,应用溶剂清除,表层要干燥、干净。

c.该产品无毒,但高温会加剧活性物质与空气发生反应,因此应远离火源及阳光暴晒贮存。

②超罩面 SPC。

a.施工前准备。施工前,应准备好铺装施工所需要的机械设备、试验检测设备、铺装材料及完成现场配比设计、试验拌和与取样性能试验、原材料性能检验及详细的施工组织设计。

b.超罩面混合料 SPC 的拌制。沥青混合料的生产质量控制重点为混合料的拌和质量,应保证所生产的沥青混合料满足设计要求。沥青混合料需采用间歇式自动拌和机拌制,每一阶段沥青混合料拌和前,均需对拌和楼的计量设备进行标定和彻底的检修与维护,避免发生导热油渗漏、沥青泵停机、矿粉掺加速度慢及掺加量不够等问题。施工过程中,必须自始至终控制混合料各施工阶段的温度。

c.混合料运输。混合料应采用大吨位自卸车运输,但不得超载运输。运料车每次使用前后必须清扫干净,在车厢板上涂一薄层防止沥青黏结的隔离剂或防黏剂,但不得有余液积聚在车厢底部。运输车辆从装入混合料起至开始摊铺为止,运料及等待时间不宜超过 1.5 h。运料车运输混合料宜用苫布覆盖保温、防雨、防污染。开始摊铺时,在施工现场等候卸料的运料车宜为 3~5 辆,以保证连续摊铺。

d.混合料摊铺、碾压。沥青混合料摊铺后,应先进行初压,然后进行复压及终压;压路机在碾压过程中须紧跟摊铺机;混合料的碾压工艺应根据试验段试铺确定,长度应控制在 35~50 m;压路机碾压时,相邻碾压带重叠宽度,振碾一般不大于 20 cm。

2) SEAM 新材料

SEAM 新材料的主要成分是硫黄,它是一种全新的沥青料混合改性剂,在硫黄中加入增塑剂与烟雾抑制剂,可形成半球形颗粒,然后经过特殊处理可得到炼制石油副产品。在沥青料的搅拌混合仓中加入一定量的 SEAM 新材料,可取代一定比例混合的沥青料。SEAM 新材料与传统材料相比,可更好地实现材料改性目标,对提升道路施工沥青混合料综合路用性能大有裨益。

3) RS2000 抗车辙改性沥青材料

对比普通的沥青混合材料铺筑高速公路和 RS2000 抗车辙改性沥青材料铺筑高速公路路面,两者之间在施工温度上相对一致,基本摊铺温度都控制在 0~160 ℃;两者的区别主要体现在碾压温度上,与一般的沥青混合材料相比,后者无须跟近碾压,在 140 ℃ 左右即可开始碾压。

贵州省最早采用 RS2000 抗车辙改性沥青材料铺筑的路面是贵阳东北绕城公路的改造路面,经过实践检验,至今运行状况良好。结合贵州地区气候和地理特点,它采用了 70 号 A 级重交基质沥青,掺入 5‰RS2000 岩沥青,显著地改善了路面高温条件下的稳定性。

RS2000 抗车辙改性沥青混合料拌和好后,运至施工现场,在摊铺前,应先按 1.8 kg/m² 的标准喷一定量的乳化沥青粘层油。同时,要求摊铺机正式开始工作前,应先对其及熨平板进行预热保温。应控制熨平板预热的温度在 80 ℃ 以上,同时最好和 RS2000 抗车辙改性沥青混合料的温度保持一致。采用两台摊铺机梯队作业的形式进行施工,速度控制在

2 m/min,温度控制在 170 ℃。摊铺机应依据搅拌机的出料速度缓慢、连续、均匀地作业,禁止随意更改温度和速度,如此才能保证摊铺路面平整。完成摊铺后,应检查其表面的纹理和平整度是否符合标准,是否存在异物。摊铺机应设置成平衡梁式摊铺厚度控制方式和自动找平方式,施工人员应随时检查摊铺层的厚度和横坡、路拱以及沥青材料的总量、面积和平均厚度,并与方案进行比较,对数量和质量进行管理控制。摊铺的厚度等于松铺系数与设计厚度的乘积,松铺系数要通过试压试铺确定。施工过程中,料斗应完全打开,以保证 RS2000 抗车辙改性沥青混合料不间断供应。它的高度要在送料器高度的 2/3 以上,这样摊铺机的全宽度断面才不会发生离析现象。

RS2000 抗车辙改性沥青材料铺筑高速公路路面时,第一次碾压要用压路机紧跟在摊铺机后进行作业,速度大概在 2.5 km/h。碾压的原则是"紧跟、慢压、高频、低幅"。碾压过程中,不能随意中止,要连续不间断地均衡进行。第二次碾压要紧跟初压,可以采用 25 t、27 t 胶轮压路机作业,长度为 70~80 m,压 5 遍,速度大概在 4 km/h。检验达到标准后,再进行终压,紧跟在第二次碾压后进行,速度大概在 5 km/m,压 2 遍,提高平整度并消除轮迹。路面压实后的温度应该在 90 ℃ 以上。为尽快地降温运行,可以在完成后洒水。

16.1.4　路面施工新设备

1)3D 摊铺系统

(1)3D 摊铺系统简介

3D 摊铺系统是基于人机交互智能控制系统技术的控制摊铺机及熨平板和外部控制的接口界面,通过接收测量数据和感应数据对比,控制摊铺宽度(X 轴)、摊铺方向(Y 轴),以及摊铺高程(Z 轴),如图 16.11 所示。

图 16.11　3D 摊铺系统

3D 摊铺系统全自动控制纵坡、横坡以熨平板的宽度,同时还可以自动控制履带式摊铺机的行驶方向。因此,3D 摊铺系统可实现摊铺机各个方向运动的全方位自动控制。

3D 摊铺系统利用全站仪的工作原理:在一个已知精确坐标的点安放一台全站仪(测量仪器),其发射的激光束射向设备上的棱镜,该激光束包含一个信号,通过测量其从全站仪发射至棱镜以及返回的时间,可以测量它们之间的距离;此外,一台 CCD 摄像头可以侦测出棱镜的运动情况,全站仪就是利用这个信号来自动追踪棱镜,并且可以同时测出运动的水平和垂直角度,这样棱镜的位置以及高程就被精确地测量出来。同时,这些数据经过无线的方式传给摊铺机控制仪。

(2)3D 摊铺系统可以达成的目标

全自动 3D 控制,即全自动控制摊铺高程(厚度)、摊铺方向、摊铺宽度;实现"少人化"摊铺施工,施工时操作手可专注于摊铺材料的控制:料车的指挥、配合衔接熟练;安全性高,并且可以实现摊铺的最高精度和质量。

(3)3D 摊铺系统优势

①性价比高,非接触式 3D 控制系统可适用于福格勒轮式和履带式摊铺机。

②可以实现完全的 3D 控制。

③开放式接口与外部系统兼容性好。

④可以使用已有的测量数据,显著降低测量成本。

⑤3D 控制系统遵循虚拟参考基准工作,因此大幅降低人工架设引导线的时间和人力成本。

⑥3D 控制系统和熨平板边控台整合一体。

⑦福格勒 3D 控制系统的开放接口,可以充分利用客户已有的系统,显著节约成本。

国内 3D 摊铺系统应用案例如图 16.12 至图 16.14 所示。

图 16.12 兰州绕城高速公路施工

图 16.13 京雄高速公路施工

图 16.14 舟岱大桥舟山主通道施工

2)无人驾驶智能碾压系统

自 2015 年开始,清华大学刘天云教授团队从"问题导向入手"研发无人碾压系统,取得成功应用,如图 16.15 所示。

图 16.15　无人驾驶智能碾压系统

该碾压系统可进行电动方向盘双闭环自动控制、转向角对称高精度量测、卫星差分高精度定位、激光雷达全方位安全探测等工作(图 16.16)。无人驾驶智能碾压系统组成如图 16.17所示。

图 16.16　无人驾驶压路机

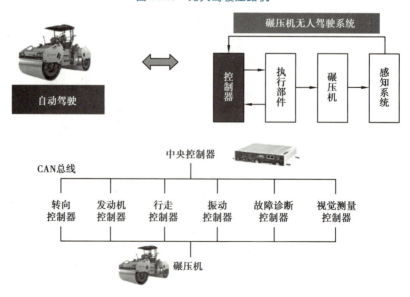

图 16.17　无人驾驶智能碾压系统组成

无人驾驶智能碾压系统在国内多项工程已成功应用,如图 16.18 所示。

图 16.18　无人驾驶智能碾压系统应用案例

任务 16.2　沥青路面施工综合智慧管控系统

随着科技的进步,在某些沥青路面施工中,针对混合料原材料生产、拌和、运输、摊铺、碾压关键过程,开发了高速公路沥青混凝土路面原材料加工监控和拌和站管理系统、高速公路沥青混凝土路面施工前场管理系统、沥青混凝土路面安全监控系统,建立了高速公路路面建设的综合智能办公管理系统,探索了高速公路沥青路面建设的标准化施工,形成了沥青路面施工远程智能监控与管理系统(图 16.19)。

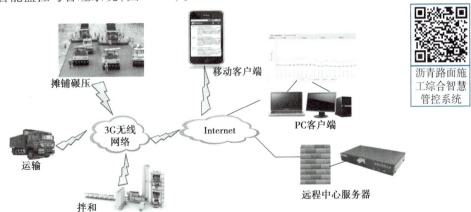

图 16.19　沥青路面施工远程智能监控与管理系统

在施工的各个关键节点安装各类传感器,如北斗高精度定位设备、红外温度探测设备、无线射频设备、振动传感器等,运用北斗卫星高精度定位技术、无线通信技术、传感器技术、大数据分析处理技术于一体,实现全面、真实、动态地反映施工过程的每一个环节及其关键数据指标,向业主、施工、监理等单位提供及时精确的施工过程信息,对施工过程进行引导、管控和预警;同时,保留详尽的施工过程数据,方便未来的道路养护、技术升级及质量溯源(图 16.20)。

图 16.20　压路机安装传感器

这些技术对提高高速公路沥青路面的使用品质,降低路面工程费用及养护维修费用,具有重大的经济效益和社会效益。

①高速公路沥青混凝土路面原材料加工监控系统。通过采用嵌入式摄像机、现场光照补偿等设备,实现对原材料加工过程实施实时监控。

建立基于颗粒平面形状系数的颗粒针片状程度评价方法以及基于主轮廓面积大小变异系数的颗粒均匀性的评价方法,对试验采集的图像进行变异系数的计算,并分析各试验图像的颗粒大小离散程度。通过图像识别,对原材料生产质量实现智能监控,提高料场管理的效率。

②高速公路沥青混凝土路面拌和站管理系统。在已有拌和楼质量控制系统的基础上,建立集料配比、沥青用量和集料加热温度、拌和温度、拌和时间等参数的采集和实时监控,通过提醒、预警、判别等功能,为管理者提供重要依据(图 16.21)。

图 16.21　沥青混合料拌和站及管理系统

③混合料的运输监管系统。该监管过程需要通过射频识别技术(RFID)对每对识别卡写入唯一识别码,该识别码与车辆对应录入混合料运输平台。每部运输车辆的信息都可以通过车辆自身的识别卡和北斗定位技术,精准识别车辆的运输途径以及运输时间,实时监控。

④沥青路面混合料均匀性监测及评价系统。基于数字图像处理技术,分别针对沥青混凝土路面摊铺阶段,开发了混凝土路面离析实时数据采集和评价系统,实现沥青路面摊铺数据的实时采集和处理,通过无线网络实现了监测数据的远程传输。

运用提出的集料离析判定指标能够较好地反映沥青混合料路面摊铺时的集料是否处于离析状态;运用软件能较好地完成沥青混合料路面摊铺时的均匀性监测。

⑤沥青路面压实度自动连续实时监测及评价系统。主要以振动加速度和沥青路面压实度为研究对象,采用振动压实理论,建立“振动轮-混合料”二自由度动力学模型和 Burgers 模

型,分析混合料碾压时动力学变化特性和弹塑性变形特性,确定以振动轮加速度有效值来表征沥青路面压实度值;利用数学统计方法,确定了路面压实度与振动加速度有效值的相关关系;采用沥青路面振动压实连续监测实时分析系统,实现沥青路面压实度的连续性监测和实时分析、显示、存储等需求。

⑥基于 GPS 技术的压路机实时定位监控技术。将 GPS 定位技术应用于压路机施工作业中,实现了压路机在任意施工模式下的实时平面定位,实现了绘制压路机施工过程中的实时碾压轨迹图,实现了对压路机的走向和施工模式的实时显示,可以直观、全面地获得被压实路面的碾压次数均匀性,避免了路面压实中常见的欠压、过压等现象,实现了对压实过程的实时监管,提高了路面压实质量。

⑦基于无线网络技术监测数据远程传输与监控系统,构建了基于无线网络的前场施工动态监测传输系统,将前场数据采集分析仪、前场服务器和远程监控客户端有效连接起来,组建了传输的硬件平台;开发了具有无线传输功能的压实度实时监测系统,实现了现场施工人员对压实度的实时把控,以及远程项目管理人员通过接入因特网对前场施工状态的实时连续监管运输。

⑧沥青路面施工综合管理系统。开发了路面工程人员、设备考勤系统、智能安全视频监控系统和智能远程办公系统,实现对工序质量的实时监控,对历史数据的提取回放,实现网络远程办公。管理人员可随时随地下达、收发相关指令,及时反馈、处理相关问题,并能自动监督相关指令的执行过程。

任务 16.3　沥青路面施工"四新"应用

近几十年来,我国公路的体量大,并且施工技术已经达到了世界领先水平。随着里程的持续增加,沥青路面使用越来越广泛,新技术、新工艺、新材料、新设备不断涌现。坚持创新在我国现代化建设全局中的核心地位。我们要培育创新文化,弘扬科学家精神,涵养优良学风,营造创新氛围。扩大国际科技交流合作,加强国际化科研环境建设,形成具有全球竞争力的开放创新生态。

当前,沥青路面主要围绕"两节一提高"开展技术、材料、设备的创新及运用。两节是节能环保,节约成本,一提高是提高性能。以橡胶沥青混凝土这种新材料为例,阐述如何根据"两节一提高"的目的,实现创新。

橡胶沥青混凝土是在普通沥青混凝土基础上添加一定比例的橡胶粉(图 16.22)。橡胶粉来自废弃轮胎,把橡胶轮胎加工成橡胶粉,添加在沥青混凝土中,可以大幅减少黑色污染,实现节能环保。

橡胶轮胎　　　橡胶粉　　　橡胶沥青混凝土

图 16.22　橡胶沥青混凝土

从成本控制出发,对比普通沥青混凝土和橡胶沥青混凝土的原料成本,沥青市场价格高出橡胶价格很多,假设橡胶粉替换混合料中20%的沥青,就能有效实现原材料成本的节约。

由于加入了橡胶,可有效防止沥青的高温老化,使它在高温下具有较大的弹性和恢复能力,从而提高了路面抗变形和抗开裂的性能。橡胶的弹性能有效降低路面噪声,提高抗滑性能,从而提高行车的安全性和舒适性。以3种橡胶沥青混合料为例:

①橡胶沥青断级配混合料的使用能有效抵抗路面变形,如车辙,具有突出的抗疲劳性能和低温抗裂性。

②橡胶沥青开级配混合料的使用能有效降低行车噪声,当橡胶沥青含量大于7%时,耐久性良好。

③橡胶沥青应力吸收层指一种铺筑于水泥混凝土路面与沥青面层之间,或半刚性基层与沥青面层之间,为防止反射裂缝而设计的高弹性、高变形能力的橡胶沥青碎石封层。它是将单一粒径的石料均匀地撒布在橡胶沥青层上,用胶轮压路机进行嵌挤碾压,橡胶沥青被挤压到石料高度的约3/4,石料嵌锁形成后将构成结构性支撑,这时形成碎石封层模式的路面即为橡胶沥青应力吸收层。橡胶沥青应力吸收层能吸收下层裂缝部位的应力集中,可以有效遏制反射裂缝,致密防水能有效地防止水分的聚集和下渗,起到良好的层间黏结作用等。

小结

本模块介绍了新技术:I-Pave 灌入式抗车辙路面技术、路面纹理化新技术——铣琢技术、超罩面技术;新工艺:泡沫沥青冷再生混合料施工工艺;新材料:超罩面混合料、SEAM 新材料、RS2000 抗车辙改性沥青材料;新设备:3D 摊铺系统、无人驾驶智能碾压系统;沥青路面综合智慧管控系统、沥青路面"四新"应用——橡胶沥青混凝土。

能力训练及习题

一、能力训练

某条高速公路处于山岭重丘区,双向四车道,路基宽度为 26 m,设计速度为 80 km/h。B2 合同段的施工单位在沥青混凝土路面摊铺施工时,采用无人驾驶智能碾压系统进行碾压,碾压完毕后按《公路工程质量检验评定标准 第一册 土建工程》(JTG F80/1—2017)的要求进行质量检测与评定,符合相关要求,评定质量等级为合格。

任务:以 4~6 人为 1 组,分组讨论无人驾驶智能碾压系统在碾压沥青混凝土路面过程中应注意些什么? 小组人员派代表进行分享。

二、习题

(一)多选题(请把正确的选项填在括号里)

1.沥青路面"四新"是指哪"四新"? (　　　)。

A.新材料　　　　　　B.新技术　　　　　　C.新工艺　　　　　　D.新设备

2.沥青路面施工综合智慧管控系统可以实现以下哪些目标? (　　　)。

A.实现全面、真实、动态地反映施工过程的每一个环节及其关键数据指标

B.向业主方、施工方、监理方等提供及时精确的施工过程信息,对施工过程进行引导、管控和预警

C.有了该系统,就不用进行质量检查与验收了

D.保留详尽的施工过程数据,方便未来的道路养护、技术升级及质量溯源

(二)判断题(正确的打"√",错误的打"×")

1.超罩面混合料施工按送料→摊铺→碾压→开放交通的工艺流程进行。　　　(　　)

2.沥青路面施工综合管理系统开发了路面工程人员、设备考勤系统、智能安全视频监控系统和智能远程办公系统,实现对工序质量的实时监控,对历史数据的提取回放,实现网络远程办公。　　　(　　)

3.橡胶沥青混凝土是在普通沥青混凝土基础上添加了一定比例的橡胶粉。　　　(　　)

(三)简答题

1.I-Pave 灌入式抗车辙路面技术的优、缺点分别是什么?

2.超罩面 SPC 施工技术要求是什么?

3.沥青路面 3D 摊铺系统优势有哪些?

4.开发了沥青路面施工综合智慧管控系统后,对沥青路面施工质量的控制有什么好处?

参考文献

［1］何兆益,杨锡武.路基路面工程[M].2 版.北京:人民交通出版社,2020.

［2］程玉华.公路施工技术[M].2 版.武汉:武汉理工大学出版社,2018.

［3］黄晓明.路基路面工程[M].6 版.北京:人民交通出版社,2019.

［4］殷青英.路基施工技术[M].北京:人民交通出版社,2019.

［5］张风亭,杨庆振.路基路面施工技术[M].北京:人民交通出版社,2019.

［6］杨仲元,王丰胜.公路施工技术[M].4 版.北京:人民交通出版社,2021.

［7］张军艳.路面施工技术[M].北京:人民交通出版社,2019.

配套数字资源列表

序号	资源名称	资源类型
1	课程简介	微课
2	填料选择	微课
3	路堤填筑方法	微课
4	路基填筑施工工艺流程	微课
5	挖坑灌砂测试压实度（上）	微课
6	挖坑灌砂测试压实度（下）	微课
7	重庆大渡口小南海港区大道工程	PDF 文档
8	土质路堑开挖	微课
9	石质路堑开挖	微课
10	直接用机械开挖	微课
11	深孔爆破凿岩机钻孔	微课
12	路面施工概述	微课
13	路面基层施工概述	微课
14	试验与检测数字修约	微课
15	水泥稳定级配碎石中水泥剂量测定（EDTA 滴定法）	微课
16	水泥稳定土类基层施工	动画
17	混合料拌和与运输	微课
18	混合料摊铺及碾压	微课
19	养生、交通管制、层间处理	微课
20	质量检查与验收	微课
21	工程质量检验与评定方法	微课
22	三米直尺测试平整度	微课
23	无侧限抗压强度试件制作	微课
24	无侧限抗压强度试验	微课
25	挖坑测试路面基层厚度	微课
26	水泥稳定碎石底基层施工方案	PDF 文档
27	水泥稳定碎石基层施工方案	PDF 文档
28	沥青路面施工概述	微课

续表

序号	资源名称	资源类型
29	沥青路面施工准备	微课
30	沥青混合料的拌和	微课
31	沥青混合料的运输	微课
32	沥青混合料的摊铺	微课
33	沥青混合料的碾压	微课
34	热拌沥青混合料面层施工	动画
35	接缝处理、开放交通	微课
36	热拌沥青混合料透层、黏层、封层施工	动画
37	沥青路面质量检查与验收	微课
38	摆式仪测试路面摩擦系数	微课
39	摆式仪测定路面摩擦系数(学生实操)	微课
40	沥青路面渗水系数测试	微课
41	钻芯测试沥青路面压实度	微课
42	电动铺砂仪测试路面构造深度	微课
43	连续式平整度仪测试平整度	微课
44	AC-25C 粗粒式沥青混凝土下面层施工方案	PDF 文档
45	水泥混凝土路面施工概述	微课
46	水泥混凝土路面施工准备	微课
47	水泥混凝土路面施工动画	动画
48	混凝土搅拌与运输	微课
49	三辊轴机组施工	微课
50	滑模摊铺机的组成及原理	微课
51	滑模摊铺施工	微课
52	水泥混凝土路面接缝施工	微课
53	抗滑构造施工及养生	微课
54	水泥混凝土路面质量检查与验收	微课
55	路面厚度检测方法	微课
56	水泥混凝土路面强度测试	微课
57	路面施工新技术、新材料、新机械	微课
58	沥青路面施工综合智慧管控系统	微课
59	沥青路面施工"四新"应用	微课